新时期企业文化建设
与发展研究

胡春森/著

中国水利水电出版社

www.waterpub.com.cn

·北京·

内 容 提 要

　　企业文化是企业在自身发展过程中形成的以价值观为核心的独特的文化,是企业的灵魂,引导着企业的发展。企业要想持续创造高绩效并打造全球竞争力,必须要重视企业文化建设。

　　本书对新时期企业文化建设与发展进行研究,在对新时期文化与企业文化的基础理论、新时期企业文化建设理论与经验借鉴以及路径分析的基础上,对新时期不同性质、阶段和行业的企业文化建设,新时期传统文化、企业家与企业文化建设,新时期价值观与企业文化建设、跨文化管理等方面进行重点研究。

　　本书适于企业管理相关人员参阅。

图书在版编目(CIP)数据

　　新时期企业文化建设与发展研究 / 胡春森著. —北京 : 中国水利水电出版社,2019.1 （2025.4 重印）
　　ISBN 978-7-5170-7341-3

　　Ⅰ. ①新… Ⅱ. ①胡… Ⅲ. ①企业文化－建设－研究－中国 Ⅳ. ①F279.23

　　中国版本图书馆 CIP 数据核字(2019)第 009796 号

书　　　名	新时期企业文化建设与发展研究
	XINSHIQI QIYE WENHUA JIANSHE YU FAZHAN YANJIU
作　　　者	胡春森　著
出版发行	中国水利水电出版社
	(北京市海淀区玉渊潭南路 1 号 D 座 100038)
	网址:www. waterpub. com. cn
	E-mail:sales@waterpub. com. cn
	电话:(010)68367658(营销中心)
经　　　售	北京科水图书销售中心(零售)
	电话:(010)88383994、63202643、68545874
	全国各地新华书店和相关出版物销售网点
排　　　版	北京亚吉飞数码科技有限公司
印　　　刷	三河市元兴印务有限公司
规　　　格	170mm×240mm　16 开本　12.5 印张　224 千字
版　　　次	2019 年 4 月第 1 版　2025 年 4 月第 4 次印刷
印　　　数	0001—2000 册
定　　　价	57.00 元

前　言

　　企业文化是企业在自身发展过程中形成的以价值观为核心的独特的文化,是企业的灵魂,引导着企业的发展。企业文化可以让企业员工迸发激情,引导企业走上正确的道路,使企业形成凝聚力和协同力,使企业成员产生内在心理约束,提升员工的自我管理能力。党的十九大报告指出,要坚定文化自信,推动社会主义文化繁荣兴盛。文化是一个国家、一个民族的灵魂。文化兴国运兴,文化强民族强。当今时代,是一个随时发生质变和充满不确定性的时代,经济全球化、一体化程度不断加深,网络技术的飞速发展如虚拟世界、云数据平台等使得企业进入了价值迷茫、内外矛盾纠结的两难选择期。在这样一个时期,企业要想持续创造高绩效并打造全球竞争力,必须要重视企业文化建设。

　　本书对新时期企业文化建设与发展进行研究,共七章。第一章为新时期文化与企业文化的基础理论,对文化与企业文化的概念、企业文化的分类和功能等进行分析。第二章为新时期企业文化建设理论与经验借鉴,研究企业文化建设理论基础与分析工具、国外企业文化建设的经验借鉴。第三章为新时期企业文化建设的路径,包括企业文化建设一般规律和基本原则指导、企业文化建设的步骤和方法、成功有效的企业文化体系构建等方面内容。第四章为新时期不同性质、阶段和行业的企业文化建设,对不同性质企业的文化建设、不同阶段企业的文化建设、不同行业企业的文化建设进行研究。第五章为新时期传统文化、企业家与企业文化建设,从传统文化与企业文化建设研究、企业家与企业文化建设研究方面进行分析。第六章为新时期价值观与企业文化建设,包括价值观及其作用、企业价值观及作用机理、企业价值观体系的构建路径等方面。第七章为新时期企业的跨文化管理,从跨文化管理的含义和特征、跨文化企业文化差异和冲突、跨文化管理的模式和原则、跨文化管理的主要策略等方面进行研究。

　　本书在写作过程中,参阅了许多相关的著作、论文,吸取了诸多有益的成果、见解,在此向相关专家学者致以诚挚的谢意。由于作者水平有限,书中疏漏之处在所难免,敬请同行专家、学者和广大读者批评指正。

作　者

2018 年 7 月

目 录

第一章　新时期文化与企业文化的基础理论

文化在当今的企业生存和发展中起到了越来越重要的作用,成为推动企业提升竞争力的关键因素。2017 年 12 月 4 日,中国企业文化促进会在广州召开,参与会议的代表单位围绕"以习近平新时代中国特色社会主义思想为指导,促进中国特色社会主义企业文化创新发展"的议题,展开了深入研讨。建立健全企业文化已经成为促进企业及社会发展的重要方面。

第一节　文化与企业文化概述

一、文化概述

(一)文化的概念

当前,"文化"已经成为时髦和流行的代言词,在人们的交流中"文化"一词已经成为口头禅,文化也会随着社会的发展而发展,文化范畴很广,如传统文化、现代文化、外来文化、制度文化、产业文化、网络文化,甚至梦文化、茶文化、酒文化、嬉皮士文化等,都属于某种文化。与此相应,对文化这一概念的解释也是众说纷纭、莫衷一是。1952 年,美国人类学家阿尔弗雷德·克洛依伯(Allred Kloiba)和克莱德·克拉克洪(Clyde Kluckhohn)在《文化:概念和定义的批评考察》一书中列举了 1871—1951 年期间世界各地学者关于文化的定义,共有 160 多种;1988 年,我国学者吴修艺出版的《中国文化热》一书中给出的是 260 种[①];后来,又有人统计达 360 种之多[②]。

---

① 吴修艺. 中国文化热[M]. 上海:上海人民出版社,1988:7.
② 蔡俊生,陈荷清,韩德林. 文化论[M]. 北京:人民出版社,2003:1.

　　"文化"一词在我国的历史溯源十分深远,我国古代先哲在他们的著作中纷纷谈及"文化"。《周易·贲·彖传》称:"观乎人文,以化成天下。"这大概是"文化"一词的最早文献来源。孔颖达在《周易正义》中解释说:"观乎人文以化成天下者,言圣人观察人文,则《诗》《书》《礼》《乐》之谓,当法此教而化成天下也。"由此,"文"就是"文治","化"就是"教化"。《论语·雍也》称:"质胜文则野,文胜质则史,文质彬彬,然后君子"。这里将"文"与人的修养联系起来。"文"与"化"联系起来组合成一个新词则出现在西汉晚期。汉代刘向的《说苑·指武》中说:"圣人之治天下也,先文德而后武力。凡武之兴,为不服也,文化不改,然后加诛。"刘向所说的"文化"实际上是指"文治和教化",这是一个与武力征服相对的概念,这也是我国古代对于"文化"最初的标准解释。由此说明,在我国人民的传统观念里,"文化"是与"武力"相对的概念,本是"以文德加以教化"的意思,包含有文治、教化以及礼乐典章制度等。之后,人们对文化的解释很多,但大都没有超出这一范畴。实际上,现代意义上汉语中使用的"文化"一词,则是 20 世纪初"西学东渐"过程中由欧洲经日本传入我国的。该词缘起于拉丁语,由 colo、colere(栽培、种植)、cultus(耕种的、耕耘的)构成。在古典拉丁语中,cultura 的意思通常是指农业耕作和劳动,由此而有 agricultura(农业)一词。到公元前 1 世纪前后,在一些西方哲学家的演讲中已经出现"cultura animi autem philosphia est",即耕作智慧和哲学精神等意思。①

　　人们认为,古希腊哲学家马库斯·图留斯·西塞罗是第一位从意识形态和人文社科领域对"文化"进行解释的哲学家。他在两千多年前,利用"culturamentis"和"cilturaanimiphilosophia"的说法,赋予"cultura"一词比喻的含义,类似于 16 世纪初出现在英语中的"the culture of the arts""mentalculture"或"intellectualculture"等。但在 18 世纪欧洲启蒙运动之前,"cultura"一词一直是被作为及物动词构成词组使用的,并没有作为独立单词使用过,如"cultura juris""cultura linguae""culiutura litterarum"等。到欧洲启蒙运动开始后,"culutura"正式被作为独立单词出现在人们的意识形态中,并形成了现代意义上的"文化概念"。② 文化同个人心智发展联系起来,进而联系到知识、智慧和理解力的获得。文化被等同于哲学,或者说心灵的培育,并将此用于人文而引申出心灵的培育,铸造符合"自然"之道的天性,以成就完美的人格,由此与我国儒家文化关于"修身、齐家、治国、平天下"的人格培育,以及相应的君子之道形成了异曲同工的

①　冯天瑜,何晓明,周积明. 中华文化史(上)[M]. 上海:上海人民出版社,2005:4.
②　蔡俊生,陈荷清,韩德林. 文化论[M]. 北京:人民出版社,2003:2.

效果,也形成了欧洲启蒙思想家倡导"理性精神"和"人的解放"的重要思想武器。

　　虽然不同领域的学者对"文化"进行了一定研究,但是人类学家是首先将文化当作一个特定的学科进行研究的学者群体。1871年,英国人类学家爱德华·伯内特·泰勒(Edward Burnett Tylor)在《原始文化:神话、哲学、宗教、语言、艺术和习俗的发展研究》一书中对文化给出了一个定义:"文化或文明,就其广泛的民族学意义上来说,乃是包含知识、信仰、艺术、道德、法律、习俗和任何人作为社会成员所获得的任何其他能力和习惯"。虽然在泰勒对文化的定义中,一定程度上混淆了文化和文明,但这一描述对于文化领域的研究仍然具有里程碑意义,为该领域的研究开拓了更为广阔的视野。20世纪50年代,美国人类学家莱斯利·A·怀特(Leslie A. White)论证了不同于文化人类学中单独的文化学,从而开启了文化学独立研究的新领域。怀特指出:人与动物的不同在于文化,而文化的实质在于符号能力。没有符号,就没有文化,人也仅仅是动物而不会成为人类。[①]

　　随着文化在人类社会中的重要作用逐渐被人们认识,世界各国的学者开始对文化的内涵及其范畴进行更为广泛的讨论,并形成了诸多有关文化研究的学术观点和流派。

　　1. 行为与习俗说

　　美国学者菲利普·巴格比(Philip Bagby)对文化进行阐释,他认为文化就是社会成员行为中的规则,或者可以说文化就是众人行事的方法。也就是说,将文化作为一种行为与习俗。一些人类学家和社会学家认为文化是由学习得到的,是由社会传递而来的行为或风俗。

　　2. 行为指导和规则说

　　这是指将文化作为人类的行为指导和规则。例如,菲利普·巴格比(Philip Bagby)将文化定义为某一个社会成员内在和外在的行为规则。克莱德·克拉克洪(Clyde Kluckhohn)等则对此作了更进一步的叙述。[②]

　　3. 艺术和仪式说

　　持这种观点的学者通常会将文化与经济、政治和教育隔离开来看待,也

---

①　莱斯利·A·怀特. 文化的科学——人类和文明的研究[M]. 沈原等,译. 济南:山东人民出版社,1988:382.

②　徐言行. 中西文化比较[M]. 北京:北京大学出版社,2004:11-12.

就是说,他们仅仅将博物馆、图书馆、歌剧院、各种典礼等人类的艺术活动和具有仪式的活动看作文化。这种理解即使在当代仍然有相当的影响。如美国当代分析美学家简·布洛克(Gene Blocker)在系统归纳艺术所拥有的审美文化特征基础上,将艺术看作是由人的审美决定的,人们审美地欣赏是艺术之所以为艺术的首要特征。[①]

4. 综合说

有一部分学者认为,文化是一个综合概念,其代表的是人类创造和积累的全部物质财富和精神财富及其生活方式。按照美国学者克莱德·克拉克洪的观点,文化是一个包含了器物、习惯、信仰以及由这些习惯所决定的人的一切活动成果的整体。此后加拿大多伦多大学教授德·保罗·斯查尔福将这一观点作了进一步阐述,提出"文化"是我们过去和现在所创造的精神上、心灵上和物质上的一切事物。文化是一个整体,不仅包括思想观念、发明创造、人工制品、价值观念、信仰和艺术作品,还包括经济制度、社会结构、风俗习惯、政治体系、宗教信仰、法典法规等,实际上它包括了我们能想象的一切事物。[②] 我国许多学者也受到此观点的影响,如梁漱溟就认为,所谓文化,不过是一个民族生活的种种方面,包括精神生活方面,如宗教、哲学、科学、艺术等;社会生活方面,如社会组织、伦理习惯、政治制度和经济关系等;物质生活方面,如饮食、起居、各种享用等。[③]

5. 历史和社会遗产说

有一部分学者认为,文化是指人类在生产和生活过程中传承下来的东西,即所谓"社会遗产"。但这种传承不是生物遗传,而是一种历史继承。如日本的文化学家祖甫江孝男就指出:文化是由后天构造出来的,成为群体成员之间共同具有,且被保持下来的行为方式。美国的一些学者也认为,文化就是一个群体社会遗产的全部。

6. 精神和观念总和说

精神和观念总和说得到了众多学者的支持,其中,德国哲学家伊曼努尔·康德(Immanuel Kant)提出,文化实际上就是指"有理性的实体为了一定的目的而进行的能力之创造"。这里的"创造",是指人类在精神和肉体两

---

① 简·布洛克. 原始艺术哲学[M]. 沈波,张安平,译. 上海:上海人民出版社,1991:119-120.

② 徐言行. 中西文化比较[M]. 北京:北京大学出版社,2004:11-12.

③ 梁漱溟. 梁漱溟学术精华录[M]. 北京:北京师范学院出版社,1988:40.

个方面由受自然力统治的原始状况向统治自然力的状况逐步发展。他甚至提出,文化从一开始就不是属于个人的一种范畴,而是属于整个民族和人类的范畴。① 美国佛蒙特大学的威廉·A·哈维兰(william A. Haviland)在《当代人类学》一书中认为,文化不是可见的行为,而是人们用以解释经验和导致行为,并为行为所反映的价值观和信仰。人类学家莱昂内尔·泰戈尔(IAonel Tiger)指出,所谓文化,就是一个人生下来由学习得到的,或由创意得到的一切心灵建构或观念。它包括态度、意义、情操、情感、价值、目的、兴趣、知识、信仰、关系、组合等范畴。② 当代新儒家的代表人物牟宗三、徐复观、张君劢、唐君毅联名发表的《为中国文化敬告世界人士宣言》中则提出:"一切人类文化,皆是人心之求真善美等精神的表现,或为人之精神的创造。"与此相应,一些马克思主义学者则把文化解释为社会的意识形态,以及与之相应的制度和组织结构。马克思将文化看作社会上层建筑领域的一部分,也对文化进行了多维透视,提出了诸如文化即知识观念、文化即人化、文化即人类的精神生产、文化即观念意识形态和文化是时代精神表征的观点。毛泽东在《新民主主义论》中就明确把文化列入观念形态的范畴。

7. 功能和价值说

梁启超曾在《什么是文化》中明确指出,"文化非文化,当以有无价值为断。然则价值又是什么呢? 凡事物之'自然而然如此,或'不能不如此,者,则无价值之可评;即评,也是白评"。因此,"文化是人类内心所能开释出来的一切有价值的东西"。他将其称为"有价值的共业。"③所以,有学者认为,从哲学上说,文化即"人化",包括世界的"人化"和人本身的"人化",后者也可以称为"化人"。文化是人的一种存在方式、存在状态,人追求和享有一定的价值成果,并通过实现这些价值来更新和发展自己以及周围的世界。英国人类学家布罗尼斯拉夫·马林诺夫斯基(Bronislaw Kaspar Malinowski)还提出,文化就是人们应付环境和把自己置于一个更好位置上的工具性装置。20世纪60年代后,文化释义学甚至把文化看作象征和意义的体系,并认为文化就是人类编织的意义"网眼"。

从以上分析可以看出,不同学者从不同的角度解释了文化的概念,这一方面说明了文化本身所具有的复杂性和多元性,另一方面也说明文化研究的无穷魅力和强大吸引力,据此也更加深了人们对文化性质和特征

---

① 蔡俊生、陈荷清、韩德林. 文化论[M]. 北京:人民出版社,2003:3-4.
② 段海光. 中国文化的展望[M]. 北京:中国和平出版社,1988:39.
③ 梁启超全集(第7册)[M]. 北京:北京出版社,1999:4060-4061.

的理解和把握。

(二)文化的基本特征

从上面的分析可以看出,对于文化的概念和内涵并没有统一的解释,这就导致人们对文化的性质和特征的理解存在一定差异。为了进一步说明文化的性质和内涵,对其特征进行描述是必要的。这里将一些主要的观点加以概括,提出关于文化的性质和特征的六个方面。

1. 文化随着环境和社会的变化而变化

不论什么样的文化,都是随着社会的发展而逐渐积累形成的,文化的形成实际上就是一个不断演变和发展的过程。这个过程中任何一个阶段、任何一个时期的文化都是从前一个时期继承下来,并附加了适合这个时期新的内容。当然,继承的文化并非以往文化的全部,而是在积淀基础上的不断推陈出新,部分继承、部分扬弃、部分增加,由此形成一种新时期的文化。因此,有人认为,文化是一个不断继承和更新的过程,不能用孤立和静止的眼光去看待文化。因循守旧、固步自封固然不对,但完全否定传统也同样是十分错误的。

2. 文化具有一定的规则性

文化可以靠明显的外显规则,如法律、法规、制度、习俗和文化产品等,也可以靠隐性的形式如思维方式、生活习惯、价值观念等约束个人行为。一个社会的人在共同生活中创造出来,并共同遵守和使用的一系列习惯或习俗往往就是这个社会的文化,如语言、风俗习惯、规范、制度、社会伦理、价值观念等。又如我国的北方人喜欢吃馒头和面条,而南方人则喜欢吃米饭和炒米粉,这同样是两种饮食文化的差异。

3. 文化是人类社会共同生活过程中衍生或创造出来的东西

文化不是一个单一概念,它是指代一个整体,其涵盖了人类有史以来所进行的全部社会活动和成果,它既包括人类所有的历史遗产,也包括还在不断演化和创造的整个文化进程。自然存在物及其运动不是文化,如山川河流、日月星辰本身都不是文化,但人类据此而创造出来的历法、文学、艺术以及其他物品却是文化。人可以点头或摇头,这种生理机能本身不是文化,但赋予点头或摇头以一定的含义,使其成为一种沟通符号,这时的点头或摇头就成为文化。

4. 文化具有民族性和地域性

不同的民族有不同的生存环境,在不同的生存条件下就会形成不同的价值观念、思维方式和言行举止,并产生了一个群体迥然区别于另一个群体的文化特质。文化都是具体的、特殊的,因此,无论从纵向历史角度考察,还是从横向空间视野观察,世界各个时期、各个地域和各个民族的文化都是不同的,而且差异很大。比如在基督教伦理熏陶下的西方文化与有着儒家文化传统的东亚文化,以及西方文化与以伊斯兰教为纽带的阿拉伯人之间就存在着长期的文化差异、甚至冲突,形成了不同的文化范畴和价值标准。人类学家和社会学家记载了大量世界各地的特殊文化,充分说明文化的多样性。不承认文化的多样性,就会走向种族中心主义,即用自己民族的价值标准判断别的民族中发生的事件和现象。纳粹德国时期的阿道夫·希特勒(Adolf Hitler)认为,只有日耳曼民族才是最优秀的民族,其他民族都是劣等民族,由此导致大规模屠杀犹太人的惨剧发生。鲁迅小说中的阿Q看见城里人煎大头鱼加上切细的葱丝,而不像他们未庄那样加上半寸长的葱叶,以为城里人错了,并大不以为然,这也是典型的文化地域性的表现。所以,美国学者鲁斯·本尼迪克特(Ruth Benedict)认为,文化是通过某个民族的活动表现出来的一种思维和行动方式,一种使这个民族不同于其他任何民族的方式。

5. 文化具有传承性

人类生存繁衍的过程中,文化也会随着人类的发展而延续,一代一代的人类在有意无意间学习和接受文化,并形成文化认同。人的观念、知识、技能、习惯、情操等都是后天学来的,是社会化的产物。凡文化都是通过学习得到的,不需要学习的遗传不是文化。例如,人分男女,这本身不是文化,而如何做男人和女人,如何扮演好性别角色,则需要后天学习才能知道。于是,做男人和做女人的规矩和方法就变成了文化。

6. 文化的本质就是"人化"

伊曼努尔·康德(Immanuel Kant)认为,文化是一个理性存在者里面,能具有的达到任何它自己抉择的目的之能力的创造过程。另一位德国哲学家格奥尔格·西美尔(Georg Simmel)也指出:在文化领域中,"生命"和"形式"对应的其实就是"个体"和"文化"。只有人才是文化的真正对象。文化在本质上是"人类的一种完善"。赫伯特·马尔库塞(Herbert Marcuse)则强调,文化内含高度的自由精神,具有净化人们灵魂、满足人们深层精神需要的作用；文化突破了社会现实的蒙蔽，对人的理解和感觉具有颠覆性作用。所以，威廉·莎士比亚（William Shakespeare）曾充满激情地说："人类是一件多么了不起的杰作！多么高贵的理性！多么伟大的力量！多么优美的仪表！多么文雅的举动！在行动上多么像一个天使！在智慧上多么像一个天神！宇宙的精华！万物灵长！"文化发展的过程实际上就是逐渐"人化"的过程，也就是人类解放的过程，人类社会的文化程度越高，意味着人类社会的自由度越高。因此，可以说人的文化必然包含着人类性，它是人类精神的自我确定。文化的本质是"人化"，人的自我完善主导着人的各种文化追求。

二、企业文化概述

（一）企业文化的形成和发展

"文化"一词在很早以前就已经出现，随着社会不断发展，"企业文化"一词在 20 世纪 80 年代初被提出。国内外学者对于企业文化的研究数不胜数，但是在不同的研究角度和关注重点影响下，对企业文化的定义存在一定的差异。

阿伦·肯尼迪与特伦斯·迪尔在他们的著作《企业文化》中提出，构建企业文化需要五个基本要素的支持，即企业环境，对企业文化的形成和发展具有关键影响的因素；价值观，组织的基本思想和信念，本身形成了企业文化的核心；英雄人物，把企业价值观人格化且为职工提供了具体的楷模；礼节和仪式，向组织成员表明对他们所期望的行为模式；文化网络，组织内部主要的联系手段，即企业价值观和英雄人物传奇的"运载工具"。

按照威廉·大内的观点，企业文化是在一家企业的传统氛围中自然形成和发展的。企业文化表明企业的风格，管理人员以自己为榜样把企业中行为、言论、活动的固定模式形成的风格传输给一代又一代的企业员工。

我国对于"企业文化"的关注晚于西方发达国家，直到 20 世纪 80 年代以后，我国才正式将"企业文化"纳入企业发展的考量范围，随即这种关注逐渐升温，因为那个时候我国企业开始真正从计划经济走向市场经济。1984年，海尔集团的张瑞敏在企业亏损 147 万元的情况下，首先提出文化先行、企业理念先行，为我国企业界进行企业文化建设注入了强心针。我国企业逐渐开始关注"企业文化"这个名词，至今已经有 30 多年的历史了。然而，在我国企业逐渐探索的这么多年中,企业文化建设成功的案例并不多,比较国外企业几十年甚至近百年的企业文化探讨和建设历史来说,我国的企业文化建设还刚刚开始。

(二)企业文化的定义

与文化一样,企业文化也没有形成统一的定义,各国学者对于企业文化的定义有不同的解释和表达。根据相关统计发现,国内外关于企业文化的定义大概有 180 多种。

中国社会科学院工业经济研究所研究员韩岫岚认为:"企业文化有广义和狭义两种理解。广义的企业文化是指企业所创造的具有自身特点的物质文化和精神文化;狭义的企业文化是企业所形成的具有自身个性的经营宗旨、价值观念和道德行为准则的综合。"

我国学者魏杰在《企业文化塑造——企业生命常青藤》一书中对企业文化做出阐述,他指出:"所谓企业文化,就是企业信奉并附诸实践的价值理念,也就是说,企业信奉和倡导并在实践中真正实行的价值理念。"[1]通过分析定义我们可以看出,企业文化现象是以人为载体的现象,而不是以物质为中心的现象,由一个企业的全体成员共同接受,普遍享用,而不是为企业某些人特有,并且是在企业发展过程中逐渐积累形成的。

罗宾斯曾在其著作《管理学》中对企业文化下定义,他指出企业文化是指组织成员共有的价值和信念体系,这一体系在很大程度上决定了组织成员的行为。"价值和信念"分开来讲,价值观是组织成员在成长过程中形成的,而信念则有可能是后天受环境影响而形成的。一个组织成员对企业文化的认知程度基于其已有的价值观和对企业价值观的认可程度。这个认可程度越高,也就越能融入企业文化中。

对于我国学者来说,关于企业文化定义比较普遍的观点是:"企业文化是指企业在长期的生产经营过程中形成的全体员工共同遵守和奉行的价值观念、基本信条和行为准则。可以划分为三个层次:表层的物质文化,主要是指员工的行为规范;中层的制度文化,主要是指严格的管理制度和高度自觉地执行这些制度;深层的精神文化,主要是指共同信念和经营理念等,是企业的精神支柱,是企业文化的精髓。"[2]

可以看出,虽然从表面上看不同的学者对企业文化的定义差别很大,但是实际上他们在一些基本的观点上是相同的,这些基本观点可以概括为以

---

[1]　邓蒲妃. 南航湖南公司组织执行力改进方案研究[D]. 长沙:湖南大学,2012.

[2]　宋协义. 企业文化建设浅议[J]. 理论学习与探索,2003(5).

下几点。第一,企业文化是一种重视人,以人为中心的企业管理方式,强调把企业建成一种人人都具有社会使命感和责任感的命运共同体。第二,企业文化的核心要素是价值观,也就是一个企业的基本要领和信仰,或者说是指导职工和企业行为的哲学。

国务院国有资产监督管理委员会也对企业文化下了定义,指出:企业文化是在一定的历史条件下,一个企业或经济组织在长期实践中形成并被公众普遍认同的价值观念、企业精神、英雄模范、文化环境、产品品牌及经营战略的集合体,是一种凝聚人心实现自我价值、提升企业核心竞争力的无形力量和资本。

(三)企业文化的内涵

1. 企业文化是规范企业行为的价值理念

企业文化作为企业的价值理念,是对企业真正发挥作用的价值理念;企业文化对企业的行为以及员工行为起到非常好的规范作用。例如,企业文化中关于责、权、利对称的管理理念,规范着员工的责权利关系;企业中的共享、共担理念,规范着企业与员工在风险承担及利益享受上的相互关系。

2. 企业文化是反映企业行为的价值理念

企业文化在内容上是对企业的现实运行过程的反映。具体地讲,就是企业的制度安排以及企业的战略选择在人的价值理念上的反映。或者说,企业所有的相关活动,都会反映到人的价值理念上,从而形成了企业文化。

也就是说,从企业文化的内容来看,企业文化是与企业活动有关的价值理念,而不是其他方面的价值理念,它是反映企业现实运行过程全部活动的价值理念,是企业制度安排和战略选择在人的价值理念上的反映。例如,一个企业如果在制度安排上要拉开员工的收入差距,那么这个企业在企业文化上就应该有等级差别的理念;又如,一个企业要在经营战略上扩大自己的经营,那么这个企业就要在企业文化上有诚信的理念等。由此可见,企业文化在内容上看是反映企业行为的价值理念。

3. 企业文化是属于企业性质的价值理念

从一定角度来说,文化是一个与物质相对的概念,因此文化具有十分丰富的内容。也就是说,对于价值理念来说,从其拥有的主体上可以分为自然人的价值理念、民族的价值理念、国家的价值理念、法人的价值理念和企业的价值理念,而企业文化则是属于企业的价值理念,是企业的灵魂。

4. 企业文化是属于思想范畴的概念

企业文化可以体现为企业员工的价值理念,是属于思想范畴的一种概念。这种价值理念和社会道德属于同一种范畴。我们治理社会,首先提出要依法治国,人们要遵守法律,但是完善的法律也有失效的时候。法律失效了,靠什么约束人们?靠社会道德。所以既要依法治国,也要以德治国。管理企业也是一样,首先依靠企业制度,但制度再完善也会有失效的时候,企业制度失效后靠文化约束员工。

从以上分析可以看出,企业文化实际上与社会道德具有相同的作用,都是内在价值理念,是对人类的行为和思想的内在约束,即人们在思想理念上的自我约束,因而皆为对外在约束的一种补充。只不过社会道德是对社会起作用,而企业文化是对企业起作用,它们发生作用的领域不同而已。所以从形式上看,企业文化是属于思想范畴的概念。正因如此,企业文化是极为重要的。例如,财务制度失效了,但是一个人如果有"不是我的钱就不拿"的价值理念,那么即使企业制度对他没有了约束,他也不会拿不属于自己的钱。相反,如果一个人有着"不拿白不拿"的价值理念,那么财务制度一旦失效,他就会犯错误。

5. 企业文化是具有实践性的价值理念

从总体上来说,我们可以将价值理念划分为信奉和倡导的价值理念和必须付诸实践的价值理念两大类。企业文化既属于企业信奉和倡导的价值理念,又属于必须付诸实践的价值理念。企业文化真正约束员工的行为,是真正在企业运行过程中起作用的价值理念。因此,我们在谈到企业文化的时候,就应该明白,它其实已经对企业发生作用了。企业文化若没有被付诸实践就失去了它应有的作用,那么它就是一纸空文。

通过以上对企业文化内涵的分析可以看出,企业文化的核心是企业的价值理念,其核心要素是企业共同的价值观念。

(四)企业文化的结构

1. 企业物质文化

企业物质文化是企业在经营管理过程中形成、倡导的,被大多数企业人员普遍认同接受并自觉遵循实践的物质表现。企业物质文化有时也叫企业形象文化,主要包括企业的标识、建筑、设备、产品等有形的物体,是一种以物质为形态的表层、载体企业文化。

企业物质文化可以体现一家企业的理念文化、行为文化和制度文化,具体来说,一方面,企业理念文化、行为文化和制度文化对企业物质文化具有制约作用,这就导致物质文化具有从属性和被动性;另一方面,企业物质文化是人们感受企业文化存在的外在形式,具有形象性和生动性。

企业物质文化是评价企业总体文化的起点,是企业理念文化的最直接体现。企业物质文化体现了人类认识世界和改造世界的水平,企业物质文化的发展有助于推动企业理念文化、行为文化和制度文化的变革。

2. 企业制度文化

企业制度文化是企业在经营管理过程中形成、倡导的,被大多数企业人员普遍认同接受并自觉遵循实践的规章制度等强制性规范文化(此处的企业文化是广义上的,即企业文化包括企业制度,本书在没有特别说明时的企业文化都是广义上的)。

企业制度文化是一个综合概念,其包括制度形式及与之相适应的文化意识和文化氛围。制度是文化的一种形式,制度可以体现制度文化。企业制度文化的实质是企业的运行机制或经营管理模式,而不仅仅是指企业制度本身。

企业理念文化需要通过企业制度文化进行有效传导。企业制度文化是企业理念文化的产物,也是企业理念文化的载体。企业制度通过各种规范、守则和章程,倡导企业人员去遵守企业理念文化。同时,企业制度文化对企业理念文化也有一定的反作用。新的企业制度的建立,也会影响企业人员选择新的价值观念,从而成为新的理念文化的基础。

只有建立健全企业的制度文化,才能更好地体现企业的物质文化。企业制度文化是企业物质文化建设的保证,没有严格的岗位责任制、科学的操作流程等一系列制度的约束,任何企业都不可能拥有良好的物质文化。

只有建立健全企业的制度文化,才能为企业贯彻行为文化提供保证。行为是制度的函数。企业制度旨在规范和约束企业人员的行为,引导企业人员采取正确的行为,约束企业人员的不良行为,减少企业人员行为的不确定性,协调企业人员之间的关系,以确保企业目标的顺利实现。与企业人员工作、学习等方面直接发生联系的行为文化建设得如何,都与制度文化的保障作用息息相关。

也就是说,一方面,企业制度文化是适应企业物质文化的固定形式;另一方面,企业制度文化是企业塑造理念、行为文化的主要机制和载体。它是企业文化中人与物的中介和结合,是一种约束企业及其人员行为的规范性文化,它使企业在多变的环境中处于良好的运行状态和工作秩序,从而保证企业战略的顺利实现。

3. 企业行为文化

企业行为文化就是企业在经营管理过程中形成、倡导的,被大多数企业人员普遍认同接受并自觉遵循实践的行为方式。行为方式也是一种文化现象,行为是有规律的,对企业行为规律的研究可以称之为企业行为文化。企业行为文化的内容非常多,包含企业所有的行为方式。企业行为文化受企业理念文化的制约,是企业理念文化转变为行为方式的表现。企业理念文化也可称为企业价值观,企业行为方式与企业价值观的关系通常有以下三种情况。

(1)企业价值观与企业行为方式不一致。造成企业价值观与企业行为不一致的现象,主要有以下两个原因:一是企业价值观不符合企业的实际情况,企业人员不认同、不接受甚至排斥这种价值观,在行为方式上表现为与价值观不一样,这时企业文化重在价值理念的建设;二是企业价值观符合企业的实际情况,但企业人员不愿意认同、不愿意接受甚至排斥这种价值观,在行为方式上仍然表现为与价值观不一样,这时企业文化重在价值理念的落实。

(2)企业价值观与企业行为方式一致。企业价值观包含的认可和趋向的肯定因素达到极致,就会形成企业人员的信仰,信仰是价值观坚定不移的状态。在信仰的支配下,企业人员就会产生坚定不移的行为,行为与价值观会表现出高度的一致性,这是企业文化追求的最高境界。

(3)一种企业价值观表现为多种企业行为方式。同一种价值观可以通过不同的行为方式表现,其中每一种行为方式与价值观同样具有一致性。比如,同样是为了表达结婚时的幸福与快乐,有的人采用我国古典抬轿、穿红色唐装的方式;有的人采用西式穿白色婚纱的方式;有的人采用不办婚礼、旅行结婚的方式……同样,一种企业价值观也可以表现为多种企业的行为方式。

对于一家企业来说,其制度文化与行为文化之间具有十分密切的联系,一些企业行为文化的内容可以归入企业制度文化中,只是企业行为文化的激励性较企业制度文化强,企业行为文化的强制性和约束力较企业制度文化弱。企业行为文化影响着企业制度文化的完善与改进。企业行为文化也影响着企业物质文化,企业物质文化的发展要靠企业人员的行为去推动。

4. 企业理念文化

企业理念文化就是企业在经营管理过程中形成、倡导的,被大多数企业人员普遍认同接受并自觉遵循实践的价值理念。

通常情况下可以将企业理念文化称为企业精神文化,是企业意识形态的总和,包括企业文化定位、核心理念、基本理念等内容,其中核心理念是企业理念文化的核心内容,而核心价值观又是核心理念中的核心,因此核心价值观是企业理念文化核心的核心。

在企业文化的构成中,企业理念文化是企业文化的核心和精髓,企业成长和发展的重要思想支撑点和精神动力。企业理念文化的形成一般需要较长的时间,但一旦形成,就具有相对的稳定性。与企业行为文化、制度文化和物质文化相比,企业理念文化的稳定性最强。

企业理念文化在企业文化结构中是决定性因素,它决定着企业行为文化、制度文化和物质文化的变化和发展,同时也是企业行为文化、制度文化和物质文化的总结和升华。

企业理念文化具有隐形的特征,它通过企业行为文化、制度文化和物质文化体现出来,而企业行为文化、制度文化和物质文化反过来也会影响企业理念文化的发展。

第二节　企业文化的分类和功能

一、企业文化的类型

(一)根据企业文化的组织状态划分

1. 孵化器式文化

孵化器式文化的基本思想依据就是个人理想的完美实现比组织更重要。组织存在的目的是作为孵化器,为自我表现和自我实现服务。孵化器式文化既讲个人感情,又主张人人平等。可以说,在理想的孵化器式文化中,公司企业几乎不该有组织结构;即便有,也只是为个人方便。孵化器式文化的组织可以是小规模的创新企业,也可以是集体开业的医生、律师、咨询人员、开业评估师,或者其他专业人员。孵化器式文化的公司靠的是人们强烈的感情承诺,而且这种感情承诺是针对工作的。

2. 导弹式文化

导弹式文化的特点是讲究平等,这与家庭式或埃菲尔铁塔式文化都不一样,同时导弹式文化以任务为重,不附带个人情感。从重任务这一点看,导弹式文化与埃菲尔铁塔式文化很像,特别是在执行任务时更像。导弹式文化十分重视目的,一切行为举止都围绕战略目标,最后达到目标。

3. 埃菲尔铁塔式文化

埃菲尔铁塔式文化的公司完全是依职能和角色预先确定按部就班的劳动分工,一切都根据层次等级制,由上司拍板。每个角色按要求行事,每项任务按计划完成,一级管一级,职权分明。上司的形象很多时候是公事公办;权威是扮演角色的道具,仅限于工作范围。

4. 家庭式文化

所谓"家庭式"就是指既有人情味又分层次等级,父子不是同一等级的,但毕竟有亲情。家庭式公司文化是权利导向的。家庭式文化的公司有不少是来自实现工业化比较晚的国家,如希腊、意大利、新加坡、韩国、日本、西班牙等。在家庭式文化中,人治的味道比较重,"重人轻事"的倾向十分明显,这种文化更关心是谁在做,而不是在做什么。激励的方式是表扬感谢胜过金钱;批评只能婉转、悄悄地进行。家庭式文化的企业注重的是做对头的事情,而不管做得对不对头。

(二)根据企业文化的内容特性划分

1. 传统型文化

传统型文化是一种以传统文化为核心的企业文化类型。奉行这种文化的企业具有强烈的社会责任感和集体意识,多为老字号的国有企业。它们对战争年代和困难年代有深刻体会,所以在拥护国家政策、履行社会责任方面不遗余力,日常对员工的教育也多强调自力更生、艰苦奋斗等,是一种对人民高度负责的企业文化。

2. 创新型文化

创新型文化是一种以不断创新为核心的企业文化类型。奉行这种文化的企业有浓厚的创新意识,大多是以高科技为支撑的知识型企业,它们居安思危、勇于创新,一切着眼于未来,对国际市场和国内市场的技术动态有直观把握,是一种求新求变的企业文化。

3. 竞争型文化

竞争型文化是一种以竞争为核心的企业文化类型。奉行这种文化的企业在内外部均营造了一种浓厚的竞争氛围:对外,企业常常与竞争对手作比较,在改进产品和服务上殚精竭虑,积极拓展市场,提高占有率;对内,制定名目繁多的竞争条款,促进企业部门及企业员工之间形成一种良性竞争,是一种追求进步、提倡拼搏的企业文化。

4. 目标型文化

目标型文化是一种以企业的最高目标为核心的企业文化类型。奉行这种文化的企业在开发、生产、销售、管理等各个方面都贯穿着相应的目标和奋斗宗旨,它们目的明确、方法统一。追求卓越、创造一流等都是其时常挂在嘴边的口头禅,这是一种将奋斗精神奉为法宝的企业文化。

5. 务实型文化

务实型文化是一种以脚踏实地为核心的企业文化类型。奉行这种文化的企业说实话、办实事、讲实效,多为民营企业。它们将工作成绩和市场效果作为评估标准,拒绝浮夸和吹捧,在风云变幻的市场中有清醒的判断,是一种逐渐成为主流的企业文化。

(三)根据企业文化的发育状态划分

1. 成长型文化

成长型文化是一种十分健康积极的企业文化类型,象征着企业文化及企业自身的健康成长和发展。企业文化的发展状态一般是和企业的发展状态相联系的,处于成长期的企业,拥有年轻向上的员工,企业刚刚成立,各项制度尚未完全确立,各种思想尚未完全定型,思维碰撞,文化交融,革新与创新的品质是企业的主流,这时候的企业拥有极大的活力和潜力。对于企业而言,这时候要着重将各种制度确立下来,尽早形成适合企业的企业文化,以免因为过渡时期的不稳定和混乱导致企业在激烈的竞争中被淘汰。

2. 成熟型文化

相对于成长型企业文化,成熟型企业文化的稳定性更强。一般来讲,企业发展进入成熟期,经营规模稳定,人员流动率降低,内部管理运行状态良好,企业与社会公众的关系调试到了正常状态,与之相适应的企业文化也进入稳定阶段,并且经过一段时间的磨合与调整,企业文化开始彰显这个企业的特色,企业的主导文化开始深入人心,企业发展进入黄金时期。这个时候企业领导者要特别防止的就是企业发展坐吃老本,企业文化发展停滞不前,以至落后于社会发展。

3. 衰退型文化

衰退型文化意味着一家企业的企业文化阻碍了企业自身的发展和进步,是一种落后、缓慢、阻碍企业进步的企业文化类型。企业经过长时间的发展后,如果内部没有积极革新,没有顺应社会和技术的发展,那么原来促进企业发展的企业文化就有可能转变成阻碍企业发展、促成小团体意识的桎梏。根据自然界的发展规律,任何事物都有一个成长—成熟—衰退的发展过程,不能避免。所以当企业发展到一定阶段的时候,传统的经营模式、经营策略一定要与时俱进,不断完善,否则企业必定要走下坡路甚至有可能退出市场。

(四)根据企业谋求经营绩效的途径划分

约翰·科特认为,企业文化通常是指一个企业中各部门,至少是企业高层管理者所共同拥有的那些企业价值观念和经营实践。他以企业文化与企业长期经营业绩之间的关系作为依据,将企业文化划分成三大类。

1. 灵活适应型企业文化

首先,要将企业文化划分为"对市场环境适应程度高的企业文化"(也称为"改革型或革新型文化")和"对市场环境适应程度低的企业文化"(也称为"保守型文化")两种类型,在此基础上才能提出灵活适应型企业文化的概念。它和策略合理型企业文化的不同之处在于,一是强调所要适应的对象是"市场"环境,而不是"行业"环境;二是强调企业以及企业文化本身要不断创新,而不是死守抽象的所谓"策略合理"的文化规范。只有那些能够使企业适应市场经营环境变化,并在这一适应过程中领先于其他企业的企业文化才会较长时间与企业经营业绩相互联系。此类企业文化能够使企业适应市场经营环境变化,并在这一适应过程中领先于其他企业。组织环境相当开放,重视员工对创新的挑战性,组织中亦有高度的支持和信任,容许员工冒险及尝试错误,会追求企业较不熟悉的风险与接受重大的变革。然而,这种文化无法解释一个企业文化缺乏冒险精神或集体主义的公司,为什么会在相当长一段时期保持企业经营业绩的增长。

2. 策略合理型企业文化

从"适应性"的角度出发,按照企业适应环境程度的强弱进行类型的划分,以此为基础提出策略合理型企业文化。策略合理型企业文化认为,企业中不存在抽象的好的企业文化,也不存在任何放之四海而皆准的、适应所有企业的"克敌制胜"的企业文化。只有当一种企业文化"适应"于该企业环境时,这种文化才是好的、有效的文化。换言之,与企业良好经营业绩相关的企业文化,必须是与企业环境、企业经营策略相适应的文化。企业文化的适应性越强,企业经营业绩也就越好;而企业文化的适应性越弱,企业经营业绩也就越差。此类企业文化下的工作环境开放、和谐,具有较大的灵活性,但经营方式比较稳健,允许员工在紧急情况下,采取应急措施;为适应环境,要求组织成员彼此高度支持和信任,并能接受重大的变革。然而,这种策略合理型企业文化,要对自己的文化进行大的调整是十分困难的。因为企业文化会导致人们对与这一企业文化存在条件不相符的客观现实的了解的盲目性,即使那些经验丰富、卓有成效、思维敏捷的经理人员也是如此;公司固有的企业文化会产生极大阻力,使公司实施新的、不同的经营策略难度加大。因此,策略合理型企业文化,在解释企业中短期经营业绩增长的差异时是有效的,但这种文化不能解释企业长期经营业绩中存在的差异。

3. 强力型企业文化

强力型企业文化是从企业员工价值观的一致性和牢固性的角度出发提出的概念。具体来说,强力型企业文化,就是指具有很高一致性和牢固性的企业文化,即价值观念和经营方法被全体职工一致认同并牢记心头。在强力型企业文化中,几乎每个经理人都具有一系列基本一致的共同价值观念与经营方式,企业新成员们也很快会接受这些观念、方法。新任高级经理如果背弃了公司的价值观念和行为规范,不仅他的老板会纠正他的失误,他的下级同事也会纠正他。这种文化的组织层级结构与权责利划分清楚,员工方向明确,步调一致,共同的价值观念和行为方式使他们愿意为企业出力,而且在这种公司中存在着一些十分普遍的特定的行为方式,这些行为方式使员工觉得劳有所获。因此强力型企业文化在企业员工中营造出不同寻常的积极性,有助于企业经营业绩的增长。强力型企业文化还提供了必要的企业组织、机构和管理机制,避免了企业对那些常见的、窒息企业活力和改革思想的官僚们的依赖。然而,强力型企业文化存在着一些问题:如果企业文化带来了长期的良好经营业绩,那么这种强力型企业文化会出现"骄娇"二气,产生内部矛盾,出现官僚主义。由于企业文化的僵化,反过来会损害企业的经营业绩。

(五)根据企业系统控制的强弱划分

德国慕尼黑大学教授 E. 海能根据系统的强弱、企业文化自身的状况、企业文化和企业现有领导系统的关系三个标准,认为企业作为一个系统可分为强(控制手段有效)和弱(控制手段无效)两种状况;企业文化自身的牢固程度和一致程度各分为高和低两种状况;企业文化与系统的和谐性,也分为"是"与"否"两种情况,这样就将企业文化分为从强到弱、再到"无"的 16种类型,如表 1-1 所示。

表 1-1　16 种类型的企业文化

控制手段有效程度	与系统无关的企业文化研究		企业文化与系统的和谐性	企业文化的类型
	牢固程度	一致程度		
强	高	高	是	强的、支持系统的企业文化
			否	强的、与系统矛盾的企业文化
		低	是	强的、支持系统的亚文化
			否	强的、与系统矛盾的亚文化
	低	高	是	弱的、支持系统的统一文化
			否	弱的、与系统矛盾的统一文化
		低	是	"无文化"的企业
			否	"无文化"的企业

续表

控制手段有效程度	与系统无关的企业文化研究		企业文化与系统的和谐性	企业文化的类型
	牢固程度	一致程度		
弱	高	高	是	强的、支持弱系统的企业文化
			否	强的、与弱系统矛盾的企业文化
		低	是	强的、支持弱的亚文化
			否	强的、与弱系统矛盾的亚文化
	低	高	是	无文化、无领导的企业
			否	无文化、无领导的企业
		低	是	无文化、无领导的企业
			否	无文化、无领导的企业

二、企业文化的特征和功能

(一)企业文化的特征

企业树立、维护并发展自身的企业文化,首先需要正确认识企业文化的本质特征,这是有效开展企业文化建设活动、实施企业文化管理的前提。企业文化的任何一项活动,都应该充分体现企业文化的本质特征,不能与其背道而驰,否则只能事倍功半,甚至导致企业文化管理的失败。

1. 融合性与依附性

企业是处于一定社会环境中的,企业文化的背景是社会背景,因此,不论什么样的企业文化都与其所处历史时期、所处国家或地区的环境(包括政治、经济、文化等环境)、行业特征以及企业自身发展历程与特点有着密不可分的关系,而且是社会文化的重要组成部分。因此,企业文化依附于企业本身、特定的历史时期、行业环境、社会环境等,必然会融历史文化、区域文化、行业文化、企业自身文化于一体,并伴随企业的成长、社会的发展,不断融合更新,成为适合企业实际需求、符合时代精神需要的企业文化。例如,我国近代民族工业时期涌现出的一批企业,大多数承载着"产业报国"的使命,充分展示了当时的时代主旋律;而 21 世纪的大多数优秀企业,都会融合"国际化"的元素,充分体现了所处新时代日益国际化、竞争激烈的环境特点。

2. 个异性与稳定性

由于企业文化具有一定融合性与依附性,因此不论什么样的企业文化,都会在一定程度上展示出一定的文化共性,如特定历史时期的时代共性、区域文化的共性、行业文化的共性等,但是,优秀的企业文化一定是在不脱离"融合性"与"依附性"的前提下,具有自己企业的个性与特色,这便是企业文化的"个异性"。这些"个异性",源于企业独特的历史环境、文化传统、领导人、管理方式、产品和服务等。而且,企业文化的"个异性"必须具有一定的稳定性,因为只有具有相对稳定性的"个异性"企业文化,才能称得上是经得起历史考验、发挥了文化实效、推动企业持续发展的企业文化,而"昙花一现"的"个异性"文化,只能称得上是标新立异、追求虚名的企业文化。

例如,优秀的中华老字号企业,几乎家家都有自己个性化的"古训"或者文化主张,而且流传至今、经久不衰,在此基础上,这些企业又纷纷完善企业文化理念体系,借鉴国际上优秀的企业文化建设经验,在传承中不断创新发展,为企业持续成长提供文化保障。

3. 传承性与创新性

企业文化的融合发展过程实际上也是其传承与创新的过程。企业文化和文化一样,具有很强的传承性,传承性是指其传承来自各种环境与因素的优秀历史文化基因,包括企业本身的传统文化、地域文化、行业文化等;创新性是指其随着环境的变化、企业的发展、社会的进步,不断融合各类新元素,丰富企业文化理念的内涵,提高企业文化管理的水平,在传承中创新发展,也只有不断地变革与创新,企业文化才能在新的环境中充满生机与活力。例如,联想在经历了生存文化、严格文化、亲情文化取得巨大的成功以后,又提出了"二次创业文化",并提出"服务客户、精准求实、诚信共享、创业创新"的核心价值观以及"高科技的联想、服务的联想、国际化的联想"的愿景。从新的核心价值观与愿景中,我们可以明显看到联想是在继承历史传统文化基因的基础上,又特别增添并强调了创新、国际化等元素,这正是联想"二次创业"的需要,也是适应国际竞争与环境变化的需要。

4. 人本性与和谐性

现代企业打造自身的企业文化必须遵循"以人为本"的理念和原则。从企业内部的角度看,"以人为本"是指强调员工的核心价值,本着"尊重员工、关爱员工、激励员工"的原则,通过"软性"管理模式,充分发挥员工的内在动力,激发员工的自觉行为,从而形成一个高凝聚力、高执行力与高竞争力的组织,这也是与西方传统的以"物"为核心、忽视人的主观能动性的管理模式的根本区别;从企业外部而言,是指强调以客户为中心,为客户创造价值的同时,与各方利益相关者形成共赢发展的和谐关系,并推动人类社会的发展,这也是企业存在的根本目的。最有代表性的例子就是对同仁堂企业文化的概括,即"以义为上,义利共生的诚信文化;以质为先,质、量共存的品质文化;以人为本,人业共兴的和谐文化"。

5.共识性与自觉性

企业文化是一个价值理念体系,是一个为全体员工认同并遵守的价值理念体系。因此,"共识性"的企业文化理念体系,是优秀企业文化的必然要求,是企业文化有效传播与推行的前提。无法想象不被多数员工认同的企业文化理念,却成为员工的行动纲领与价值导向,这样只会成为员工的精神枷锁,导致形成扭曲的、形而上学的企业文化。例如,有些企业不切实际地照搬一些国际巨头的企业文化理念,好看不中用;还有些企业则是在提炼企业文化理念的过程中,只顾突出领导风采,却忘了员工的认同感,使得文化"漂浮在上"。

正因为企业文化具有"共识性",才促使企业员工产生并发挥自身的主观能动性,也才可能实现企业员工的自控、自律与自觉,这便是基于"共识性"的"自觉性"。而与"自觉性"相对应的便是"强制性",这就要求企业文化理念必须是员工共同认同的,而且企业文化建设过程也是"非强制性"的。例如,有些企业在企业文化宣贯过程中因急功近利而强制推行文化理念与规章制度,忽略了员工的感受,这样做只会适得其反,难以形成"共识性"的企业文化,更无法培育"自觉性"的文化氛围。

(二)企业文化的功能

通用电气公司前任首席执行官杰克·韦尔奇认为,"文化是永远不能替代的竞争因素,企业靠人才和文化取胜"。因此,企业文化具有无穷的力量。为了真正理解企业文化的价值,更科学有效地树立并巩固企业文化,必须了解企业文化在企业的生产经营实践中究竟发挥怎样具体的、独特的功能与作用,以此为基础有的放矢地开展企业文化建设工作。企业文化的功能可以用"七个力"来概括,如图 1-1 所示。

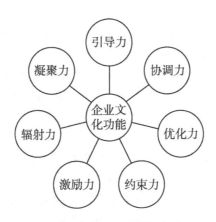

图 1-1　企业文化的功能

1. 引导力

引导力主要指企业文化在生产经营过程中对全体员工的价值取向以及行为取向所产生的导向作用,它主要体现在以下两方面。

(1)企业文化的价值导向。价值导向主要指企业所倡导的经营哲学以及具体的管理理念对全体员工的价值取向、思维方式、行为习惯所产生的引导作用。例如众所周知的"海尔砸冰箱"的故事,充分体现了海尔对质量的重视,从而引导海尔全体员工提高质量意识并付诸行动;同仁堂在 300 余年前提出的"炮制虽繁必不敢省人工,品味虽贵必不敢减物力"古训,充分展示了同仁堂倡导的诚信理念、质量理念以及人本精神,从而引导员工追求"以义为上、以质为先、以人为本"。正如美国管理专家托马斯·彼得斯与罗伯特·沃特曼在《成功之路——美国优秀公司的管理经验》一书中所言:"我们研究的所有优秀公司都很清楚它们的主张是什么,并认真建立和形成了公司的价值准则。事实上,一个公司缺乏明确的价值准则或价值观念不正确,我们则怀疑它是否有可能获得经营上的成功。"

(2)企业文化的目标导向。优秀的企业文化通常都会提出具有极强激励效果且切合实际的使命以及愿景目标,从而引领全体员工为了共同理想与目标奋斗。例如,那些优秀的中华老字号企业在价值理念中通常都会强调承担社会责任、振兴民族产业、弘扬民族文化与精神等相关理念,并提出创行业一流、世界一流等愿景目标。

2. 协调力

企业文化的协调力,主要是指企业文化可以有效地协调和润滑员工之间、部门之间甚至企业与外部之间的关系。良好的企业文化,犹如纽带一样,使得企业与员工、客户、合作伙伴、股东等利益相关者维系着和谐共生的关系。在企业内部通常表现为和谐、融洽、积极向上的组织氛围,员工在达成共识的前提下,彼此信任、沟通顺畅、团结互助,在遇到摩擦与矛盾的时候,都会被企业文化这个"润滑剂"化解,并使得员工关系更加密切,组织凝聚力更强。这种独特的协调功能尤其是在对制度的"双位"作用过程中表现得淋漓尽致。

(1)在制度缺失的情况下,企业文化发挥"及时补位"的作用。例如,在服务行业,通常会遇到客户提出一些特殊要求但又不在企业服务标准范畴内的情况,没有制度的约束,也似乎不是应尽的义务,但是,优秀企业文化环境下的员工,一般都会本着"以客户为中心"的宗旨,在力所能及的范围内为客户排忧解难,赢得客户与市场,这便是企业文化"及时补位"发挥的巨大能量。

(2)在制度相对健全的情况下,企业文化发挥"执行到位"的作用。例如,企业的规章制度与规范通常都具有制度性的特征,如果没有企业文化的协调作用,员工不可能自觉高效地执行各项规章制度,制度也就成了"冷冰冰"的文字,甚至是一纸空文。只有在员工认同企业文化的前提下,才可能确保各项制度执行到位,才能真正有效发挥制度管理的作用。

3. 优化力

优化力是企业文化的一种优化功能,具体来说就是指企业文化的引导力、凝聚力、约束力、激励力、协调力以及辐射力综合产生的优化功能,也可以将优化力看作以上几种能力的"合力"。这种优化力的体现,可以从企业与员工两个层面来进一步理解。

(1)企业层面。从企业整体运营角度看,企业文化的优化力主要体现在企业生产经营管理过程中各方面的自我调节与完善。例如,当企业的经营决策与企业一直倡导的价值观发生偏离时,企业文化会使其逐步调整至"正轨";当企业的组织机构、实施的制度与企业文化产生冲突时,企业文化则会化解冲突与矛盾,并优化组织机构以及各项规章制度与规范;当员工的行为与企业价值观存在不一致时,身边的英雄人物、正能量的文化氛围会使其自觉矫正;当企业遇到困难时,企业上下会团结一致、共渡难关……总之,在生产经营管理过程中,优秀的企业文化会产生一种强大的、无形的"优化力",使得组织机构、管理机制、组织能力、企业形象等实现自我完善和不断优化,成为企业的"决胜之道"。

(2)员工层面。员工在成长过程中需要文化的不断引导、激励、约束、协调、辐射等,单纯依靠一种力量来实现落后员工的"蜕变",是不可能的。正是这种"优化力",使得企业的员工队伍不断优化。

需要注意的是,企业想要形成优化力就要让企业文化建设经历历史考验,形成比较成熟的企业文化体系。上述各种力量产生协同效应,其实也是"文化自觉"的实现过程,更是企业文化"内生性"的充分体现。因此,一些新创立或者企业文化体系不完善的企业,不能急于求成、不切实际地追求"优化力"的形成,而应该耐心地先将企业文化建设的基础打好,不断完善企业建设体系,等员工形成价值观共享、文化与管理深度融合之后,自然会实现员工从"要我干"到"我要干"的转变,并实现员工队伍、管理机制、组织能力、企业形象的自我完善和不断优化,最终形成自己不可替代的核心竞争力。

4.约束力

企业文化的约束力表现在对企业员工的思维方式及日常行为的规范和约束上,通常企业文化会通过"软性"和"硬性"两条途径发挥自身的约束力。

(1)"软性"文化感染途径。文化感染和严格制度是相对而言的,它是一种非强制性的、潜移默化的"软"约束方式。通常在企业价值观、文化氛围、主流舆论等非制度形式的文化感染下,员工行为会受到无形的自我约束,其实这也是"文化自觉"的一种充分体现。而这种"软"约束力正是企业的文化功能,因为任何健全的制度都仍然会存在缺陷或者无法涵盖难以预料的事情,这种情况下,唯一能约束大家的只有企业长期形成的道德标准、价值观等。例如,一些餐饮企业菜品的制作过程、中药企业药品的制作过程,都保持着自己的传统工艺,有些工作环节无法用制度来约束,工作质量也难以用制度来衡量,唯一能够让传统工艺传承下来并熠熠生辉的,就是靠企业长期以来形成的"软"约束力。

(2)"硬性"严格制度途径。需要注意的是,严格制度是建立在企业文化之上、渗透了企业文化理念的制度、规范与流程。严格制度是企业文化"制度层面"的内容,对员工行为具有一定的强制性作用,同时又融入了企业文化的软力量,是员工践行企业文化、组织有序运转的重要保障。例如,生产企业通常都会强调质量文化与安全文化,企业除了提出相应的质量理念与安全理念,必然还会通过建立健全的质量管理制度与安全管理制度对员工行为予以规范和约束,并保障企业的生产质量与安全。

5.激励力

企业文化的激励力表现在对企业员工内在动机与潜在能力的激发上,一般情况下,激励力会从企业文化的四个层面对员工产生作用,激励着员工热情投入工作、积极创新,为企业创造高价值的回报。

(1)形象层面的激励。企业文化在形象层面的激励,主要源于企业良好的品牌形象,该形象同样渗透着企业文化理念,包括精神内涵、物质表现、社会形象等。良好的品牌形象,通过视觉、听觉等形式,不断加强员工对企业文化的认知与认同感,并增强其荣誉感、安全感与责任感,进而激发其工作积极性与主动性。

(2)行为层面的激励。企业文化在行为层面的激励,主要源于基于企业文化理念的员工行为规范、服务标准以及员工身边的榜样。行为规范与服务标准,犹如一把精确的标尺,激励着员工在实践过程中就自己的行为表现寻找差距、不断改进;而员工身边的榜样,就像优秀企业文化的灯塔,为员工指明了企业文化的导向以及个人前进的方向。

(3)制度层面的激励。企业文化在制度层面的激励,主要源于渗透着企业文化理念并产生正向激励作用的制度与规范,其中包括员工关爱制度、员工培养制度、员工晋升制度、员工管理参与激励制度、绩效考核制度、创新奖励制度等。各项制度激励为员工提供良好的工作与生活环境以及公平的成长与发展平台,并以制度确保激励的持续性与公平性,从而使员工得到充分的尊重与关爱,最终达到调动员工积极性、激发员工主观能动性的目的。

(4)精神层面的激励。企业文化在精神层面的激励,主要源于企业文化"引导力"中的目标导向与价值导向。例如,高远且符合实际的目标,会激励员工树立较高的工作目标与标准,并形成强烈的使命感;共同的价值观导向,会让员工迅速产生认同感、归属感、安全感与责任心,对员工的自觉行为、组织的凝聚力形成都具有极强的激励作用。

6. 辐射力

企业文化的辐射力主要指企业在向内外部传播企业文化内涵与品牌形象、传递产品和服务价值的过程中,对员工、客户以及社会所产生的文化辐射功能,它能不断提高企业的知名度与美誉度,增强品牌溢价能力。从企业文化的"四层次结构"来看,企业产生辐射力的途径主要是行为层与形象层。

(1)行为层的辐射力。企业文化的行为层,主要是指企业员工在践行企业文化理念时表现出的具体言行,具体来说,包括员工行为规范与员工的思维方式、行为习惯等。可见,企业的一举一动、员工的一言一行时刻都在对外展示着自己独特的文化内涵、精神风貌、管理风格与社会形象。因此,企业只有通过建立优秀的企业文化来深刻影响员工的思想与行为,方能持续对外树立良好的社会形象,从而真正发挥文化的辐射功能,而不是空喊口号、只做形象工程。例如,员工在向客户提供服务的过程中,便自然地向客户传递了企业所倡导的价值观、展示了企业的形象,而企业能否在客户中获得好评、能否在社会中树立良好的形象,则取决于员工的言行是否渗透了优秀的企业文化基因。

(2)形象层的辐射力。企业文化的形象层是企业文化产生辐射力的主要途径,主要是指企业通过视觉设计、产品和服务(形象)、文化传播网络、英雄人物、社会责任等物质与行为向企业内外部传播和树立的社会形象。例如,企业的视觉设计、产品设计、现场环境等,是向企业内外部直观展示企业形象的主要方式;文化传播网络则是企业文化内涵与品牌形象对内外部输出最重要的途径,具体包括各类媒体、宣传工具、宣传平台、文化活动等传播载体;先进人物则是企业文化的"代言人",向内外部传递企业文化价值观,并提高企业的美誉度;承担社会责任更是优秀企业文化的集中体现,即以高度的社会责任感,对外树立良好的社会形象。

7. 凝聚力

企业文化的凝聚力,是指员工在认知、接受企业倡导的价值观后,在思想意识层面达成一定共识,并且这种共识在员工的实践中表现为"劲往一处使",从而产生强大的凝聚力与向心力,促使员工与企业"同呼吸、共命运",并形成一个充满和谐性与协同性的组织。和谐性主要表现为员工之间的相互帮助、相互关爱以及员工对组织的热爱与忠诚;协同性主要表现为部门之间的高效协作以及资源协同效应的充分发挥。

企业文化的凝聚力具有强大力量,因为凝聚力来源于价值观的正确引导以及以"人"为核心的"软性"管理环境,这种凝聚力来自于员工自身,而并非"硬性"管理环境下通过刚性制度与规范产生的表象的组织凝聚力。而且,这种凝聚力不仅影响员工,还对企业的经销商、合作伙伴等利益相关者产生强大的凝聚作用。

在企业创业初期阶段或者企业在运营过程中陷入危机时,企业文化的凝聚力会发挥极大的作用,其是促进企业生存和发展的强大力量。例如,那些已有几百年历史的中华老字号企业,伴随着历史的变迁、社会的变革、商业的巨变,历经了无数次磨难与蜕变,而每当出现危机的时候,这些企业的"精神领袖"、管理团队与多数员工总是能够众志成城、共渡难关,从而化险为夷、转危为机,在逆境中崛起、在蜕变中涅槃。

第二章　新时期企业文化建设理论与经验借鉴

随着改革开放的不断深入,企业文化在企业发展过程中的作用越来越重要,加强企业文化建设能够进一步促进企业健康可持续发展。近几年来我国企业文化建设在理论与实践上都取得了显著成绩,对建设我国新时代中国特色社会主义和促进国民经济发展都起到了积极作用。在知识经济时代到来的今天,企业要想发展并在竞争中立于不败之地,必须高度重视企业文化建设,充分发挥企业文化在市场竞争中的作用。

第一节　企业文化建设理论基础与分析工具

企业文化理论形成于 20 世纪 80 年代初期。它的诞生,与企业管理思想和管理实践密切相关。企业管理从经验管理发展到科学管理、行为科学再到文化管理,每一个阶段的管理观念的变革都随着人们对"人性"的认识而不断升华。企业文化越来越受到重视的根本原因在于它给企业注入了生命活力,带来了有形的和无形的、经济的和社会的效益。企业文化成了促进企业经营业绩和经济增长的有效手段和精神动力。总结企业文化建设的理论基础与分析工具是本节的主要内容。

一、企业文化建设理论基础

(一)威廉·大内的 Z 理论

20 世纪 70 年代末,日本经济迅猛发展,并直接威胁着美国的霸主地位。于是,受到巨大冲击的美国派出大批专家前往日本考察,其中就包括了威廉·大内。大内选择了日、美两国的一些典型企业进行研究,研究结果表明,日本的经营管理方式一般较美国的效率更高。他因此提出,美国的企业应结合本国的特点,向日本企业的管理方式学习,形成自己的一种管理方式。他把这种管理方式归结为 Z 型管理方式,并对这种方式进行了理论上的概括,称为"Z 理论"。

1. Z 理论模式内容

威廉·大内以 A 型模式(即美国模式)和 J 型模式(即日本模式)为基础阐述了 Z 型模式的基本特征。

(1)雇佣制度。在 Z 型模式中,对员工采取长期雇佣制。长期雇佣关系往往是由于业务复杂而造成的,这种业务通常要在实践中学习。长期雇佣制可使员工工作起来更加安心,有利于稳定雇佣关系,使企业能从长远发展出发进行大量的人力和智力投资,为企业培养优秀人才。长期雇佣制有利于企业建立稳定的文化,有了文化,就有了凝聚力,就有了企业生命。

(2)评价与晋级。Z 理论主张确定一种缓慢的评价和提升制度,即经过长期的考核而逐步提升。目的是要培育职工的长期观点与协作态度,避免人才流失。对于新进公司的年轻人,在头十年应实行无差别的整批人的迅速晋升或加薪。

(3)职业发展途径。Z 理论主张扩大职业发展道路,有计划地实行横向职务轮换。这种横向轮换可以提高员工的工作热情、效率和满意度,加强各职能部门之间的联系。

(4)控制方式。在 Z 模式中,既有明确的控制方法,也有含蓄的控制方法,明确的方法用于控制情况的了解和沟通,但重要的决策则用含蓄的方法加以控制。例如:为了控制介入某个新行业的行为,必须计算出介入后所能获得的最大利润,但是,部属是否应该介入这个新行业,则取决于介入这个新的行业后,能否对顾客提供真正的价值,以及能否帮助雇员尽快成长。

(5)决策过程。Z 理论主张群体决策,所有有关人员都参与协商,直到取得真正一致的意见。群体决策虽然耗时长,但可以集思广益,弥补个人力量的不足,较好地保证决策结果的合理性和正确性,而且照顾到多数人的意见,因此具有较好的执行性。

(6)责任制。在 Z 型组织中,决策可能是集体做出的,但是最终要由一个人对这个决定负责,这样可以同时兼顾个人负责与集体负责的优点,而避免二者的弊端,既有利于权责集中统一,又便于集思广益。

(7)企业关系。在 Z 模式中,企业与职工、雇主与雇员、雇员之间是一种整体关系。企业不仅向职工提供适当的工作,而且要努力使职工在德智体三方面得到全面的发展;不仅关心员工的工作,还关心员工的生活。人们树立牢固的整体观念,员工之间平等相待。正是在这种整体关系中,人们的亲密、信任和相互了解才会产生。

2.Z理论的要点

威廉·大内的Z理论以比较的方法,分析了企业管理与文化的关系,不仅证明以无形的信任、情感的微妙性和集体价值观为特征的日本管理模式更加适应现代管理,更能带来高的生产率;而且进一步揭示了美日管理模式差别的文化原因——日本管理模式根源于日本民族的"文化均质",美国管理模式则根源于美国的"文化异性"。在威廉·大内看来,"一个公司的文化由其传统和风气所构成。此外,文化还包含着一个公司的价值观,如进取性、守势、灵活性——即确定活动、意见和行动模式的价值观,经理们从雇员们的事例中提炼出这种模式,并把它们传达给后代的工人"。这种对公司文化的界定包括了一整套具体的象征、仪式和神话,使得那些原本稀少而又抽象的概念开始具备了鲜活的生命力。

(二)企业文化定性研究

埃德加·沙因是企业文化研究的权威,他的主要贡献是对企业文化进行了定性研究,并提出了关于企业文化的概念和理论。关于企业文化概念,前文已经做了详细阐述,这里不再重复。沙因从现象入手,分析了企业文化存在和体现的由浅到深的三个层次,即表象、表达的价值和共同默认的假设。

首先感受到的是文化的表象,是不同企业所呈现出来的不同的风格,是清晰可见的。隐藏在表象深处的、需要深入解读的是这些表象的内涵。

为了充分了解企业的文化,必须通过访谈内部人员来深入了解企业的价值观,这就是企业表达(即宣传)的价值观,这种表达的价值观通过企业内部人员的描绘、企业的文本资料来表述。通常来看,某个表达了以人为本价值观的企业,却是一个大官僚机构;宣称团队的企业,各自为政;号称开放的企业,却大门紧闭。表达的价值观与表现的行为之间还会有很多不一致的地方,这是因为更深层的思维和感知推动着表象行为。因此,这就需要对更深层次的思维和感知即共同默认的假设进行了解。

所谓共同默认的假设是指共同习得的价值观、理念和假设,它产生于企业成员共同学习的过程中。最初的时候,它们只是存在于创始人和领导者的头脑中,当企业成员认为这些理念、价值观和假设可以引导企业走向成功时,逐渐把它们变成共享和理所当然的,从而形成了企业共同默认的价值观。

了解了文化的三个层次,需要认识到:①文化稳定且难以改变,因为它是团体学习的积累;②文化最重要的部分基本上是无形的,因为它是企业成员所保持和认可的共享的心智模式;③最重要的是,文化没有是非优劣之分,关键在于要与企业努力进行的事情或其运行的环境条件结合起来考虑。

由以上分析可以看出,真正推动文化发展,决定员工行为的是共同习得和默认的假设。然而对深层次共同默认假设的理解需要通过一个包含着系统性的观察和与内部人员谈话的过程,才能帮助默契的假设显现出来。

(三)学习型组织理论

学习型组织理论是美国麻省理工学院彼得·圣吉于 1990 年在他的《第五项修炼——学习型组织的艺术与实践》一书中提出的管理概念。学习型组织理论已经被广泛接受并付诸实践,且深刻地影响着企业组织的发展。

学习型组织,是指通过培养弥漫于整个组织的学习气氛、充分发挥员工的创造性思维能力而建立起来的一种有机的、高度柔韧性、扁平的、符合人性的、能持续发展的组织。学习型组织不存在单一的模型,它是关于组织的概念和雇员作用的一种态度或理念,是用一种新的思维方式对组织的思考。在学习型组织中,每个人都要参与识别和解决问题,使组织能够进行不断的尝试,改善和提高它的能力。

学习型组织包括五项要素:共同愿景、团队学习、改变心智模式、自我超越、系统思考。学习型组织的文化特点主要有以下三点。

(1)是以建立共同愿景和团队为理念的企业文化。企业文化中的共同愿景可以将来自不同地方的人组成一个共同体,使组织成员产生一体感,使他们的价值观、工作和学习的目标趋于一致,能激发出人的巨大驱动力和勇气。同时,建立共同愿景的过程会使员工之间产生相互信任感,能产生远高于个人愿景所能产生的创造能力,有助于团队学习精神的形成。

(2)是一种鼓励个人学习和自我超越的企业文化。彼得·圣吉认为,个人学习是组织学习的基础,只有通过个人学习,组织学习才能成为可能。虽然个人学习并不能保证整个组织都在学习,但如果没有个人学习,组织学习就无从谈起。一个真正的学习型组织的经营理念和价值观应当引导员工认识个人学习的重要性,同时,倡导员工必须有一种自我超越的精神追求,使每个员工在这种企业文化的影响下,能全身心地投入,不断学习和超越,将学习作为真正的终身学习,持续扩展自己学习以及掌握知识的能力,成为自我超越的人。

(3)是一种强调开放创新应变的企业文化。学习型组织的企业文化应是一种开放型的文化,具有鼓励企业内部以及企业之间开放、交流和学习的特点,又具有能够快速改变和更新知识的能力是学习型组织企业文化的特点。同时要树立"向学习要未来""向培训要未来"的新理念,让员工懂得必须学习、学习什么、如何学习等这样一些问题,时时处处学习,终身接受教育;要树立"创新性学习"的理念,学习重在创新,学后要有新的行为。

(四)企业文化方格论

20 世纪 80 年代,企业文化理论传入我国。国内学者首先从实证方法的角度,注重对企业文化的内涵、作用、有中国特色的企业文化的建设途径、跨文化、企业文化的变革以及从不同的层面和角度对人本管理等方面进行了研究。除了大量的经验研究外,我国学者在对国外理论模型的分析、借鉴和比较的基础上,也从方法论上提出了符合我国特殊情况的量化分析模型。我国著名企业文化专家王成荣教授在 2007 年的《中外企业文化》中发表《企业方格论——"人本化"与"市场化"相互推动》一文,提出了企业文化方格论。

1. 企业文化方格论的内容

企业文化作为一种微观文化现象,其核心价值观是企业的灵魂,是企业生命的基因。这种灵魂基因不仅有"人本化"内涵,也有"市场化"内涵;企业文化的优劣,不仅决定着企业的管理方式和风格,而且决定着企业的经营方式和风格,对企业经营管理活动起全方位的决定作用。既然企业文化具有"人本化"和"市场化"两大属性,则可构成分析企业文化类型和状态的基本支点。据此,王成荣借助美国得克萨斯大学教授罗伯特·布莱克和简·莫顿 1964 年提出的管理方格理论的原理,从企业文化建设"两点论"出发,成功建构了一个"企业文化方格矩阵"。

王成荣认为,企业文化的先进性与有效性,集中体现在"人本化"和"市场化"强度上。"人本化文化"和"市场化文化"不同强度的结合,能够形成多种类型的企业文化模式。这里所说的"人本化",指企业对经营中涉及的所有人的需求、价值实现和发展的一种态度和理念。这种态度和理念,驱使着企业关心员工的报酬与工作环境、人际交往与自尊、精神需要与个人价值等,也驱使着企业关心顾客及相关社会公众的价值与满意度等。这里所说的"市场化",指企业对市场及竞争的一种态度和理念。这种态度和理念,驱使着企业关注市场需求与发展变化,关注产品与服务创新,关注经营效率与效益等。任何一个企业都会涉及这两个文化维度的发展方向和发展强度。有的企业偏重于"人本化",有的企业偏重于"市场化",有的则兼顾二者。在发展强度上,由低到高也有相应的差别。根据不同的发展方向和发展强度,即可以建立一个坐标体系——企业文化方格矩阵,作为研究企业文化模式的工具。

企业文化方格矩阵的横坐标表示"市场化文化强度",纵坐标表示"人本化文化强度"。按照不同强度各分为 9 个档次,1 为最低,9 为最高,纵横交错,共构成具有 81 个方格的矩阵(见图 2-1)。其中有 5 个方格具有企业文化上的典型意义。

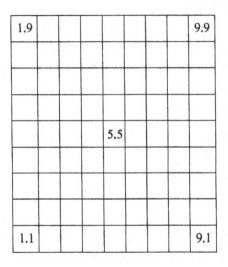

图 2-1　企业文化方格图

(1)"1.1"为沙漠型文化:既不重视人,也不关注市场,企业是一片文化沙漠。这类企业人心涣散,效率低下,远离顾客。如果没有特殊的条件支撑与保护,早已被淘汰。

(2)"1.9"为情感型文化:关心人,重视人,企业人际和谐,像个快乐的大家族,但缺乏市场意识和竞争意识,没有目标,没有真正的动力,更谈不上效率与效益。这类企业如果处在竞争行业中,孕育着较大危机和市场风险。

(3)"9.1"为趋利型文化:高度关注市场,追逐利润,企业像个高效的赚钱机器。但缺乏人性,缺乏亲情,泯灭个性精神和个人价值,也缺乏社会责任感。那些知识型员工和脑力劳动者越多的企业,越面向最终消费者的企业,秉承这种文化失败的可能性越大。

(4)"5·5"为平庸型文化:对人和市场都给予适度的关心与关注,平庸无创新,和谐无效率,企业稳定性和依赖性较强,像个不讲效率的政府机构。

(5)"9·9"为理想型文化:既重人,也重市场,是最为理想的双强文化模式。这类企业一定是一个有活力有效率的长寿公司。

2. 企业方格的实际应用

建立理想型的企业文化模式,避免企业文化的畸形发展,必须把"人本化"与"市场化"的文化建设结合起来,实现二者的结合和互动发展,以下三点是必须坚持并付诸实践的。

(1)企业具有双重属性,首先具有经济属性,追逐营利;同时企业也是一个生命,具有社会属性,追求生命存在的社会价值与意义。企业经营的目的是获取双重的回报,既获得财富,又满足人的需要,培养人,实现人的价值,促进人的发展。后者是终极目的,财富只是过程与手段。

(2)企业的"人本化"价值观,是建立在大写的"人"的基础上的。狭隘的"人本化",单纯强调以员工为本,可能有损顾客和社会利益;片面强调以顾客和外部公众为本,可能直接或间接有损员工的利益。只有把二者统一起来,才是完整意义上的"人本化"。

(3)在当代,"市场化"是实现人的价值的最好途径。通过市场创新和市场竞争,为顾客提供最好的产品与服务,为社会创造最好的环境,实现顾客与社会价值的最大化;通过建立人才招聘与竞争的市场机制,激发员工的创造性,提高员工的素质,最终最大限度地实现员工的价值。

二、企业文化建设分析工具

掌握好企业文化基础理论知识与常用的诊断分析工具,是企业文化实践者成功有效地构建和运行企业文化建设体系的前提。企业文化建设实践者不可忽略的是常用的诊断分析工具,具体包括企业文化建设四层次结构模型、奎因企业文化导向诊断分析模型、丹尼森组织文化分析模型、麦肯锡7S模型、"4+2"管理法则等。

(一)企业文化建设四层次结构模型

企业文化建设四层次结构模型(见图2-2),是基于企业文化四层次内容构成而提出的,与后者内容完全一致,只是在应用过程中更加突出了企业文化建设的具体实施内容。该模型不同于传统意义上的企业文化四层次理论模型(即精神层、制度层、行为层、物质层),而是将物质层调整为形象层,并在原来物质层内容的基础上添加品牌内涵、社会形象等元素,从而使企业文化四层次结构理论显得更加丰富、完善且贴切新时期企业发展的实际需求。从企业文化建设的角度,我们又可以从四个层面将其依次理解为"内化于心、固化于制、实化于行、外化于形"的过程。

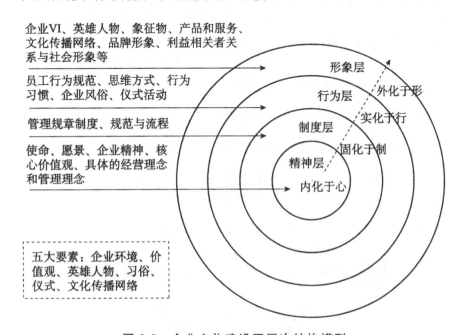

图 2-2　企业文化建设四层次结构模型

　　(1)精神层(内化于心):即企业文化的精神内核,是企业文化建设一切活动的源泉,包括价值理念体系,即使命、愿景、企业精神、核心价值观、具体的经营理念和管理理念。

　　(2)制度层(固化于制):即企业文化核心理念通过"制度化"融入管理的重要载体,是员工践行企业文化以及树立企业形象的重要保障,包括企业的各项管理规章制度、规范与流程。

　　(3)行为层(实化于行):即员工践行企业文化理念的具体言行表现,包括员工行为规范与员工的思维方式、行为习惯等,还包括企业风俗、仪式活动等。

　　(4)形象层(外化于形):即企业通过视觉设计、产品和服务(形象)、文化传播网络、社会责任等物质与行为向企业内外传播和树立的社会形象,包括企业 VI、英雄人物、象征物、产品和服务、文化传播网络、品牌形象、利益相关者关系与社会形象等。

(二)奎因企业文化导向诊断分析模型

奎因企业文化导向诊断分析模型将企业文化从内在—外在、控制—灵活两个维度,分为团队支持、灵活变革、市场绩效和层级规范四种导向。通常来讲,团队支持型文化更注重授权、沟通和以人为本;灵活变革型文化更注重反应速度、客户意识、变革意识;市场绩效型文化更注重市场竞争意识、风险意识和绩效导向;层级规范型文化则是注重集权、等级和规范。

下面列出了奎因企业文化导向诊断分析模型,还提供了奎因企业文化导向诊断分析量表(奎因分析原始题)、评分方法以及分析示例。

1. 奎因企业文化导向诊断分析模型

奎因企业文化导向诊断分析模型如图 2-3 所示。

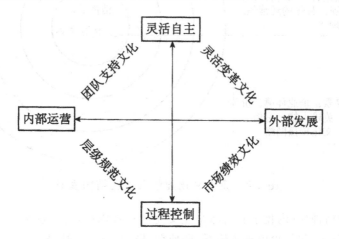

图 2-3　奎因企业文化导向诊断分析模型

2. 组织文化评价量表(奎因分析原始题)

原始的奎因企业文化导向诊断分析量表(见表 2-1)主要包括管理特征、组织领导、员工管理、组织的凝聚力、战略重点、成功标准六个方面,其中每个方面分为 A、B、C、D 四类问题,其中 A 代表的是团队支持型,B 代表的是灵活变革型,C 代表的是市场绩效型,D 代表的是层级规范型。本示例选用的是利克特量表法。另外,原始题目可以灵活穿插在问卷中,增强问卷回答的真实性以及有效性。

表 2-1　奎因企业文化导向诊断分析量表

题号	题目内容	现状评分 (1~5 分)	期望评分 (1~5 分)
一、管理特征			
A	第 1 题:组织是一个人性化的地方,就像家庭的延伸,人们不分彼此		
B	第 2 题:组织具有很强的活性和创业精神,人们勇于冒险和承担责任		
C	第 3 题:组织的功利性很强,人们主要的想法是完成工作,员工的能力很高而且期望成功		
D	第 4 题:组织被严格地控制且组织严明,人们按照条例办理		
二、组织领导			
A	第 5 题:组织的领导通常被视为体现了导师、推动者或培育者的作用		
B	第 6 题:组织的领导风格主要是创业、创新和尝试冒险		
C	第 7 题:组织的领导风格主要是"没有废话",具有进取性和高功利性		
D	第 8 题:组织的领导风格主要是有条理、有组织性、运作流畅且充满效率		
三、员工管理			
A	第 9 题:管理风格是团队合作,少数服从多数以及参与决策		
B	第 10 题:管理风格是个人英雄主义、喜欢冒险、勇于创新,崇尚自由和展现自我		
C	第 11 题:管理风格具有很强的竞争性,要求和标准都非常严格		
D	第 12 题:管理风格主要是保持雇佣关系,人们的关系是可以预见、稳定和一致的		

续表

题号	题目内容	现状评分 (1～5分)	期望评分 (1～5分)
	四、组织凝聚力		
A	第13题:组织靠忠诚、互信黏合在一起,人们都具有承担义务的责任感		
B	第14题:人们靠创新和发展结合在一起,走在时代前端的共识		
C	第15题:成功和完成目标把人们联系在一起,进取和取得胜利是共同的目标		
D	第16题:人们靠正规的制度和政策在一起工作,维持一个顺畅运作的组织是非常重要的		
	五、战略重点		
A	第17题:组织重视人力资源发展、互信、开诚布公和员工持续参与		
B	第18题:组织主要寻求新的资源和迎接新的挑战,尝试新的事物和寻求机遇是员工价值的体现		
C	第19题:组织追求竞争和成功,打击对手和在市场中取得胜利是组织的主要战略		
D	第20题:组织希望看到持久和稳定,效率和顺畅地运作是工作重点		
	六、成功标准		
A	第21题:组织对成功的定义是人力资源、团队合作、员工的贡献和对员工关怀上的成功		
B	第22题:组织对成功的定义是组织是否具有最特别和最新的产品,组织是否为产品的领导者和创新者		
C	第23题:组织对成功的定义是赢得市场份额并且打败对手,成为市场的领导者		
D	第24题:组织视效率为成功的基础,相互沟通、平稳的工作安排和低成本是至关重要的		

3. 奎因企业文化导向诊断分析示例

某公司问卷评分结果如表2-2所示。

表2-2　某公司奎因企业文化导向诊断量表评分结果

题号	类型	现状值	期望值
A	团队支持型	3.76	4.23
B	灵活变革型	3.65	4.24
C	市场绩效型	3.79	4.19
D	层级规范型	3.93	4.29

分析示意图如图2-4所示。

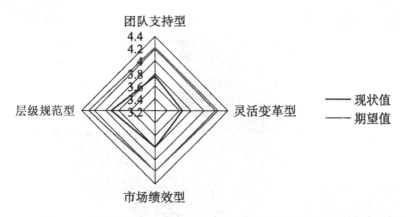

图2-4　某公司奎因企业文化导向诊断分析结果示意图

分析结论如下(需结合其他调研分析方法与工具):目前,该公司企业文化的最大特点是注重集权、等级和规范,具体表现为"员工严格按照各项规章和制度执行工作,且组织纪律严明",即属于层级规范型。而且,从员工期望来看,公司未来仍然要继续保持层级规范型文化。这也充分说明,层级规范型文化在强化规范管理、确保执行力、推进制度文化、促进公司发展的过程中发挥了强大的推动作用,并得到员工的一致认同。

但是,层级规范型文化也存在一定的劣势,主要体现在创新变革、客户服务意识、员工主观能动性等方面相对较弱。因此,公司在未来发展中,不可过于偏向层级规范型文化,而是需要在以上四种文化类型之间取得一定的平衡。

从员工期望来看,公司应有意识地强化灵活变革型与团队支持型文化要素,同时适当引入市场绩效型文化要素。这也充分体现了员工期望在"制度规范、纪律严明、高效执行"的基础上,能够进一步注重"服务客户、创新变革、授权沟通、以人为本、市场竞争"等。

(三)丹尼森组织文化分析模型

丹尼森组织文化分析模型(见图 2-5)是衡量组织文化最有效、最实用的模型之一。该模型是由瑞士洛桑国际管理学院(IMD)的著名教授丹尼尔·丹尼森创建的。丹尼森在对大量的公司进行研究后,总结出组织文化的四个特征:参与性、一致性、适应性与使命。

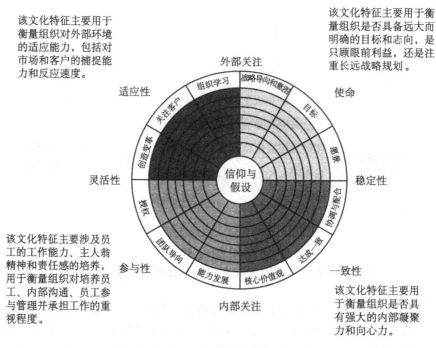

图 2-5 丹尼森组织文化分析模型

(1)参与性。参与性(involvement)涉及员工的工作能力、主人翁精神和责任感的培养。组织在这一文化特征上的得分,反映了组织对培养员工、与员工进行沟通,以及使员工参与并承担工作的重视程度。

(2)一致性。一致性(consistency)用以衡量组织是否拥有强大且富有凝聚力的内部文化。

(3)适应性。适应性(adaptability)主要是指组织对外部环境(包括客户和市场)中的各种信号迅速做出反应的能力。

(4)使命。使命(mission)用于判断组织是一味注重眼前利益,还是着眼于制定系统的战略行动计划。

上述四个特征中,每个都涵盖三个维度,12个维度又分别对市场份额和销售额的增长、产品和服务的创新、资产收益率、投资回报率和销售回报率等业绩指标产生重要的影响。

(四)"4+2"管理法则

威廉·乔伊斯、尼廷·诺里亚和布鲁斯·罗伯逊三位管理咨询专家曾经组织了一项名为"常青树项目"的开拓性研究,对160家公司11年间200多种管理实践进行分析,并从中探寻成功企业的管理定律。结果发现,大多数管理实践与业绩无关,企业只要在战略、文化、执行力、组织结构这4项首要管理实践上表现卓越,并做好人才、领导力、创新、兼并与合作这4项次要管理实践中的任意2项,便能成功在握,基业长青,故称之为"4+2"管理法则(见图2-6)。其中,"文化"属于4项首要管理实践要素之一,可见,优秀的企业文化是企业成功的必备条件。

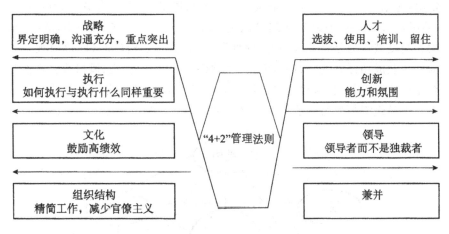

图2-6 "4+2"管理法则示意图

1. 首要管理实践4要素

战略方面:制定和保持界定明确、沟通充分、重点突出的战略比制定何种战略更重要。

执行方面:搞清楚如何执行与执行什么同样重要。

文化方面:创造一个鼓励高绩效、高标准的氛围比营造一个快乐的工作环境更重要。

组织结构方面:不管按何种形式来架构组织,关键的是要能精简工作、减少官僚主义。

2. 次要管理实践4要素

人才方面:成功企业不仅设法留住人才,而且创造环境培养人才。

创新方面:领先企业对那些能够推动行业变革的突破性创新孜孜以求。

领导方面:首席执行官是否能和员工建立良好的关系、能否及时发现机遇和问题所在,都和公司的命运息息相关。

兼并方面:不管并购的动机是什么,成功企业都不会贸然进入和自己的核心业务相距甚远的领域,它们通过一套高效的运作体系来发展优势互补的新业务,推动公司的成长。

(五)麦肯锡7S模型

麦肯锡7S模型(见图2-7),简称7S模型,是麦肯锡咨询公司研究中心设计的企业组织七要素,指出了企业在发展过程中必须全面考虑各方面的情况,包括结构(structure)、制度(systems)、风格(style)、人员(staff)、技能(skills)、战略(strategy)、共同价值观(shared values)。在模型中,战略、结构和制度被认为是企业成功的"硬件",风格、人员、技能和共同价值观被认为是企业成功经营的"软件",而代表"软件"的共同价值观、风格等要素都与企业文化紧密相关,这也足以表明企业文化在该模型中占据重要地位。该模型也是组织绩效与企业战略相适应的重要评价与分析工具之一。

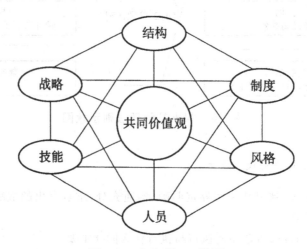

图 2-7　麦肯锡 7S 模型

7S模型七要素说明如下：

（1）战略：获取和分配有限资源并实现企业持续成长的总体谋划，即对企业发展目标、途径和手段的总体规划。

（2）结构：适应企业战略的组织构成方式，即目标、协同、人员、岗位、相互关系、信息等组织要素的有效排列组合方式。

（3）制度/系统：与企业精神、战略思想保持高度一致的制度体系，包括各项管理规章制度与流程。

（4）风格：企业长期以来形成的独特管理风格，通常是指企业管理队伍所表现出来的管理方式与行为特征。

（5）人员：支撑战略的人力资本，即企业内部人员的配置、培养等情况。

（6）技能：组织所具备的技能与特长，这与企业关键人物及全体员工的技能水平息息相关。

（7）共同价值观：企业长期以来所形成且被全体员工共同认同的愿景、使命、企业精神以及核心价值观。

其中，战略、结构和系统是"硬"要素，风格、人员、技能和共同价值观是"软"要素。最高目标——"共同价值观"处于模型的中心地位，充分发挥了企业文化的导向、约束、凝聚、激励及辐射作用，把其他六个要素黏合成一个整体，是决定企业命运的关键要素。

第二节　国外企业文化建设的经验借鉴

国外企业文化建设的成功之处在于国外优秀企业都非常重视构筑企业文化，通过企业文化的渗透作用实现以人为本的柔性管理，达到企业持续发展的目标。由于各国国情不同、文化背景和意识形态的差异，各国企业的企业文化在表现形式上有所差异，但通过比较又会发现，这种外在差异的背后存在着许多共性。我们应充分吸取外国企业文化的精华，逐步建立有中国特色、有企业特点的企业文化理论体系。

一、美国企业文化

美国著名的麦肯锡顾问公司的主要顾问彼得斯和经理沃特曼合著的《追求卓越——美国八大名牌企业成功秘诀》一书中提到八项原则：①行动神速；②顾客至上；③支持创新；④尊重员工；⑤重视价值观；⑥不离开本行；⑦精兵简政；⑧宽严并举。曾有人访问了全美62家优秀的大公司，最后以获利能力与成长速度为标准从中筛选出43家杰出的模范公司,在对这些公司进行调查研究后,归纳出它们成功因素的八个方面,即上述的八项原则。美国杰出企业在任何情况下都坚持这八项原则,因而这八项原则的影响随处可见。其实这八项原则正是美国企业文化的进一步提炼,美国作为世界头号经济强国是十分重视企业文化构建的,这是其经济能迅速发展的重要原因之一。美国的企业文化具有以下特征。

(一)重视、尊重员工的个人才能

许多成功的美国企业都把面向人、尊重人、关心人放在首位,把它看作企业成功的关键。美国著名的苹果计算机公司认为,要开发每个人智力中闪光点的资源,树立"人人参与""群言堂"的企业文化,使该公司不断开发出具有轰动效应的新产品。强力便携式苹果机就是其中之一。美国最大的电子计算机公司IBM之所以能在激烈的竞争中不断取得成功,一个最重要的原因是贯彻了这一经营哲学。尊重人、信任人是IBM的第一宗旨。公司高层认为只有尊重员工、信任员工,充分发挥他们的聪明才智,才能使他们竭尽全力为公司服务,保证公司不断胜利。

从企业决策方式看,在美国企业中,过去管理者只考虑个人意见,很少征求同僚或下属的看法。这种决策方式有其果断、快速、高效的优点,但往往出现上下不协调、政策无法贯彻的缺憾。在日本企业集体决策的启发下,不少美国企业家逐步认识到,这种独断的决策方式容易造成个人独裁、领导与工人缺乏感情交流以及员工与企业主的对立。于是,他们改变决策方式,重视员工的民主参与,把个人决策与发挥广大员工的积极性结合起来。

从老板与员工的关系看,一些成功的美国企业,一改昔日单纯追求利润的做法,把关心员工生活、改善劳动条件、与下属平等相处放在重要地位。为了培训员工,IBM每年投入6亿美元,为了解决员工后顾之忧,他们还为员工修建了食堂、学校等服务部门。而且,美国许多企业实行股份制。通过员工持股,使其除工资收入外还能分到红利。此外,还增加了员工参与经营管理的权利,提高了他们的身份、地位和安全感。美国最大的连锁店沃尔玛公司、"旅店帝国"希尔顿公司,还将一部分股份作为工资或福利分给员工。惠普公司等还通过增加员工的福利(如为子女提供助学金),让员工共享公司成果。

(二)提倡制度合理化的管理哲学

美国企业提倡科学性和合理性,重视组织机构和规章制度的作用。美国企业继承了泰勒的科学管理思想,比较注重确定严密的组织系统、合理的管理程序、明确的职责分工、严格的工作标准、科学的规章制度、先进的管理手段和管理方法,即美国企业比较重视硬性管理。美国哈佛商学院集 150 多年的教学经验,编制了大到企业经营方针制定、小到下脚料处理的与企业管理有关的所有制度。

但是,过分强调制度、量化的刚性管理模式,容易造成人与人之间关系的冷漠,形成单纯契约关系;它使企业管理者目光短浅、见物不见人,只注意经济指标,忽视企业的思想文化建设;它使企业与社会脱离,企业变成单纯赢利的场所。因此,在 20 世纪 80 年代的企业文化建设中,美国许多成功的企业认识到单纯依靠制度管理的弊端,把企业文化建设放在十分重要的地位。不管是历史悠久的老企业,还是在硅谷和波士顿 128 号公路上新兴的高科技公司,企业文化的重要性已成为他们的共识。麦道公司总裁就说过,"作为公司最高统帅,我的唯一任务就是重塑本公司文化。"IBM 高层则认为一个大的组织能够长久生存,最重要的条件并非结构形式或管理技能,而是"我们称之为信念的那种精神力量"。

(三)坚持质量第一、顾客至上

近年来,美国一些成功的大企业把企业看作社会的有机组成部分,是社会财富的创造者、群众美好生活的服务者;企业不仅要注重经济效益,还要重视社会效益。这方面 IBM 是个典型,它的经营哲学有三条:①必须尊重每一个员工;②必须为用户提供尽可能好的服务;③必须寻求最优秀的成绩。在这三条中,人们几乎看不到功利主义色彩,强调的是尊重、服务和优秀。例如,福特公司在美国设立了 24 小时服务的免费热线电话,还建立了标准的服务体系,从客户买汽车时进行联系到把汽车卖给用户、甚至到售后服务都融为一体。此外,福特公司还制定培训计划,提高服务人员的维修水平;一些部门通过卫星系统接受来自福特公司本部通信网的指示进行维修服务。

值得一提的是,在美国,政府一直努力要求企业重视社会效益,鼓励企业提高产品质量,保护消费者利益,依法严惩造假者。早在 20 世纪 60 年代初,美国总统肯尼迪就发出《总统关于保护消费者的特别咨文》,提出了著名的消费者"四大权利",即安全权、知情权、意见权、选择权,要求企业给予保护。1987 年,美国政府开始设立"国家质量奖",对如何评奖有具体的规定,具体实施工作由政府授权的美国标准技术研究院负责。该院对评奖标准从加强现场质量控制、售后服务和用户满意度等方面进行了修订,使评奖条件处于发展状态中,以引导企业迈向更高目标。每年评奖都邀请多年从事企业质量管理工作并在社会上享有很高声誉的专家担任评审人员,总统亲自为获奖企业授予奖杯和证书,并在政府组织的"质量月"大会上向全国发布,以引起更广泛的重视。

与奖励相对应的是严厉的惩罚。在美国,无论何种产品,一旦因质量缺陷给消费者造成伤害或其他财产损失,法律将给予严惩,其赔偿数额之大十分惊人,使生产商、经销商真正受到重罚甚至倾家荡产。

(四)具有强烈的创新和竞争意识

竞争出效益,竞争出成果,竞争出人才。但竞争的目的不在于消灭对手,而在于参与竞争的各方更加努力工作。在美国企业,顽强的创新精神和激烈的竞争机制随处可见,这是美国人勇于冒险、敢于创新、乐于竞争的民族性格在企业文化中的反映。美国企业家总是在寻找新机会,探索新的管理方法。可以说,美国企业文化是"创新型文化""竞争型文化"。在求新、求变的精神鼓舞下,许多成功的企业引进市场法则,建立了激励机制、竞争机制和风险机制,并以此为动力推动企业不断发展。像通用汽车公司、IBM、明尼苏达州矿业和制造公司等成功的企业都有意在企业中创造竞争的环境和机会,让员工们进行竞争,施展自己的才能。许多公司建立了强有力的支持竞争的系统,培养和支持革新迷,鼓励人们冒尖。在这方面,风险资本起到十分重要的作用。早在 1910 年,美国就建立了第一家风险投资公司,20世纪六七十年代以后更是大量涌现,目前已有四五千家。1978 年以前,风险资本只有 35 亿美元,20 世纪 90 年代初已达 200 亿美元以上。在美国,许多高科技企业之所以能居市场领先地位,风险资本起了重要作用。许多经营高精尖产品的高科技企业,如加州的硅谷、波士顿 128 号公路和北卡罗来纳三角科学园区的许多公司,几乎都是靠风险资本建立和发展起来的。仅硅谷就集中了 60 亿美元的风险资本。

惠普公司原董事长兼 CEO 卢·普拉特说:"过去的辉煌只属于过去而非将来。"比尔·盖茨也反复向员工强调微软离破产永远只有"18 个月""淘汰自己,否则竞争将淘汰我们"。杰克·韦尔奇在通用电气公司实行"末日管理",启用大胆改革与创新的管理人员,免去那些循规蹈矩的高级职员等。这种强烈的忧患意识和危机理念赋予美国企业一种创新的紧迫感和敏锐性,使企业始终保持着旺盛的创新能力。

被公认为美国"最具创新精神企业"的 3M 公司的创新理念是"创新＝新思想＋能够带来改进或创造利润的行动"。在该公司,创新不只是一种新思想、新技术,而是一种得以实行并产生实际效果的思想或技术。为此,公司指定了每年销售额至少有 30%来自过去四年所发明的新产品的经营管理体系,把企业的创新行为定位在对市场需求的满足和引导上。技术创新的实质就是满足客户的需求,就是创造有价值的订单,就是客户满意度的最大化。通用汽车公司曾连续多年名列世界500强榜首。该公司的7项经营准则是:永不停止地追求完美;通过适度系统降低成本;发挥所有人的潜力;建立相互信任的关系;发挥小组的作用;像对待经理一样对待每一位员工;为所有员工提供稳定的生活保障。

除此之外,美国企业还十分重视为员工提供公平的竞争环境和竞争规则,充分调动其积极性,发挥他们的才能。如 IBM 公司对员工的评价是以其贡献来衡量,提倡高效率和卓越精神,鼓励所有管理人员成为计算机应用技术专家。福特汽车公司在提升干部时,凭业绩取人,严格按照"贵以授爵,能以授职"的原则行事。福特公司前总裁亨利·福特说:"最高职位是不能遗传的,只能靠自己去争取。"

正是这种强烈的求新、求变精神和激烈的竞争机制,使美国许多企业家脱颖而出,创造出了难以计数的"世界第一"。这就是美国创新文化长期熏陶的结果。如亨利·福特首创世界第一条大规模生产流水作业线,泰勒最早创建"科学管理"原理,德鲁克最先提出"目标管理制度",通用汽车公司的艾尔弗雷德·斯隆首开现代公司管理制的先河,创造了高度集中下的分权制……近年来西方世界企业文化热如大潮涌起,美国走在这一潮流的最前面。可以说,激烈的竞争和不断地创新是美国许多成功企业保持活力的力量源泉。在当前全球竞争空前激烈和不断变革的时代,这一精神尤为重要。

二、欧洲企业文化

在此以德国为典型范例来探讨欧洲企业文化的内容。追求民主自由、倡导人文主义的文化传统使德国企业文化重视员工的参与管理。强调科学与理性的文化传统使德国企业文化重视理性管理、重视研究开发和创新,具有着眼于世界市场的战略眼光。这两方面的结合,形成了德国企业冷静、理智和近乎保守的认真、刻板、规则的文化传统。德国企业文化明显区别于美国以自由、个性、追求多样性、勇于冒险为特征的企业文化,也区别于日本企业强调团体精神在市场中取胜的企业文化。具体包括以下几个方面。

(一)注重提高员工素质

德国企业文化十分强调以人为本、提高员工素质,这主要体现在注重员工教育、大力开发人力资源上。

德国是世界上把职业培训教育做得最好的国家之一,其法律对职业培训有三项规定:一是带职到高等学校学习;二是企业内部进修;三是由劳动总署组织并付费的专项职业技能培训。第三项主要是针对失业人员。在德国,要想找到一份工作,除了必备的文凭外,没有经过三年专业职业教育是不可能的。即便是一个传统经营农业生产的家庭,如果其子女没有经过专业农业训练教育,也不可能继承家业来从事农业生产。除了成年人在上岗前必须经过专业培训外,就是对口学校毕业出来的高中学生,被企业录为学徒,也必须先进行三年的双轨制教育培训:每周三天半到四天在企业学习实际操作技巧,一天到两天去职业学校学习理论知识——这三年的培训费用和学徒工资全部由企业负担。德国企业普遍重视员工的培训,例如,大众公司在世界各地建立起许多培训点,他们主要进行两方面的培训:一是使新进公司的人员成为熟练技工;二是使在岗熟练技工紧跟世界先进技术,不断提高知识技能。西门子公司在提高人的素质方面更为细致,他们一贯奉行的是"人的力量是可以通过教育和不断培训而提高的",因此他们坚持"自己培养和造就人才"。

德国企业在管理人才选拔与培养方面也颇具特色。大众汽车公司除了最高决策层之外,拥有各方面的管理人才。他们以高薪吸纳了大批优秀管理人才和科研专家,并为其发挥才能提供广阔的空间,使他们产生一种自豪感、凝聚力和向心力。西门子公司也特别重视对管理人才的选拔和录用。他们聘用的管理者必须具备以下四个条件:一是具有较强工作能力,特别是冲破障碍的能力;二是具有不屈不挠精神和坚强的意志;三是具有老练的性格,能使部下信赖,富有人情味;四是具有与他人协作的能力。戴姆勒-克莱斯勒公司认为"财富=人才+知识","人才就是资本,知识就是财富。知识是人才的内涵,是企业的无形财富;人才则是知识的载体,是企业无法估量的资本"。所以,戴姆勒-克莱斯勒公司有一种好的传统,即选拔人才并不注重其社会地位的高低,而是注重本人的实际能力。

(二)强调责任感,注重合作

德国企业文化体现出企业员工具有很强的责任感。这种责任感包括家庭责任、工作责任和社会责任,他们就是带着这样的责任感去对待自己周围的事物。企业对员工强调的主要是工作责任,尤其是每一个人对所处的工作岗位或生产环节的责任。

事实上,这种责任感的形成取决于德国企业的管理民主化。由于德国企业员工队伍的整体素质十分优良,这就为职工参与企业管理奠定了坚实的基础。德国《职工参与管理法》明确规定,大型企业要按对等原则由劳资双方共同组成监事会,然后再挑选一位中立人士担任主席。《企业法》规定,凡职工在 5 人以上的企业,都要成立职工委员会,由全厂职工选举产生,每 3 年改选一次,职工委员会人数的多少由企业人数多少决定。职委会的主要任务是在工资、福利、安全、劳动时间、劳动条件、合理化建议等方面维护职工利益,资方在涉及职工前述利益等重大问题做出决定前,必须征得职委会同意。这种由劳资双方共同治理企业的方法优点和益处很多:一是这种决策方式能更多地考虑企业的长期发展,避免短期行为。二是劳资关系融洽,减少了工人与管理层之间的矛盾和冲突。三是劳动生产率大大提高。1995—1999 年期间,德国实行职工参与管理的企业,每个工人的产值每年提高了 8%,而美国企业的每个职工每年的产值只增长了 3%～5%。四是企业内部的控制力度比较大,形成了比较健全稳定的内部制衡机制。五是能较为充分地反映和体现职工利益,如职工的劳动条件、薪酬待遇等问题能够通过劳资共同协商得到改善和提高。

德国企业十分注重人际关系,努力创造和谐、合作的文化氛围。例如,1994 年受世界石油危机影响,大众公司在德国本土的公司经济面临困难,需要解雇两万多名员工。然而,公司的员工在参与企业决策时却表示:宁愿减少自己收入的 20%,把每周工作 5 天改为 4 天,也不要让那些人失业。同类的事情,当大众公司在巴西的分公司也试图这样做时,却被巴西员工拒绝了。

德国企业十分重视企业兼并重组过程中的文化整合。为解决企业兼并重组中的企业文化冲突,保持和谐的文化氛围,保证企业兼并重组目标的实现,他们在公司并购、重组时,十分注重企业文化的融洽。如德国戴姆勒奔驰公司与美国克莱斯勒公司合并后,为解决两国企业在文化上的差异和冲突,成立了专门委员会,制定了 3 年的工作计划,通过加强员工之间的联系与沟通,进行文化整合。

(三)精益求精,注重诚信

德国企业非常重视产品质量,强烈的质量意识已成为企业文化的核心内容,深深植根于广大员工心中。大众公司在员工中树立了严格的质量意识,强调对员工进行职业道德熏陶,在企业中树立精益求精的质量理念。西门子公司以"以新取胜,以质取胜"为理念,使之立于不败之地。就注重产品质量而言,戴姆勒-克莱斯勒公司非常有代表性:第一,他们认为高质量意识与员工的高素质是分不开的,十分注重培养具有专门技能和知识的员工队伍,千方百计提高员工的质量意识;第二,具有精工细作、一丝不苟、严肃认真的工作态度,这种态度几乎到了吹毛求疵的地步;第三,把好质量关,严格检查制度,做到层层把关,严格检查。

通过培训、考察发现,重视产品质量,追求技术上的完美是德国企业一种普遍的自觉意识。德国人爱好技术、钻研技术、崇尚技术的价值观已深入人心,成为一种自觉的行为。德国企业重视客户,注重诚信合作,树立创一流服务的企业精神,给我们留下了深刻印象。如高依托夫公司提出:"对于客户提出的要求,我们没有'不行'两个字。"

(四)注重实效,树立良好企业形象

德国企业文化建设特别注重围绕企业的具体实际进行,德国企业非常注重实际,它们以精湛的技术、务实的态度和忠诚的敬业精神进行经营。它们将企业文化建设融入企业管理,注重实际内容,不拘泥于具体形式,说的少而做的多。除此之外,德国企业还特别重视有效的形象宣传,那些在德国乃至世界各地树立起来的"奔驰""大众""西门子"等具有国际竞争力和时代气息的德国跨国集团的品牌标识已经成为企业实力的象征。

总之,德国企业文化是规范、和谐和负责的文化。所说规范就是依法治理,在培训中使员工树立遵纪守法意识和掌握法律条文,从一点一滴做起,杜绝随意性和灵活性。和谐就是管理体制的顺畅,人际关系的和谐。负责就是一种企业与职工双方互有的责任心,即职工对企业负责任,企业对职工也要负责任,企业与员工共同对社会负责。

三、日本企业文化

日本的企业文化深受儒家文化的影响,近代又吸收欧美文化的精华。20世纪70年代中后期,世界经济史上最震撼人心的事件莫过于日本经济的迅速崛起。一个资源匮乏的国家,在经历了第二次世界大战的惨重失败之后,却出人意料地在短短不到30年时间内异军突起,一跃成为世界经济强国之一。战后日本经济的高速发展和企业经营的成功,与其企业文化的建立和发展息息相关。日本企业文化的表现形式多样,如"经营原则""社风""社训"等。其内容主要有以下几点。

(一)强调以和为贵

日本自称大和民族,"和魂"就是指日本的民族精神。"和魂"实际上是以儒家思想为代表的中国传统文化的产物。中国儒家文化的实质是人伦文化、家族文化,提倡仁、义、礼、智、信、忠、孝、和、爱的思想,归纳起来就是重视思想统治,讲究伦理道德。日本企业家在经营管理中提倡从业人员应忠

于企业,提倡劳资一家、和谐一致、相安而处、共存共荣。从强调人际和谐入手,以稳定劳资关系"和为贵"的思想是日本企业文化的核心。同时,他们又从中国的《孙子兵法》《三国演义》等经典名著中吸取了大量精华,把军事谋略移植到日本企业和经营竞争之中,获得了很大的成功。

日本企业领导人和管理人员从各方面关心员工的福利和家庭生活,员工也以企业为家,用高质量和高效率的工作来报答企业。在企业内部,人们以处理"家庭关系"的宽容心理来处理相互之间的关系,形成互相帮助的人际环境。

日本人对外来文化有很强的吸收和消化能力。战后日本企业引进、吸收、消化了大量的欧美先进技术,同时又在此基础上用嫁接、模仿、改进的方法创造了大量具有竞争力的新产品,创造了远比其他资本主义国家大得多的资本增值。

(二)倡导团队精神

日本民族文化中的家族主义观念在企业文化中普遍表现为"团队精神"———一种为群众牺牲个人的意识。许多日本企业家认为,企业不仅是一种获得利润的经济实体,而且是满足企业成员广泛需求的场所。因此,日本的企业管理十分强调员工对企业要有强烈的荣誉感和认同感,要与企业共存共荣。日本企业一般采用终身雇用制,使员工有职业保障的安全感。在工资晋升上实行年功序列制,把员工的收入与其对企业服务的年限挂钩。此外还提供廉价公寓、减免医疗费、发放红利等全面福利,从物质利益上诱使员工对企业"从一而终"。这就强化了员工对公司的家庭般的归属感,使他们把自己对工作、事业的追求,甚至精神的寄托都纳入以企业为中心的轨道。同时,日本企业还特别强调献身精神、报恩精神,要求员工,尤其是管理人员要把自己的命运与企业的事业融为一体。

(三)与员工结成利益共同体

日本企业家认为,企业不仅是一种获得利润的经济实体,而且是满足企业成员广泛需求的场所。日本企业在进行利益分配时,将大部分利益留给企业,以保证企业进行设备更新和产品开发。但随着企业的发展,员工的福利和保障条件也随之升高。日本企业非常重视员工的职业培训和技能教育。日本"以人为本"的管理思想是有三项重要制度作为保障的,即终身雇用制、年功序列制和企业工会。

所谓终身雇用制,是指日本企业一般不会轻易解雇员工,使员工有职业安全感,更重要的是使员工产生成果共享、风险共担的心理。这种制度与日本法律无关,而是日本企业的历史传统。

年功序列制,是指把员工的收入与其在企业工作的时间挂起钩来,晋升工资主要凭年资,相应的职务晋升也主要凭年资。资历深、工龄长的员工晋升的机会较多,保证相当部分员工在退休前都可升到中层位置。这种制度论资排辈,员工服务时间长短和对企业的忠诚程度比工作能力更重要。加上提供廉价公寓、减免医疗费、发放红利等全面福利,从物质利益上诱使员工对企业"从一而终",从而限制了员工的"跳槽"现象。

企业工会,是指工会的组织不是按工种或职业的不同来组织,而是按企业来组织,一个企业的员工都在一个工会里,而同其他企业的工会没有什么密切的联系。这样,把劳资关系改造为家族成员的内部关系,劳资之间的冲突和交涉只限于企业内部。

无论是终身雇用制、年功序列制,还是企业工会,日本企业经营模式的这三大支柱都紧紧围绕着"人"这个中心,三者互相联系、密切配合,从不同侧面来调整企业的生产关系,缓和劳资矛盾。正是这些形成了命运共同体的格局,实现了劳资和谐,推动着企业经营管理的改善和提高。日本企业家认为"人才开发的利益大得无穷""企业教育训练投资的投入产出利益最大,是最合算的投资""只有人才才是企业活力之源"。日本企业通过教育提高员工素质,支持"经营即教育"的思想,不断发展和巩固企业文化。日本企业进行员工教育培养主要从满足员工自我成就的需要出发,竭力使员工在受教育中增长才干,不断创造新的成就,使员工感到企业是自己实现理想的场所,自觉地激发出为企业尽忠效力的内在动力。

而且,日本企业重视员工的合理化建议。日本丰田汽车公司到处都挂有"好主意,好产品"的标语牌。1968—1976年,通过"提合理化建议"活动,获得员工的各项合理化建议达46万条。在总公司设立"创造发明委员会",各部门、各厂设立"合理化建议委员会",各工作现场自发形成各类"创造发明小组"。公司在各处设立合理化建议箱,分三级审查员工建议,有重大发明者,总经理发重奖给予表彰。未经采用的建议,也发给一定数额的鼓励奖。因为合理化建议,使"皇冠"按原计划降低成本1万日元,实际每辆车节约了1.2万日元,仅此一项,一年就可节约100多亿日元。

当然,日本的企业文化尤其是家族主义传统和团队主义精神也有压制个人、妨碍竞争、妨碍自由发展、不利于发挥个人能力的不良作用。近年来,越来越多的日本青年不满于现行制度和传统,尤其对年功序列工资制和论资排辈的晋升制度不满。但是,日本"团队文化"等企业文化来源于日本民族文化,对促进生产力发挥着重要作用,是不会被轻易否定的。

四、中西方企业文化上的差异比较

文化的不同最终决定了中西方企业文化之间存在较大的差异,这些差异主要表现在以下几个方面。

(一)权力距离方面的差异

我国企业高层与中低层经理人员之间的权力距离,通常显著大于西欧企业。我国企业的高层经理人员拥有比他们的西方同事更大和更广泛的权力,而低层经理人员得到的授权则远远小于西方的同等级人士。我国的领导人更侧重于"集权",而西方则倾向于"授权"与"分权",这种差异也部分反映在各级经理人员的薪酬等级结构上。据统计,在西欧的企业中,高级经理人员年薪通常是初级经理人员的 2.6 倍左右,而在我国则高达 5 倍左右。除此之外,企业领导人的"灰色收入"较多,权力越大,"设租"的领域就越广,这样一来,我国企业领导人的实际年薪与一般员工的年薪比要远远高于西方国家。

(二)思维方式上的差异

一般认为,围棋逻辑与象棋逻辑的区别极富有表现力地刻画出中西方人士在思维上的差别。围棋逻辑重在构筑包围圈,尽可能多地扩展地盘;象棋逻辑则重在挑战主帅,"将军"制胜。我国的企业文化是"围棋文化",在管理中注重"情",通过各种各样的"情",培育一批亲信,占领企业的核心部门,而西方的企业文化是"象棋文化",在管理中注重"法",不同部门的领导人在公平环境下相互竞争,形成"能者上,庸者让,弱者下"的竞争氛围。

(三)领导人与员工的关系方面的差异

在西方,企业领导人好比"虎",员工比作"羊",在"虎"的带领下,最后"羊"都变成了"虎",企业作为锻炼自身、提高自己的好场所,员工自然对企业忠诚。而在我国,企业领导人与员工往往注重亲密关系,喜欢形成小的利益团体,导致企业中出现了不同的小团体,各团体之间相互竞争,不仅员工得不到很好的发展,企业也缺乏活力。

当然,在人员的沟通、企业家的精神、企业的内部组织结构等方面中西方都存在差异,这都在企业文化的差异方面有所表现。企业文化作为一种"软管理",在当今企业发展过程中的地位日益重要,弄清不同文化之间的差异将有利于企业之间更有效地合作和发展。

第三章　新时期企业文化建设的路径

企业文化是指企业在长期的经营过程中,将企业的全部员工结合在一起的理想信念、价值观念、管理制度、行为准则和管理规范的总和。企业文化建设能够科学地整合企业生产要素,引导企业形成共同价值观,增强企业的凝聚力,促进企业可以在竞争激烈的市场中实现可持续发展。

第一节　企业文化建设一般规律和基本原则指导

一、企业文化建设的一般规律

(一)我国企业的企业文化建设应做到准确定位、科学推进、助力企业发展

企业文化是一个企业在长期生产经营过程中形成和发展起来的,是一个企业的生存方式和发展方式。企业发展实践是企业文化产生与发展的基础,反过来企业文化又对企业的发展发挥促进作用。企业文化是企业发展的精神动力和思想灵魂,在一定程度上反映了企业经营管理者和全体员工的文化素养和文化需求。企业文化建设的程度和水平,既与企业发展的阶段性直接相关,又与企业家的素质和职工的整体状况直接相联。而且,它的一个显著特点就是内生性,只有内在生长起来的文化,才能适应这个企业的需要,才能成为企业核心竞争力的组成部分,从而真正促进企业发展。企业文化建设可以学习借鉴,但不可以照搬;可以适当引导,但不可以超越阶段;可以积极创造,但不可以忽视企业职工的整体特点。

我国企业的企业文化建设应遵循"三个规律"。一是遵循企业文化形成和发展的基本规律,认清文化建设的长期性,做到统筹规划、分步实施,注重文化积淀,不断实现文化提升,建设优秀的企业文化也需要长期的培育过

程。二是遵循企业成长的规律,认清文化建设与企业发展的内在统一性,做到从企业发展的阶段性特点和内在要求出发,去推进企业文化建设,既不能过于超前,又不能严重滞后,必须具有一定的前瞻性,同企业的组织结构、产业结构和发展战略的调整保持协调一致。三是遵循文化育人的规律,坚持文化理念推行的系统性和长期性,做到因人因群体不同而采取相应的方法和措施,推进理念普及和文化育人。对于我国企业来说,必须把自主性原则与强制性原则结合起来,把正激励同系统灌输结合起来,积极营造浓厚的文化氛围,提高文化激励人、塑造人、培育人的效能。

(二)坚持"以人为本、注重市场规则"是企业文化建设的路径

坚持以人为本的科学发展观,是我国企业建设和发展有我国特色的先进企业文化必须遵循的基本原则。我国企业的企业文化建设必须把确立正确的以人为本、和谐发展原则作为一个重要任务,充分认清以人为本原则的前提性、历史性和整体性,并指导企业文化建设的具体工作,才能使企业文化建设取得实实在在的效果。

1. 要认清以人为本原则的前提性,把以人为本和以企为家有机统一起来

以人为本原则的价值原则是人的价值高于物的价值,人作为目的的价值高于人作为手段的价值。这一原则是对资本主义社会条件下普遍存在的人的异化状况的一种扬弃,是对物统治人、个体湮没在虚假集体之中状况的一种扬弃。它实现了由人仅仅是企业发展的手段,到成为既是企业发展手段,更是企业发展目的的一种提升,这一提升并没有否定人作为发展手段的价值。倡导以人为本必须同时倡导员工是企业发展的动力主体和责任主体,让他们成为企业发展的目的主体和利益主体。

2. 要认清以人为本原则的整体性,把个体利益实现程度与整体利益实现程度有机统一起来

在我国社会主义条件下,"以人为本"原则中的"人"既是一个个体性概念,也是一个整体性概念,"以人为本"不仅是要实现一个人、一个群体的发展,更是要实现全体人民的发展,实现各个群体在发展上的动态平衡;"以人为本"不仅是要实现人的一个方面的发展,更是要实现人的多方面发展,满足人的多方面需求。因而我们落实"以人为本"原则必须按照整体动态平衡的要求,既要解决个体的特殊问题,又要实现整体性发展。

(三)不断强化合同信用管理和提升企业品牌形象

我国企业要深刻地认识到"守合同重信用"是企业发展的根基,加强企

业信用建设,塑造企业形象是公司发展的重要目标和抓手。守合同重信用是企业树立良好信用形象的基础。我国企业首先从强化良好的信用意识环境入手,建立健全以讲信用为荣、不讲信用为耻的信用道德评价和约束机制,从机制上推动企业自觉形成"守合同重信用"的良好氛围。其次是强化员工的诚信行为。我国企业的员工,包括企业的高管层,都坚持按照诚信的要求做事,核心是提供诚信产品和服务,对企业的不诚信行为进行坚决的抵制并积极上报,做到不生产销售劣质产品、不污染环境、不提供虚假证明等。我国企业要坚持打造诚信文化,把明礼诚信作为员工的基本行为准则,大力提倡诚信、守信、公平竞争、讲信誉的优良风尚,要求人人争做讲信誉、守信用员工,让个体诚信带来更好的组织诚信。我国企业在企业文化建设中大多已实施了 CI(企业形象塑造)战略,这对提升企业自身形象起到了重要的作用。在推进 CI 战略的同时,应该及时导入 CS(顾客满意)战略,使企业的形象塑造提升到一个新的水平。

(四)为企业发展创造和谐的文化氛围

和谐是企业稳健、持续发展的基本保证。许多基业长青的企业都很注重企业内外部环境的和谐。注重外部和谐,就会使企业得到外部环境的保护和支持,使企业成为社会责任的承担者和友好者。保持内部和谐,就会使企业内部利益相关者感到公正、公平,从而维持合作关系,同心同德致力于企业的发展壮大。创造和谐的文化环境和氛围是落实科学发展观和创建和谐社会的基本要求,是我们企业文化建设的目标之一。

我国企业在今后的企业文化建设中应该把创造良好的文化生态摆在更加突出的位置,以构建"六种和谐关系",即以"企业与员工、员工与员工、企业与企业、企业与社区(社会)、企业与环境、员工身体与心理之间的和谐关系"为核心,通过积极进行理念创新,确立和宣传体现构建"六种和谐关系"的发展观、合作观、环境观、生活观等价值观念;在合理界定社会责任的基础上,积极塑造企业良好的社会形象,加强心理文化建设,促进员工身心和谐发展等措施和途径,不断优化人际关系,建立良好公共关系,优化企业内外发展环境,促进企业和谐发展。

(五)认识企业文化的特性,确立经营"文化"的新视角

我国企业开展"经营"文化的工作,具体可从四个方面进行:第一,制定经营"文化"的长远战略,遵循文化发展的内在规律,确定中长期目标,从战略层面对本企业长期积累的文化资产进行经营。第二,可通过打造文化品牌,提升企业文化资产的价值。例如,在相关企业中把长期形成的"大庆精

神""铁人精神""两弹一星精神""青藏铁路建设精神"等各具特色的企业精神打造成文化品牌,实现文化资产的保值增值。第三,开发具有企业特色的文化商品,通过具体的文化营销,实现企业文化资产的升值,包括开发体现企业文化个性的纪念章、纪念币、纪念邮票、企业歌曲、电视剧、网络游戏等。第四,培育宣传文化英雄,以此来提升企业文化资产的价值。从经营"文化"的视角看,王进喜、王启民、李黄玺、许振超等不仅是单个企业的劳动模范,更是这个企业的文化英雄,代表着我国国有企业广大员工的精神追求,也体现着一个个企业的个性文化。例如,王进喜是"创业文化"的代表,是大庆精神的人格化;王启民是新时代知识分子的代表;李黄玺是新时期知识工人的代表;许振超是"效率文化"的代表。从经营"文化"的角度,对他们所代表的文化不断进行解读和释义,不断进行培育和传播,就可以使他们所代表的文化不断增值。

(六)增强企业全体员工的共同行为能力

企业文化是全员性文化。文化建设的主体、文化践行的主体和文化育人的对象都是全体员工。提高企业全员的文化自觉是企业文化建设的一个目标,而使企业全员文化自觉的程度又决定着企业文化建设的成效。因此,提高企业全员的文化自觉是企业文化建设的一个关键环节。

我国企业今后的企业文化建设的一项重点工作应该在提高企业全员的文化自觉程度上下功夫,尤其是要着重在提高企业家的文化领导力和员工的文化执行力上下功夫。因为文化自觉程度低是当前我们中央企业在企业文化建设中存在的一个较为普遍的问题。具体表现为存在三种错误倾向,可概括为"三论":一是单一主体论。即片面地认为企业文化就是企业家文化,因而往往是因领导人员的变动而使企业文化的核心内容也随之变化。实际上,企业家只是文化建设的领导主体,而不是单一的创建主体;是文化理念的主要设计者,而不是唯一设计者;是文化践行的先行者,而不是文化践行的基础主体。二是部门文化论。即认为企业文化建设和落实仅仅是企业文化部一个部门的责任,因而也就没有形成各部门各负其责、合力推进企业文化建设的工作格局和运行机制。三是与己无关论。这主要是存在于员工中的一种错误认识,即认为企业文化建设只是企业家的责任和工作,与自己没有任何关系,因而也就无法谈文化执行力的问题。

这三种错误倾向是我国企业在提高全员文化自觉上应该着力解决的问题。一是应探索建立全员创建体系,形成全员建设企业文化的局面。日常工作中,注重设计具有全员性特点的文化创新与培育活动,吸引员工广泛参与。二是应探索建立综合推进企业文化建设的运行机制。三是应探索解决文化与管理融合的问题,提高文化理念的制度化程度,使文化通过管理和制度发挥作用。四是应探索建立长效培育机制,把文化培训作为获得企业人资格、岗位任职资格等方面培训的重点,贯穿在自我成长过程中。要践行企业的社会责任,企业所承担的社会责任包括:遵纪守法、诚信经营、依法纳税、保护环境、构建企业内外和谐关系、积极参与慈善公益事业等。要以处理劳资冲突和环保问题为主,上升到实施企业社会责任战略,提升企业国际竞争力。

二、企业文化建设的基本原则

(一)整体性原则

整体性原则是企业文化建设中必须遵循的基本原则。贯彻这个原则要求人们在进行企业文化建设时,必须从企业整个系统出发,考虑到影响企业文化过程的各个变量,把企业文化建设与生产、经营和管理结合起来,以使企业行为的控制做到软硬结合、刚柔相济、和谐平衡。贯彻这个原则要求人们力戒片面性和形而上学,防止脱离生产、经营和管理,孤立、单纯地进行企业文化建设的倾向。

首先,整体性原则是依据企业结构系统的复杂性而提出来的。企业是一个极其复杂的有序系统,既包含生产、经营和管理,也包括知识、技术和文化。企业文化仅是企业总系统中的一个子系统,它不仅依附于其他结构,而且能动地作用于其他系统。因此,进行企业文化建设,必须坚持整体性原则,从企业整体系统出发,把企业文化建设与生产、经营和管理结合起来,保证企业系统整体功能的发挥,防止顾此失彼、相互矛盾、冲突,以破坏企业系统内部的平衡。如果违背整体性原则,就企业文化谈论并建设企业文化,不仅使企业文化脱离生产、经营和管理,得不到支持和保证,而且使企业文化建设计划成为纸上谈兵,甚至"假大空",更甚者可能干扰生产、经营和管理,导致消极的后果。

其次,整体性原则是依据影响企业文化过程变量的多样性和复杂性而确定的。影响企业文化形成、发展和变迁的变量是一个内外交错、相互制约的变量体系,不仅外在的社会经济、政治、文化给予企业文化以重大的影响,而且内在的发展战略、组织结构、规章制度及物资、设备、技术网络、信息等因素也对企业文化有重要影响。因此,在企业文化建设中必须坚持整体性原则,考虑整个变量体系的控制和操作,把内因与外因结合起来,可控因素与非可控因素结合起来,人为因素与自然因素结合起来,尽量使各种变量的影响作用统一起来,协调均衡地作用于企业文化建设过程,以防止顾此失彼、相互干扰、相互抵消作用现象的发生。如果违背整体性原则,只着力于控制和操作某个变量,仅围绕着某个因素做文章,不仅企业文化建设的收效甚微,迟迟没有进展,而且会损坏变量体系的协调、均衡,诱发出消极的阻抗作用。

最后,整体性原则是由企业文化自身结构的复杂性和多层性确定的。企业文化是由彼此相互联系的多种要素构成的整体结构。企业目标派生出价值观,而价值观又服务和保证了价值目标;价值观规定人们的工作态度和行为方式,即工作作风,同时,工作作风又体现和支持价值观;"化风为俗",工作作风影响着企业习俗和礼仪的形成;同样,习俗和礼仪、工作作风这种无形的东西变成了对人们的约束和规范。因此,在企业文化建设中必须坚持整体性原则,从企业文化整体结构着眼,考虑和处理好各构成要素之间的相互关系,发挥整个结构的功能,使它们协调发展,协同作用,把企业文化建设得有声有色、有言有行,并且言必行、行必果,防止思想与行为脱节、精神与实践背离现象的出现。如果违背整体性原则,只着眼于企业文化的个别要素,而忽视其他要素,则不仅无法积淀成真正的企业文化传统,而且可能造成只擅空谈或只追求外表的形式主义弊病。

(二)发展个性原则

发展个性原则是企业文化建设的主要原则。贯彻这个原则要求人们从企业实际出发,走适合自己企业情况的企业文化建设道路。大力培养和发展企业文化的特色,塑造与众不同的文化性格。

建设企业文化同做任何事情一样,必须从实际出发,实事求是,才能取得理想的效果。企业与企业之间,由于形成发展的历史不同,生产任务和产业性质不同,生产经营规模、技术装备特点不同,人员构成及素质不同,所处地理自然环境和社区人文环境不同,自然就形成相互的区别、各自的特色,铸成了与众不同的个性。所以说,每个企业都是一个特殊矛盾构成的特殊实体,世界上恐怕找不到两个完全相同的企业。因此,企业文化建设也不应该是同一模式、同一起点、同一过程、同一实施方案和方法,应该保持其相对独立性和特殊性。

企业文化作为观念形态,只是企业实体的反映。反映者必须符合被反映者,才是正确的、有价值的。如果企业文化远离开所反映的企业实体,与企业的特点、个性风马牛不相及,那就失去了存在的基础,从而也就丧失了存在的价值,枯竭了生命力的源泉。因此,只有大力培养和发展企业文化的个性,塑造企业的文化性格,才能发挥企业文化的作用,并使它获得生存发展的强大动力源泉。

国内外优秀企业文化,都是具有鲜明个性特色的文化。人们就是根据这种个性特色,把一个个优秀企业检索出来,并与其他企业区别开来。国内外企业文化建设的经验表明,那种只有共性,没有个性,没有自己独特风格的企业文化,是没有生命力的。因此,优秀的企业家都着力培养自己企业的文化个性。

发展企业文化个性,与企业应当具有文化方面的共性是不矛盾的。企业文化作为一种经济文化,总具有文化上的共同特征。同一社会环境中的各个企业,总刻有该社会文化的共同印记,这就是所谓的企业文化共性。但是,共性寓于个性之中,一般寓于特殊之中。没有企业文化个性,便没有企业文化的共性;没有企业文化的特殊性,也不会有企业文化的一般性。任何一个企业,即使是接受一种具有极大普遍性的先进企业文化,也必须经过自己的吸收、消化,融合为自己的文化个性,才能说它在文化上具有了某种先进性,不把先进企业文化的特质融合为自己的文化个性,它就不会具有先进的文化共性。因此,无论学习国外的企业文化建设经验,还是学习国内先进企业文化建设经验,都要坚持从实际出发、实事求是的原则,大力发展本企业的个性,保持和发扬本企业的特色风格,善于把别人的经验融合为自己的个性,以丰富自己个性的内涵和内容;而不应该图虚名,赶时髦,脱离企业的实际,照搬照抄别人的口号和模式,甚至弃长学短,遏制自己企业文化个性的发展。

(三)博采众长原则

博采众长原则是在企业文化建设中,选择、借鉴和融合别的企业文化的一个重要原则。贯彻这个原则要求人们以开放的、分析批判的态度对待别的企业文化,既要做到大胆开放、积极吸取;又要做到认真鉴别,分清优劣长短,有选择地吸收,取人之长补己之短,丰富、完善自己的企业文化。

企业文化建设过程是一个企业文化发展、积累、融合和变迁的过程。尤其在社会大转型时期,社会文化正经历着震荡和变形,每个企业实际上都面临着一场不以人们主观意志为转移的文化选择。这就要求人们以积极、大胆的态度,主动把企业大门打开,扩大企业文化信息来源,自觉促进旧文化与新文化的接触和融合,加速旧有文化的变形、转化。这就要求人们积极借鉴国内和国外优秀企业文化建设的经验,吸收别的企业文化长于和优于自己的地方。在深化改革扩大开放的历史条件下,如果无视社会文化环境的急剧变化,还想把企业文化的大门紧紧关闭起来,搞自己的企业文化建设,那么不仅是徒劳的,而且是无益有害的。

当然，大胆开放，积极吸收，绝不意味着盲目地对待别的企业文化，尤其是国外的企业文化。对别的企业文化应当做到有选择地借鉴和吸收。不做选择，盲目吸收，只能危害企业文化建设。选择的前提是判断和评价，即分清辨明别的企业文化的优劣、利弊、长短。只有分清别的企业文化的精华与糟粕，才能做出有效而正确的借鉴和选择。因此，在开放、选择的过程中，坚持分析、鉴别，甚至批判的态度是十分必要的。

分析，包括对自己企业文化利弊的分析。对自己企业文化缺乏分析，自己的长处弃之不用而一味地学习别人的东西，甚至丢了自己的优势和优良传统而专门拣别人的糟粕向自己企业文化中灌注，这些做法是不值得效仿的，应该加以反对。"知己知彼，百战不殆"，"发扬优势，扬长补短"。在企业文化建设中也应该采取这种态度。只有采取这种态度，才有希望补充、完善、丰富自己的企业文化，使之成为一种在激烈竞争中立于不败之地的强大的企业文化。

(四)渐进性原则

渐进性原则是在推进企业文化建设进程中必须遵循的一个原则。贯彻这个原则要求人们对待企业文化建设持战略眼光、久远观点、面向未来，从长计议，做到态度积极，头脑冷静，步子稳妥，措施扎实，防止大哄大播、急功近利、一蹴而就的不良倾向。

企业文化形成、发展过程，是一个长时间的文化积累的过程。新文化特质不经过长时间的积累，不获得全体成员的认同和经验的支持，便确定不下来。同样，旧文化特质不经过长时间的冲突、筛选，甚至经过必要的斗争，也不会简单地被淘汰。文化有很强的"惰性"和滞留性。文化的弃旧图新比物质产品更新换代和装备技术改造创新要缓慢很多、困难得多。人们可以鼓足干劲，顽强拼搏，在一定的时间内改变物理环境和自然环境，却不可能用这种方式改变人文环境和精神环境。改变人文环境和精神面貌，更需要人们的耐心和长期行为。因此，建设一种新的企业文化，改变已有的旧文化，需要人们有长远观点，采取循序渐进的方式，把工作做扎实、做深入、做细致。"欲速则不达"，急功近利，急于求成，即使形成了新文化，也会造成其结构本身的欠缺。

一种结构完备的企业文化，是以价值目标为追求，以价值观为核心，以企业作风为纽带，以习俗礼仪为体现，以传统形式而存在的复杂结构。不论是给企业注入一种新的文化特质，或是给企业选择一种新的文化模型，都要经由从价值目标和价值观向人们行为习惯的转化；都要经由从少数人提出的价值观向每个团体、每个价值体系的转化。不完成这两个转化，就不能认为企业获得了新文化。而要完成这两个转化,使价值观在普通员工头脑里扎根,在工作行为中开花、结果,绝不是一蹴而就、简单容易的事情。转化是一个复杂的过程,它不仅要求改变人们的认识,而且要求改变人们的风俗习惯,实现移风易俗。列宁说过:"千百万人的习惯势力是一种可怕的势力。"习惯是人们态度和行为的定式,具有极大的"惰性"和对新的行为方式的阻抗性。一种旧习惯完全可以歪曲和阻碍一种新的价值观的传播和扩散,使之成为虚无缥缈的空洞无物的口号。在许多企业里,"企业精神"的表述仅作为人们使用的一种口号,而同广大员工的思想、情感、意志和行动完全不发生联系。这种"企业精神",没有实现向人们行为及其习惯的转化,因而,不能被看作那些企业的文化的一部分。这些口号也可能是以极庄重的形式提出来的,但由于没有被广大员工所认同,所以很可能在企业内外情境的变换中,一夜间就变得荡然无存。因此,建设新文化,改变旧文化,都需要付出长时期的努力。不经过五六年,甚至更长时间的培养和灌溉,根深叶茂的企业文化之树就不可能在企业大地上生长。

国内外著名企业的企业文化都是在漫长的创业过程中点点滴滴地积累起来的。鞍钢的"鞍钢宪法"和"孟泰精神",大庆油田的"两论"起家、"三老、四严"作风和"铁人精神",中国国际航空公司的"永不休止地追求一流"的企业精神,中国新兴建设开发总公司的"自强不息、永争第一"的精神,芜湖港的"两超"精神,军工企业的"两弹一星"精神、"神五"精神、"神六"精神等,都是集十多年、几十年艰苦卓绝的努力,一步步培植、树立起来的。松下幸之助毕生都在向他的松下公司员工灌输自己的创业思想、经营哲学和"松下精神"。松下公司的企业文化是经过半个世纪漫长历程而逐步形成、完善起来的。

(五)积极强化原则

积极强化原则是在培养、发展企业文化性质过程中必须遵循的一个原则。贯彻这个原则,要求企业组织及团体的负责人用正面激励的方式强化员工接受、认同企业文化新质的取向,最大限度地调动员工参与企业文化建设的积极性和创造性,千方百计地促进消极因素向积极方面的转化、阻力向动力方面的转化。

建设企业文化同做任何事情一样,都需要动员广大员工积极参与。企业文化是整个企业的文化;企业文化建设涉及每个员工的思想和行为。没有广大员工的积极参与,只是少数领导人忙忙碌碌,企业文化建设是断然搞不好的。实践证明,只有广泛动员群众,每个普通员工都关心企业文化建设及其指导思想、构想、方案和办法,企业文化建设事业才能搞得有声有色、卓有成效。

企业员工中蕴藏着极大的参与积极性。他们普遍关切企业的前途和命运,期待着企业兴旺发达,长盛不衰;普遍关心自己的工作和生活环境,不仅期望工作物质条件的改善,而且十分渴望有一个良好和谐的人文环境;除了关心企业的物质技术素质之外,还关心企业组织文化素质的提高;喜欢接受新观念,总是以新的眼光对比、审视本企业的方方面面。有许多员工还经常不断地创造、发明一些新的观点,倡导某种新的工作作风,并且勇于超越旧的习俗和礼仪,成为旧的企业文化的挑战者。无数事实表明,那种认为我国企业员工只关心物质利益,不重视精神价值,缺乏参与企业文化建设积极性的观点,是不符合员工实际的,是没有充分根据的。

那么,如何发挥员工的积极性,不断强化员工参与的意向和动机呢?优秀企业的经验表明,积极强化的效果优于消极强化。所谓积极强化又叫正面强化,指的是用满足员工需要的方式,使员工获得积极肯定的体验,并以这种情感体验导向产生组织期望的行为过程。人的任何行为都是在寻求满足,满足是一种积极肯定的情感体验。人们由于某种行为而获得满足,就会为获得满足而重复他先前的行为。这样,追求满足强化了人们的行为。因此,企业组织和团体,要强化员工积极参与的意向和动机,调动他们在企业文化建设中的主动性、积极性和创造性,就要多用积极强化的方式,如运用奖励、表扬、赞许、承认等方式,以使员工获得积极的情感体验。可是,一般在企业文化建设中,人们并不善于使用积极强化手段,而自觉或不自觉地诉诸消极强化手段,如惩罚、批评、点名等。因为推行一种新的价值观,倡导一种新的作风,往往会遇到旧价值观和消极作风的阻力。因此,很容易把组织及团体的注意力吸引到员工的消极方面去,导致组织的消极强化取向,期望通过恐怖、羞辱等体验,阻止人们的抵抗,从而产生与组织期望相符的行为。消极强化,如果在员工体力活动领域内还部分适用的话,那么在精神活动领域内就完全失去了价值。新的价值观不能强迫人们接受。强迫只能使人们表面符合,而不能产生灵魂深处的认同,更不能使组织倡导的价值内化为员工个人的深层人格。因此,在企业文化建设中,传播、扩散文化新质,促使员工接受、认同,只能运用积极强化手段。积极强化是企业文化价值观个人化的唯一手段。

诚然,企业员工也确实存在某些消极因素的现象。有些员工存在的弱点、缺点和错误,如不加以克服,确实会干扰企业文化建设,会挫伤广大员工的积极性。但是,再落后的员工及其小群体中,总会有些优势和积极因素。"长善救失",化消极因素为积极因素,变阻力为动力,正是积极强化的应有之义。因此,积极强化也包括对那些落后的员工及小群体实行正面引导,增强积极体验,形成共识和同感。只有把消极因素融化为积极因素时,强大的企业文化才称得上真正建立起来了。

(六)由上而下原则

贯彻由上而下原则,要求企业上层组织及其领导人加强对企业文化建设的领导,并且要以自己的模范行为,带动基层组织及广大员工,同心同德、步调一致地进行企业文化建设。

企业文化建设是关系企业组织全局性的工作。整个组织只有上下一致,才能搞好这项工作。如果上下之间认识不一致,相互矛盾、冲突,不仅不会建设好企业文化,还会把企业搞乱,贻误生产经营。经验表明,搞企业文化建设,不能搞自下而上的运动,而只能采取由上而下、有组织、有领导、有计划的活动。

由上而下地进行企业文化建设,关键在上层。上层成员对企业文化建设目的和意义的认识,对企业文化建设的真实态度和意向,对企业倡导的价值观、作风和行为方式的忠诚程度,直接影响基层组织及广大员工群众。企业文化建设搞得好、进展顺利、效果显著的企业,都是从企业最高层面上先动起来的。企业的高层动起来了,整个企业也就搞起来了。相反,若企业高层不动,或者只是口头上号召基层进行企业文化建设,而自己却缺乏应有的认识和热忱,那么,基层组织及广大员工的积极性必然受到挫伤,企业文化建设也只能冷冷清清,毫无起色。

高层组织成员的核心是企业最高领导人。毫无疑问,领导人在企业文化建设中负领导责任。在领导文化问题上,最有意义的不是企业家的宣言和口头承诺,而是他以身作则的楷模作用。"榜样的力量是无穷的。"企业家只有以自己的实际行动,表明自己忠实于组织的价值观,表明自己接受组织领导的工作作风,他的宣言和承诺才具有真实的感召力。如果领导人真正做到"凡是让员工做的,自己首先带头做好;凡是不让员工做的,自己首先带头不做",那么就能胜任企业文化建设工作的领导,能带领广大员工搞好本企业的文化建设。如果企业领导人只是坐而论道,空发议论,不践行自己倡导的价值观念和工作作风,甚至教别人做的是一套,自己做的却是另一套,这样的企业不可能形成优秀的企业文化。

企业文化,从某种意义说,是领导文化的企业化。有什么样的领导人,领导人有怎样的文化品格和素质,就会有什么样的企业文化。企业文化就是企业领导人人格的扩大化,就是企业领导人价值观、理想、信念、作风和习惯,向企业组织及广大员工的传播、扩散和潜移默化。唯有优秀的企业家,才能培植出优秀的企业文化。因此,企业领导人要成功地领导企业文化建设,就必须严于律己,加强文化修养,并不断地进行自我思想观念的破旧立新,处处做群众的表率。

第二节　企业文化建设的步骤和方法

一、企业文化建设的步骤

(一)企业文化分析

建设企业文化关键在于量体裁衣,建设适合本企业的文化体系,达到这一目标的大前提就是要深入分析企业文化的现状,对企业现有文化进行一次调查,对企业文化进行全面了解和把握。当一个企业尚处在创业阶段时,需要了解创业者的企业目标定位,如果是已经发展了一段时间的企业,需要了解企业发展中的一些问题和员工广泛认同的理念。

常用的一些调研方法主要包括访谈法、问卷法、资料分析法、实地考察法等。可以是自上而下、分层进行,也可以是大规模一次进行,这取决于企业的规模和生产特点。企业文化的调研,其实也是一次全体员工的总动员,因此,最好是在开展工作之前,由公司主要领导组织召开一次动员大会。在调研期间,可以采取一些辅助措施,比如,建立员工访谈室、开设员工建议专用信箱等,调动员工的积极性,增强其参与意识。企业文化建设是全体员工的事情,只有员工乐于参与、献计献策,企业理念才能被更好地接受。

企业文化的调研要有针对性,内容主要围绕经营管理现状、企业发展前景、员工满意度和忠诚度、员工对企业理念的认同度等方面。一些企业内部的资料往往能够反映出企业的文化,可以从企业历史资料、各种规章制度、重要文件、内部报刊、公司人员基本情况、先进个人材料、员工奖惩条例、相关媒体报道等方面获得有用信息。为了方便工作,最好列一个清单,将资料收集完整,以便日后检阅。

在企业文化的调研当中,匿名问卷形式比较常用,它可以很好地反映企业文化的现状和员工对企业文化的认同度。我们可以根据需要设计问卷内容,设计原则是调查目标明确、区分度高、便于统计。对有价值观类型的调查,又不能让被调查者识破调查目的。

(二)企业文化设计

企业文化是一个有机的整体,它包括精神层(即理念层)、制度层和物质层,它包含了 CI 体系的全部内容,既有理念系统,又有行为系统和视觉识别系统。理念层的设计要本着以下原则：历史性原则、社会性原则、个异性原则、群体性原则、前瞻性原则和可操作性原则。制度层和物质层设计要本着与理念高度一致的原则、系统完整性原则和可操作性原则。

1. 企业理念层的设计

企业文化设计中最重要的是企业理念体系的设计，它决定了企业文化的整体效果，也是设计的难点所在。理念体系一般来讲包括以下方面：企业愿景（或称企业理想）、企业使命（或称企业宗旨）、核心价值观（或称企业信念）、企业哲学、经营理念、管理模式、企业精神、企业道德、企业作风（或称工作作风）。企业制度层主要是为了贯彻企业的理念，日常管理的每一项制度都是企业理念的具体表现，同时，有必要针对企业理念的特点制定一些独特的管理制度，尤其是在企业文化的导入期十分必要。物质层的设计主要包括标识设计、服装设计、办公用品设计等，核心是企业标识和企业标识的应用设计，这些设计都要为传达企业理念服务。

企业理念是企业的灵魂，是企业持续发展的指南针。企业理念中的各个部分有着内部的逻辑性，设计时需要保持内部的一致性、系统性。企业愿景描述了企业的奋斗目标，回答了企业存在的理由；企业哲学是对企业内部动力和外部环境的哲学思考；核心价值观解释了企业的判断标准，是企业的一种集体表态；企业经营理念回答了企业持续经营的指导思想；企业精神体现了全体员工的精神风貌；企业作风和企业道德是对每一位员工的无形约束，所有内容相辅相成，构成一个完整的理念体系。

2. 企业制度层的设计

企业制度层的设计主要包括企业制度设计、企业风俗设计、员工行为规范设计，这些设计都要充分传达企业的理念。

企业制度指工作制度、责任制度、特殊制度。这些制度既是企业有序运行的基础，也是塑造企业形象的关键。所谓特殊制度，是指企业不同于其他企业的独特制度，它是企业管理风格的体现，比如，"五必访"制度，在员工结婚、生子、生病、退休、死亡时访问员工。

企业风俗的设计也是不同于其他企业的标识之一，它是企业长期沿袭、约定俗成的典礼、仪式、习惯行为、节日、活动等，一些国外企业甚至把企业风俗宗教化，比如"松下教""本田教"。许多企业具有优秀的企业风俗，定期举行独具特色、富有精神内涵的仪式性活动，每个仪式性活动都有明确的主题，能带给参加者强烈的精神上的影响。企业举办的常见仪式性活动有升旗、表彰、誓师等，其他活动也可通过设计成为仪式性活动或者包含仪式性的环节。例如,三一集团每天早上都按照部门分组在办公楼前做早操,早操后还会组织员工参加升国旗仪式;平安保险公司每天清晨要唱"平安颂"。

员工行为规范主要包括:仪表仪容、待人接物、岗位纪律、工作程序、素质修养等方面。好的行为规范应该具备简洁、易记、可操作、有针对性等特点。

隶属于企业文化制度层的,还包括与企业文化有关的其他活动,这主要有以下六类:

(1)运营类活动。企业的运营类活动主要是服务于生产经营的,但有些活动也和企业文化有关,比较典型的有 ISO 认证、质量圈活动、安全生产活动等。这些活动可以强化员工的质量意识、安全意识,其主题本身同时也是企业的文化理念。

(2)文化艺术活动。这类活动常见的形式有歌咏、联欢、书画、摄影和演出等,这些是企业经常开展的一类活动,但和企业文化的关系比较弱,其娱乐性的功能价值大于企业文化传播价值。企业要发挥其文化传播功能,就需要根据企业文化的要求设计活动主题,并选择与主题一致的活动形式和内容。

(3)专业性活动。这类活动是和员工的技能提升有关的,典型的形式有岗位练兵、技术比武和技能大赛等。和运营类活动相似,这类活动的主要目的虽然不在于企业文化,但也可传播文化理念,如专业、竞争、追求卓越和个人发展等。

(4)政治性活动。政治性活动是国有企业特有的,其他性质的企业很少见到,其主要形式是党员的学习教育,如保持党员先进性、科学发展观、创先争优等。这类活动对追求卓越、团队、奉献、廉洁等文化理念有传播作用。

(5)体育活动。这也是企业开展比较多的活动,如篮球、足球、乒乓球、拔河、跳绳、登山等都是企业员工喜闻乐见的体育项目。开展体育活动的主要形式包括组建俱乐部、举办比赛、召开运动会等,这类活动可以强化团队、竞争、争创一流等文化理念。

(6)公益性活动。这类活动所体现的主要是企业对社会责任的重视,有的企业也通过公益性活动宣扬关心、友爱、平等等思想,主要形式包括捐款捐物、义务劳动、支教、志愿活动等。

3. 企业物质层的设计

这主要是指企业标识、名称以及其应用的各类象征物。企业的名称和标识如同人的名字一样,是企业的代码,设计时要格外慎重。清华同方的名称来源于《诗经》的"有志者同方",简明易记。企业标识则是企业理念、企业精神的载体,企业可以通过企业标识来传播企业理念,公众也可以通过标识来加深企业印象。同时,企业标识出现的次数和频度,直接影响社会公众对该企业的认知和接受程度,一个熟悉的标识可以刺激消费欲望。如果把企业理念看成企业的"神",那么企业标识就是企业的"形",它是直接面对客户的企业缩影,因此,在设计和使用上要特别关注。

(三)企业文化实施

企业文化实施阶段,实际上也是企业的一次变革,通过这种变革,把企业优良的传统发扬光大,同时,纠正一些企业存在的问题。最早提出有关组织变革过程理论的是勒温(Lewin),该模型提出组织变革三部曲:解冻—变革—再冻结,可以说这一模型也反映了企业文化变革的基本规律。一般来讲,企业文化的变革与实施需要有导入阶段、变革阶段、制度化阶段、评估总结阶段。

导入阶段就是勒温模型的解冻期,这一阶段的主要任务是从思想上、组织上、氛围上做好企业文化变革的充分准备。在此阶段内,要建立强有力的领导体制、高效的执行机制、全方位的传播机制等几方面的工作,让企业内部所有人认识到企业文化变革的到来。为了更好地完成这一阶段的工作,可以建立领导小组来落实,设立企业文化建设专项基金来开展工作,在人力、物力上给予支持。

变革阶段是企业文化建设工作的关键,在这个阶段内,要全面开展企业文化理念层、制度层、物质层的建设,即进行由上而下的观念更新,建立、健全企业的一般制度和特殊制度。形成企业风俗,做好企业物质层的设计与应用。这一阶段可谓是一个完整的企业形象塑造工程,中心任务是价值观的形成和行为规范的落实,至少要花一年的时间。

制度化阶段是企业文化变革的巩固阶段,该阶段的主要工作是总结企业文化建设过程中的经验和教训,将成熟的做法通过制度加以固化,建立起完整的企业文化体系。在这一阶段,企业文化变革将逐渐从突击性工作转变成企业的日常工作,领导小组的工作也将从宣传推动转变成组织监控。这一阶段的主要任务是建立完善的企业文化制度,其中应包括企业文化考核制度、企业文化先进单位和个人表彰制度、企业文化传播制度、企业文化建设预算制度等。这一阶段常见的问题是新文化立足未稳、旧习惯卷土重来,尤其对于过去有过辉煌经历的企业,往往会坚持旧习惯,这一点要求管理者做好足够的思想准备。

评估总结阶段是企业文化建设阶段性的总结,在企业基本完成企业文化建设的主要工作之后,总结评估以前的工作,对今后的企业文化建设具有十分重要的作用。评估工作主要围绕我们事先制定的企业文化变革方案,检查我们的变革是否达到预期的效果,是否有助于企业绩效的改善和提高。总结工作还包括对企业文化建设的反思,主要针对内外环境的变化,检查原有假设体系是否成立,具体的工作方法主要是现场考察、研讨会、座谈会等。

二、企业文化建设的基本方法

企业文化建设是一项系统工程,其方法多种多样,因企业而异。企业要善于根据自身的特点,具体问题具体分析,结合实际,综合运用各种方法,有效地建设本企业的文化。

(一)文化培训法

培训是企业文化建设最常用的方法之一,企业不仅可以通过专门的企业文化培训促进企业文化落地,也可以在数量更大的其他培训中融入企业文化。企业结合员工的岗位、性质、特点和需要,进行企业文化培训,可以使员工在文化素质和专业技能得到提高的同时,对企业的历史、沿革、传统、信条、宗旨和价值观念、行为规则等有一定的了解和掌握,为企业文化建设与发展奠定基础。运用文化培训法要注意从以下几个方面入手。

1. 培训政策与企业文化

企业培训政策规定了培训预算、培训时间和培训资助方式等,其具体内容能反映企业的文化理念。如果培训经费投入多、人均培训时数多、对员工自行参加的培训资助力度大,则说明企业重视人力资源开发,这是以人为本的体现。例如,在美国联邦快递公司,即使一线的速递员,每年也可享受 50 个小时的培训;工龄在 6 个月以上的员工每年都可以申请 2500 美元的"学费资助",这个数目全球统一,并且没有任何附带条件,包括不会要求员工续签加长工作年限的合同,只要是和提高业务水平有关的进修,员工都可以自由选择用这笔资助来支付。波特曼丽嘉酒店保证每个员工每年有 150 个小时左右的培训时间;以销售各种储运用具为主的 Container Store 公司员工的人均培训时间每年超过 160 小时;我国三一集团的培训经费甚至上不封顶。国务院法制办 2009 年公布的《职业技能培训和鉴定条例(征求意见稿)》规定:"用人单位应当按照职工工资总额的 1.5%～2.5%提取职工教育培训经费";"用人单位用于一线职工教育培训的经费不得低于本单位职工教育培训经费总额的 70%"。如果企业在培训上的投入不能达到这样的标准,就很难说该企业的文化是以人为本的。

2. 培训课程与企业文化

所有的培训课程都应和企业文化有关,企业需要明确每一门培训课程与企业文化的具体关联,以在培训项目中宣传、讨论企业文化。例如,领导力培训和所有的文化理念都有关;拓展训练可以强化团队精神、竞争观念;销售、服务技能的培训和人本观念、顾客观念有关;安全、质量方面的培训除了其固有的主题外,也和人本观念、顾客观念有关。事实上,企业开展的任何一门培训课程在传递一种或几种关系最直接的文化理念的同时,也可以宣传其他的理念,即使那些纯技术性的培训,也可以通过分析"为什么要掌握和运用这些技术"而建立起技术和文化之间的联系。很多优秀企业都通过课程设计将企业文化的核心理念渗透到所有的培训项目中。例如,惠普公司的所有培训项目中都至少有 1/3 的时间用来讨论该培训与惠普之道的关系,美国西南航空公司在所有的培训中都会强调团队精神。

企业在培训课程开发上有一项基础工作——编写反映本企业成功经验和失败教训的案例,案例的主角既可以是个人,也可以是团队甚至整个企业。本企业案例不仅能提供最实用的经验教训,而且可以提供最生动的企业文化体验。

3. 培训师资与企业文化

企业的培训师资有外请和内部两个群体。与外请师资相比,内部师资有很多优势,其中之一就是他们熟悉企业的历史和现状,对企业文化有深刻体会。这使得他们在培训过程中能更主动、准确地传播企业文化,培训效果也更好。因此,企业有必要制定内部师资选拔和任用办法,用以选拔合适的人员充实到内部师资队伍,并对入选师资队伍的人员提供系统的培训。除培训方法、沟通技巧这样的技能型课程外,企业也要对他们进行专门的企业文化培训,帮助他们把企业文化融入自己的课程。

4. 培训合作伙伴与企业文化

任何企业都不可能自行完成所有培训,部分培训项目需要交由专业机构完成。企业在选择培训的合作伙伴时,不仅要考察对方的专业水平,而且要考察其企业文化,包括合作机构的文化和培训师个人的特点。如果对方的企业文化或个人特征和本企业的文化有明显冲突,一定要另选其他机构和培训师。

(二)宣传教育法

宣传教育法是建设企业文化的基本方法。企业只有通过完整系统的、长期的、多形式、多层次、多渠道的宣传教育,形成强烈的企业文化氛围,才能把企业文化转化为员工的自觉意识,成为企业和员工行为的指南。

进行企业文化的宣传教育,是企业文化实践工作的第一步,目的在于在企业中形成一个浓烈的舆论气氛,让员工在耳濡目染、潜移默化中接受企业倡导的价值观,并指导自己的行为。宣传的方式和手段有以下几种。

(1)进行企业史教育。向新员工介绍企业的优良传统、道德风尚和价值准则,了解企业的发展历史,增强员工对企业的荣誉感、自豪感和责任感。

(2)编辑出版物。编辑出版企业文化简讯、刊物、纪念册等,将企业文化内容体系向员工灌输,向社会传播。

(3)员工学校传播企业文化。大型企业可以办企业员工大学或员工学校,大张旗鼓地宣传企业的特点、风格和企业精神,激发员工的工作热情。

(4)会议宣传企业文化。通过各种会议对员工宣传企业文化,如举办读书会、演讲会、茶话会、对话等形式,沟通企业内部经营管理信息,增进员工对企业的了解,使员工理解企业的政策与行为,参与企业事务。

(5)开展各项活动。如在企业内部召开多层次的企业文化研讨会、开展丰富多彩的文娱体育活动、企业精神训练活动等,寓企业文化教育于丰富多彩、生动活泼的业余文化体育活动之中,使员工在参与这些活动的过程中陶冶情操,提高文化修养。

(6)加强一般员工间的互相影响。由于企业里数量最多的是一般员工,和一个人关系最密切、共处时间最长的人也是他们的同事,因此,员工间的互相影响对企业文化落地的影响不可小视。企业可以采用的具体做法有以下五种:邀请在践行企业价值观方面表现突出的员工担任新员工的指导人,对他们的指导工作提出具体要求并提供方法、技巧和资料方面的支持;发掘普通员工在践行企业价值观方面的典型事例,及时予以宣传表彰;在对企业文化落地的效果开展评估时按部门、团队进行统计,对有问题的团队及时采取加强培训、调整人员等对策;对员工践行企业价值观提出明确要求,督促员工经常检讨自身行为,并不断改进;了解员工中非正式群体的动向,对那些和企业目标一致的非正式群体给予支持,对那些和企业目标不一致的非正式群体加以疏导。

(三)典型示范法

典型示范法,就是通过树立典型、宣传典型人物来塑造企业文化。所谓典型人物,是指企业员工中最有成效地实践企业文化的优秀分子。所树立的典型,既可以是企业的领导人,也可以是企业的普通员工,而且普通员工典型往往更具影响力。典型人物就是企业价值观的化身,树立他们的正面形象,给广大员工提供值得效法和学习的榜样。看一个企业推崇什么、赞赏什么,从它所树立的典型人物的行为中即可判断出来。典型人物在其事迹中表现出来的精神、意识,正是企业文化倡导的内容。

利用正面树立典型和英雄模范人物,把企业倡导的价值观具体化、形象化,是我国企业文化建设的成功经验。王进喜、孟泰等,就是不同时代塑造的最能代表其企业精神的榜样。

企业运用典型示范法塑造企业文化关键在于典型人物的造就。一般来说,企业典型人物是在企业经营管理实践中逐步成长起来的,但最后作为楷模出现,需要企业组织认定、总结、倡导和宣传。典型人物是本身良好的素质条件、优异的业绩条件与企业"天时、地利、人和"的客观环境形成的催化力共同作用的结果。因此,企业在造就典型人物时,一要善于发现典型人物。即善于发现那些价值取向和信仰主流是进步的、与企业倡导的价值观相一致的、具备楷模特征的优秀员工。二要注意培养典型人物。即对发现的典型人物进行培养、教育和思想意识的理论升华,并放到实践中锻炼成长。三要肯定宣传典型人物。即对在实践中锻炼成长起来的有优异业绩、有广泛群众基础的典型人物以一定的形式加以肯定,总结其先进事迹,并积极开展宣传活动,进行广泛的宣传,提高其知名度和感染力,最终为企业绝大多数员工所认同,发挥其应有的楷模作用。四要保护典型人物。即制定鼓励先进、保护典型人物的规章制度,伸张正义,消除企业内部对先进人物嫉妒、讽刺、挖苦、打击等不良倾向。需要指出的是,对企业典型人物进行宣传必须实事求是,不要人为地进行拔高,给先进人物罩上一层神秘的光环,使一些先进人物变得不可信。在宣传和发挥典型人物的作用时,应给予典型人物必要的关心和爱护,为他们的健康成长创造良好的环境和条件。

(四)环境优化法

环境与人是密切相连的,人能造就环境,环境也能改造人。按照行为科学和心理学重点,优化企业的向心环境、顺心环境、荣誉感环境,是企业文化建设的重要方法。现代心理学认为,共同的生活群体能产生一种共同的心理追求,这种心理追求一旦上升为理论并被群体成员所公认,就会产生为之奋斗的精神。这种精神就是人们赖以生存与发展的动力。一个企业也是这样,也需要有一个蓬勃向上的指导企业整体行为的精神,从而把员工的生活理想、职业理想、道德理想都纳入企业,甚至社会的共同理想的轨道上来。

这种能使企业员工产生使命感、并为之奋斗的精神状态，称为"向心环境"。理想的价值观念也只有在这种向心环境中升华，才能使企业产生向心力和凝聚力。

1. 建设向心环境

这需要在共同理想的目标原则下，根据本企业的发展历史、经营特色、优良传统、精神风貌，去概括、提炼和确定企业的精神目标，再把精神目标具体融化在企业管理之中，使企业经营管理与思想政治工作融为一体，变成可操作的东西，使员工产生认同感，唤起他们的使命感。例如，一些人认为，发展市场经济和为人民服务是对立的，根本无法结合，但许多经营成功的企业都从实践上回答了这个问题，即市场经济与为人民服务可以融为一体。如商贸企业能给顾客以真情实意，处处为顾客着想，这种思想和行为就是市场经济条件下为人民服务的生动体现。任何一个企业，越能为顾客着想，越关心和尊重顾客，越满腔热情地为顾客服务，就越能得到顾客的信赖，从而企业的经济效益也就越高，员工的物质利益也就越能得到保障，企业的向心力和凝聚力就越强。因此，造就团结奋斗的向心环境，就能使员工的理想在向心环境中得以升华，成为力量的源泉、精神的支柱。

2. 创造顺心环境

创造顺心环境的目的是开发动力资源。人的才智和创造力是一种无形的、内在的动力资源，在环境不符合的条件下，一般常以潜在的形态存在，只有在心情处于最佳状态时，才能焕发出充沛的精神活力，所以企业文化建设成效，往往来自一个团结、和谐、融合、亲切的顺心环境。企业顺心环境的建设，非常重要的环节是企业在管理工作过程中，要善于"动之以情，晓之以理，导之以行"。不仅要关心员工对衣、食、住、行等基本层次的需要，更重要的是注意引导员工对高层次精神方面的需要。经常从生活上关心员工，体察员工的疾苦，解决员工的困难，营造企业大家庭的文化氛围，增强企业大家庭的温暖等。只要企业领导者和管理者身体力行，员工当家做主，和谐融洽、团结宽松的顺心环境一旦形成，员工的工作就会充满意义，生活充满乐趣，就会为振兴企业释放出内在的光和热。

3. 营造荣誉感环境

通过营造荣誉感环境，激励高效行为。行为科学认为，人的行为分为低效行为和高效行为。荣誉感环境是消除低效行为、激励高效行为的重要因素。精明的企业领导者，总是在创造一个以多做工作为荣、以奉献为荣、以整体得奖为荣的心理环境上下功夫,以降低和消除人们的低效思想行为,保持群体蓬勃向上的精神活力。

企业要创造良好的荣誉感环境,就先要有荣誉感意识,要通过各种途径培养员工对企业的归属感和荣誉感。首先,要树立"厂兴我荣,厂衰我耻"的荣誉感和为企业争光的主人翁责任感。其次,要注意宣传企业的优秀传统、取得的成就和对社会的贡献,不断提高企业的知名度和美誉度,塑造企业良好的社会形象。再次,要尊重员工的劳动,及时而充分地肯定和赞扬企业员工的工作成绩,并给予相应的荣誉和奖励,使员工感到企业能理解、关心他们。最后,要勇于打破企业内部所存在的消极平衡的心理状态,使员工学有榜样,赶有目标,不断强化他们的集体意识和进取意识,造成争先恐后、比学赶超、开拓进取、奋发向上的良好局面。

(五)全面激励法

所谓激励,就是通过科学的方法激发人的内在潜力,开发人的能力,充分发挥人的积极性和创造性,使每个人都切实感到力有所用,才有所展,劳有所得,功有所奖,自觉地努力工作。激励法既是有效管理企业的基本方法之一,也是企业文化建设的有效方法。建设企业文化的激励法很多,视情况而定,下面介绍几种最常用的激励法。

1. 强化激励

强化激励就是对人们的某种行为给予肯定和奖励,使这个行为巩固,或者对某种行为给予否定和惩罚,使它减弱、消退。这种工作过程称为强化,前者称为正强化,后者称为负强化。正强化的方法主要是表扬和奖励。表扬就是表彰好人好事、好思想、好经验。奖励可分为物质奖励和精神奖励,两者必须配合得当,有机结合。负强化的主要方法是批评和惩罚,批评的主要方法有直接批评、间接批评、暗示批评、对比批评、强制批评、商讨批评、分阶段批评、迂回批评等。惩罚的主要方法有行政处分、经济制裁、法律惩办等。

2. 支持激励

支持下级的工作,是对下级做好工作的一个激励。支持激励包括尊重下级,尊重下级的人格、尊严、首创精神、进取心、独到见解、积极性和创造性;信任下级,放手让下级工作,为下级创造一定的条件,使其胜任工作;支持下级克服困难,为其排忧解难;增加下级的安全感和信任感,主动为下级承担领导责任等。

3. 情趣激励

有情方能吸引人、打动人、教育人，也就是说，只有激发人的同情心、敬仰心、爱慕心，才能产生巨大的精神力量，并影响人们的行为。实践证明，许多效果显著的讲话、谈心，都离不开流露于言语中的激励，同时还要注意有情与有趣的结合，员工除了紧张工作外，还有更广泛的兴趣。因此，企业应采取多种措施，开展丰富多彩的活动，培养和满足员工的乐趣与爱好，从而激发其工作热情。

4. 榜样激励

榜样的力量是无穷的。它是一面旗帜，具有生动性和鲜明性，说服力最强，容易在感情上产生共鸣。有了榜样，可使企业学有方向，干有目标，所以榜样也是一种有效的激励方法。

第三节　成功有效的企业文化体系构建

一、企业文化目标体系构建

企业文化目标体系构建是指明确企业文化建设的目标以及实现目标的路径和方法，指导、部署企业文化建设工作，确保企业文化建设有计划、系统性地层层推进。主要包括制定企业文化战略、企业文化建设实施纲要、分阶段的目标及实施规划等内容。

（一）目的与意义

企业文化目标体系是企业文化建设一切工作实施的"统领"，其内容决定了企业文化建设方向的准确性、计划的有效性与可行性。同时，也是支撑企业发展总体战略的重要组成部分，确保企业文化建设形成整体规划、有序推进的工作格局。如武汉长林教育投资有限公司企业文化愿景目标就是汇才成林，打造教育一流品牌。长林教育汇聚八方精英人才，成为明师的集聚之地，这里的明是明白的明，明天的明，老师是明白的老师，明事理的老师，指引学生走向辉煌明天的老师，也寓意老师通过锻造最终成为名师。将通过发挥明师的智慧，形成特色教育，特在传承中国传统文化，特在传承红色基因，特在拓展国际视野。长林教育将在新时代精神指引下，努力有作为，力求最终铸造成华中地区一流民办教育品牌。

(二)构建流程

构建流程包含三个步骤,如图 3-1 所示。

调研诊断是企业文化目标体系构建的基础,侧重于对企业文化发展战略的诊断分析,包括未来建设的方向与重点。

图 3-1　构建流程

体系制定是核心内容部分,包括企业文化战略制定、企业文化建设规划方案制定等。

体系实施是企业文化目标体系实现的过程,即后续各子体系实施的内容,此处不展开描述。

(三)主要工作模块

1. 目标体系调研诊断

输出成果:企业文化战略分析报告。

通过对企业领导、中层管理人员、基层管理人员、一般员工进行访谈、座谈、实地调研、问卷调查、文献研究等多种形式,对企业内外部环境、企业文化现状进行广泛深入的调研,从定性和定量角度综合分析和准确掌握企业文化现状以及面临的发展环境状况,厘清企业未来发展方向,寻找企业文化建设的重点和方向,并做出准确的判断和定位,形成企业文化战略分析报告。

2. 目标体系制定

输出成果:企业文化战略规划、企业文化建设规划及实施细则(含规划、目标分解、工作进度表等)。

(1)确立企业文化战略目标。要求与公司总体战略目标形成一致性。

(2)划分企业文化战略阶段。由于不同企业的发展具有不平衡性,企业文化建设的进程也有先有后,这就决定了企业文化战略需要根据企业实际所处战略阶段的特性,分阶段、分步骤地实施,以利于企业文化战略的持续进行并支撑企业总体发展战略。一般而言,企业文化战略阶段可分为初创阶段、上升阶段、成熟阶段、变革阶段。

（3）明确企业文化战略重点。根据企业所处的不同战略阶段，明确企业文化战略重点。例如，有的重点在于企业文化理念提炼；有的重点在于企业文化宣贯、树立企业形象；有的重点在于规范制度、文化融入管理等。

（4）制定企业文化战略规划。依据企业文化战略分析报告，制定具有可行性的企业文化战略规划。具体的战略规划，可以根据企业不同时期的不同重点，划分为总体战略和各部门、各单位、各下属的分体战略，同时也可以根据时间的推进进行战略目标分解并提出相应的实施方案。战略规划在注重有效性与可行性的同时，还需要准备必要的应变方案。

3．工作要点提示

（1）注重内外部统一。企业文化目标体系是一切企业文化建设工作实施的统领，因此，做到内外部统一对于目标体系的构建尤其重要。主要从以下方面予以确保：一是与行业发展要求和趋势、母公司发展战略和文化战略相统一、相匹配；二是与企业自身发展战略相统一，支撑企业总体发展战略；三是与企业文化现状相统一，突出前瞻性、可实现性与激励性。

（2）注重战略目标分解。一个成功的目标体系，必须内容清晰、科学合理、可行性强。因此，战略目标分解是其中的一个关键要素。一般是通过把规划方案的总体目标按照时间进度、部门、人员分解为各种短期计划、部门行动方案、岗位责任书以及相关操作程序，使各级管理人员和员工明确各自的责任和任务，以保证各种实施活动与企业文化规划目标和任务保持一致。

（3）遵循"SMART"原则。目标体系构建应遵循"SMART"原则，即specific——明确性，目标体系必须是具体的；measurable——可衡量性，目标体系必须是可以衡量的；attainable——可实现性，所设立的目标必须是可以达到的；relevant——相关性，目标体系中各项目标之间必须具有相关性；time based——时限性，目标设置必须具有明确的截止期限。

二、企业文化保障体系构建

（一）实践指导

企业文化保障体系构建是指坚持"系统化、规范化、制度化和科学化"等"四化"的原则下，通过不断优化企业内外部环境、创造良好实施条件，为企业文化建设提供全方位的支持，确保企业文化建设扎实、有效推进。保障体系主要包括组织保障、队伍保障、制度保障与物质保障等四个模块。具体内容包括设立领导机构、专职管理部门、实施小组，建设专兼职宣贯队伍，进行企业文化软硬件建设，加强知识管理，完善各项宣贯制度以及相应的激励制度等。

1. 目的与意义

通过搭建"职责清晰、机制完善、物质保供、环境优良、全员参与"的保障平台，使企业文化战略得到高效执行，并对整个企业文化体系的构建与完善提供全方位的基础支撑，保障企业文化建设行动决策科学、执行有力、规范有序、有效推进。

2. 主要工作模块

（1）组织保障。

输出成果：企业文化建设组织机构设置、成员名单、岗位职责说明书。

企业文化建设的成功与否，往往取决于组织机构的领导与实施力度，其统筹、协调、管理和监督功能至关重要。要求建立"高层领导牵头负责、各职能部门相互配合实施、基层小组全面渗透、外聘专家指导支持"的组织结构，形成"横向到边、纵向到底"的企业文化建设推进网络。通常的组织机构可以分为企业文化建设委员会、企业文化建设职能部门、基层文化建设小组、外聘企业文化专家智囊团四类，机构设置后应该赋予相应的明确职责。

企业文化建设委员会是确立企业文化建设目标与方向、制定企业文化建设规划、保障企业文化落地、最终实现战略目标的核心机构，是企业文化建设的最高领导机构。主要负责企业文化发展战略制定、企业文化建设规划与实施方案制定、企业文化建设工作协调与监督，具有权威性、代表性与协调性等特征。其人员构成主要是企业领导层、中层骨干、员工代表及专家等。

企业文化建设职能部门直接接受企业文化建设委员会的领导与管理，具体负责企业文化战略实施、组织各部门开展企业文化建设工作，是确保企业文化有效渗透到各部门的具体执行机构，具有专业化、执行有力和高效等特征。具体岗位可设置企业文化部部长、企业文化师、企业文化专员等。

基层文化建设小组可分为部分职能部门负责的"亚文化"建设小组以及班组成立的班组文化建设小组，凭借其形式多样、覆盖面广、贴近员工、反馈效果快的特征，促使企业文化组织保障延伸到各职能部门、各班组，广泛调动员工参与企业文化建设的积极性，并形成全员参与企业文化建设的良好氛围。

（2）队伍保障。

输出成果：企业文化宣贯员队伍建设管理办法。

队伍保障主要是指组建一支职业化、专业化的企业文化宣贯队伍，确保企业文化研究、培训、宣贯、评估等工作有效、持续、深入开展，通过宣贯员队伍深入各部门、各岗位对企业文化进行有效宣贯并协助研究、评估考核管理，保障企业文化宣贯工作"横向到边、纵向到底"，从而促进企业文化理念深入人心，实现企业文化"从员工中来、到员工中去"。

要求对宣贯队伍持续、定期开展培训活动，进行专业化培养（学习内容涉及企业文化专业知识、演讲技能、备课技能、企业文化建设工作管理等），注重宣贯队伍的企业文化专业知识培训以及演讲技能提升。同时要明确宣贯员的职责，例如除了宣讲、培训，还应承担研究、评估、考核等企业文化建设管理工作。考虑到宣贯员能力的不平衡性，初期可建立不同"梯次"的宣贯员队伍，即部分只负责宣讲与培训，部分则可以深度参与企业文化建设管理工作。

除了建设一支职业化、专业化的企业文化宣贯队伍以及队伍保障工作的实施，还应与人力资源管理部门紧密配合，不断提高企业整体员工队伍的能力与素质，其目的是通过提升企业文化建设主体的能力来确保企业文化建设深入、高效地推进。

（二）工作要点提示

1. 组织保障方面

企业文化建设组织机构的设置与运行应注重以下几项原则：

（1）权威性与战略性。主要指充分发挥企业文化建设委员会，即企业文化建设最高领导机构的作用，奠定企业文化建设的战略地位，并充分发挥高层领导的引领示范作用。

（2）稳定性与灵活性相结合。既要有稳定的组织机构、人员与管理制度及流程来确保组织机构的运行、企业文化建设工作的有效执行，又要有高层的持续指导、战略调整以及外部智囊团的灵活支持，以适应不断变化的环境。

（3）权责分明，分工合理。各主要岗位应该按照目标分解，承担明确的职责、享有应有的权利，要求做到任务合理分配、职责清晰，尽量避免不均衡、职责不清等现象。

（4）重点建设基层文化建设组织。由于基层文化建设组织涵盖各职能部门、各班组，可以说是企业的"组织细胞"，通过基层文化建设组织推行企业文化,有利于企业文化全面植入各岗位、各管理环节,是企业文化有效落地的关键环节。

2. 队伍保障方面

(1)注重宣贯队伍的专业化培养。不仅要培养宣贯员的企业文化专业能力,还要提升其演讲技能、备课技能等,另外还要注重灌输行业发展形势、行业文化诉求导向、集团或公司战略等方面的知识。

(2)要明确宣贯员的职责。除了宣讲、培训,宣贯员还应承担研究、评估、考核等企业文化建设管理工作,不过对于有些企业来说,可能宣贯员能力不平衡或者时间不够充裕(宣贯员通常由其他部门的人员兼任,并非专职),初期可建立不同"梯次"的宣贯员队伍,即部分宣贯员只负责宣讲与培训,部分则可以深度参与企业文化建设管理工作。

3. 制度保障方面

企业文化相关管理制度的设计应注重以下原则:

(1)切合实际。应根据企业的战略目标、企业文化建设目标、企业文化理念要求、企业性质特点、企业现状、行业特点、企业历史特点和员工具体情况来拟定制度内容。

(2)一致性。制度要与企业文化理念、企业行为、企业物质保持高度一致,构成有机统一的企业文化"四层次";制度(包括企业的内部管理制度体系)要与企业战略目标保持高度一致,不能相互矛盾。

(3)刚性与柔性的结合。一方面,制度设计与执行应体现制度的权威与刚性,做到制度是纲、奖罚分明、一视同仁,促使企业文化理念"固化于制";另一方面,可以从"柔性"的角度,适当从正向激励方面来设计制度。

(4)可操作性。制度与流程应该尽量精简、实用、好理解,考核指标尽量量化并落实到位,便于操作与执行,重在解决实际问题。

(5)创新性。面对不确定的环境与形势,制度应该顺应形势变化,不断调整、更新,持续改进。同时,制度还应充分发挥正向激励功能,营造良好的创新与良性竞争氛围,推动企业的创新与变革。

4. 物质保障方面

物质保障方面,一方面要保证资金的正常投入,确保企业文化建设工作的正常运行;另一方面也要注重合理规划,节约成本。因此,需要根据企业建设的实际需求,科学、合理地规划软硬件建设,例如根据企业文化建设阶段的不同,所需要的硬件建设重点应该有所区别,也不可能一步到位,因此,合理的规划与满足实际需求的重点建设至关重要。

另外,物质保障工作不能仅仅是为了"摆设",而应该充分体现企业文化的核心价值导向。例如,工作环境的营造,需要与企业文化核心理念融为一体,从而营造良好的企业文化氛围,真正为企业文化建设提供最优的"物力"支撑。

三、企业文化识别体系构建

企业文化识别体系主要包括理念识别体系、视觉识别体系和行为识别体系三大部分,是企业文化对外的"窗口",也是企业文化建设的基础。企业文化识别体系构建,需要在战略思想指导下,结合自身实际和未来发展需要,总结、提炼出符合自身的企业文化理念体系,并构建相应的行为识别体系、视觉识别体系。其中,理念识别体系处于核心层次,是形成制度文化、行为文化和物质文化的思想基础,是视觉识别体系和行为识别体系建设的前提。

(一)目的与意义

企业文化识别体系的构建是一切企业文化行动的基础,尤其是其中的核心理念体系是全体员工日常工作与行为的最高行动纲领,是员工树立共享价值观的重要前提;同时,企业文化识别体系的构建,又是企业文化对外展示的"窗口",有利于企业良好社会形象的树立与传播。

(二)工作流程

企业文化识别体系构建流程如图3-2所示。

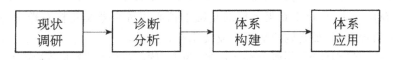

图3-2 企业文化识别体系构建流程

1. 现状调研

主要通过员工访谈、座谈、问卷调查、文献资料研究、外部客户反馈调查、实地调研等方式,运用各类企业文化研究工具,全面调研地域及社会传统文化、企业发展历程以及高层领导影响、内部管理、员工精神面貌及工作风格、员工秉持的价值观等企业文化现状。

2. 诊断分析

在企业文化现状调研的基础上,结合企业发展定位,分析内外部环境变化、行业趋势、发展战略等因素,明确未来发展所需的文化要素,诊断企业文化现状与期望文化之间的差距,从而确定识别体系构建的工作重点与方向。

3. 体系构建

主要从理念识别体系、行为识别体系与视觉识别体系三方面进行构建,尤其是要总结提炼出适合企业自身发展需求的企业文化核心理念体系。

4. 体系应用

主要指结合企业文化培训体系、传播体系、激励体系、融入体系等的构建,通过培训、传播、融入管理,逐步将企业文化识别系统导入、深化、提升,有计划地将企业的精神内涵与各种经营信息传递给员工以及社会公众,促使其产生认同感与其同价值观。

(三)主要工作模块

1. 建设理念识别体系

输出成果:企业文化理念体系(含详细释义)、企业文化手册。

理念识别体系,即企业文化核心理念体系,属于"精神层文化"范畴。作为识别体系的核心层次,它是整个识别体系构建的前提,也是企业全体员工的最高行动纲领。

理念识别体系的建设,应坚持传承与创新相结合、鼓励员工参与、兼具行业共性与企业个性等原则。要求基于调研、诊断结果,归纳总结企业发展历程中积淀而成的优秀文化元素,并结合行业文化、企业实际和未来发展需要,在反复研讨、员工意见征集的基础上精心提炼企业文化核心理念、具体的价值理念等,最终构建形成企业文化理念体系。

理念识别体系,一般由企业愿景、使命、核心价值观、企业精神以及具体的管理理念组成。其具体释义及内容设计相关要求如表3-1所示。

表3-1 企业文化核心理念释义及内容提炼要求

项目	释义	内容提炼要求
愿景	愿景是企业为之奋斗的蓝图,是组织成员发自内心地对组织未来的一种远期追求	1. 具有激励性,对企业员工明确发展方向产生积极引导作用 2. 具有可操作性、可实现性,让员工有希望够得着 3. 具有一致性,员工高度认同

续表

项目	释义	内容提炼要求
使命	企业使命是企业存在的目的和理由,是企业必须承担的责任与义务	1. 体现企业战略定位与核心业务 2. 突出企业社会责任,协调好各方利益相关者的关系 3. 坚持顾客导向原则
企业精神	企业精神是企业全体员工所共有的内心态度、思想境界和理想追求,展示企业的精神风貌和气质	1. 体现全体员工对企业特征的理解和认识 2. 对员工士气具有激励性,并引导建立良好文化氛围 3. 传承性与创新性相结合,符合时代要求,体现企业个性
核心价值观	核心价值观是企业的核心思想、根本信条和行为准则,是对如何完成使命、达成愿景的行为准则的界定	1. 既包括道德价值观,又包括工作价值观,是如何做人与如何做事的价值标准的结合 2. 要求体现行业要求、企业优良传统、时代精神和企业个性
具体管理理念	具体管理理念是企业核心价值观在经营管理领域的具体体现,也是员工践行核心价值观的载体	1. 有效地支撑企业的愿景、使命、企业精神与核心价值观 2. 与经营管理紧密结合,充分体现日常管理工作的指导理念与具体方法 3. 常见分类有经营理念、管理理念、质量理念、安全理念、人才理念、团队理念、学习理念、服务理念、危机理念、市场理念、品牌理念、廉洁理念、设备理念等

2. 建设行为识别体系

输出成果:员工行为规范、员工服务手册等。

企业行为识别体系是企业文化理念的具体行动表现,即"实化于行"的过程,属于"行为层文化"范畴。它通过各种行为或活动贯彻、执行与实施企业文化理念,是一种动态的识别形式。企业行为识别体系往往要求全体员工在企业运营活动过程中以统一、规范的语言及行为向公众展示企业的形象。

企业的行为识别体系分为对内、对外两大部分,对内包括员工行为规范化、教育培训、各类生产经营管理活动、规章制度制定、企业内部环境营造等;对外包括市场调查、产品销售、客户服务、广告促销、公关关系、公益活动、对外传播等内容。

这里主要指的是企业对内的"员工行为规范化",例如制定员工行为规范、员工礼仪规范、执行力手册、员工服务手册等。

(四)工作要点提示

调研是基础,理念是核心。由于理念识别体系处于核心层次,是形成制度文化、行为文化和物质文化的思想基础,是行为识别体系和视觉识别体系建设的前提,因此,理念识别体系建设成果的质量好坏,直接关乎整个识别体系建设乃至企业文化建设的成败。而理念识别体系建设的关键在于前期的调研分析,只有对企业文化现状、企业内外部环境进行充分的调研、诊断分析,才能科学提炼符合企业发展需要、符合行业及时代要求的理念体系,才能为企业文化建设工作奠定良好基础。

企业识别体系作为建立企业形象的有效途径,是一个相对独立而又完整的品牌战略体系,其目的在于传播核心理念、树立品牌形象,实际上也是企业文化理念提炼、统一思想与行为、对外传播的过程,在某种意义上,企业识别体系是企业文化的外显形式,也是企业文化建设的重要组成部分。因此,在企业识别体系构建过程中,需要突出重点,注意与其他体系构建工作的协调,即避免脱离整体企业文化建设的轨道,而应服从系统化、规范化、制度化与科学化的企业文化建设体系。

第四章　新时期不同性质、阶段和
行业的企业文化建设

当前,企业文化建设已经成为现代企业面对的重要课题,不论是什么性质、发展阶段和行业的企业都在积极考虑如何建设和发展自身的企业文化。在实践中,根据企业的性质、行业或发展阶段的不同,企业文化建设上也有一定差别,企业必须在充分掌握自身情况的基础上开展企业文化建设工作,才能实现建设目标,才能让企业文化在自身的发展中充分发挥作用。

第一节　不同性质企业的文化建设

一、国有企业文化建设

(一)国有企业文化建设的背景

当前世界已经进入了知识、大数据经济时代,决定企业在市场竞争中能否脱颖而出的关键是人。除了事业留人、待遇留人,更重要的是文化留人,使人才在企业中感到受到尊重,实现了自己的价值。成功的企业在发展过程中都形成了具有企业自身特色的文化,并通过相应的制度将其保留和继承,成为激励企业不断进步、员工不断进取的巨大精神动力,在企业经营活动中也发挥了无与伦比的作用。国有企业在长期的精神文明建设中积累了宝贵的经验,有必要进一步加强企业文化建设力度,创造更好的环境,以更好地适应未来的市场竞争。当前,我国企业文化建设主要存在以下几点问题。

第一,领导对企业文化建设工作的重要性认识不足,未将其整合到企业战略中,作为一项提高企业核心竞争力的重要工作来抓。

第二,没有深入进行企业文化教育,许多职工包括职能部门的部分工作人员对企业文化的宗旨及内容存在模糊认识。

第三,没有全面开展企业 CI 工作,尤其是企业精神开掘深度不够,没有形成具有鲜明特色的企业理念。

第四,各部门没有协同行动,企业管理和建设中的各项工作如对外宣传、招聘人员、提拔干部等,没有在企业精神的引领下形成整体,发挥合力。

第五,没有将企业文化建设作为一项长期性、系统性的工程来做,缺少统一规划。

(二)国有企业文化建设现状及改进

习近平总书记在党的十九大报告中指出,要"深化国有企业改革,发展混合所有制经济,培育具有全球竞争力的世界一流企业"①。实际上,自党的十六大召开以来,我国就不断加强对国有企业的企业文化建设的重视,国资委等相关部委的领导多次强调,国有企业的一把手要亲自抓企业文化的建设工作。在建设和谐社会的宏伟战略目标中,国有企业的文化建设担负着新的更加艰巨的历史任务。正如一些专家早就指出的,建设国有企业文化必须思想先行,观念先行,要坚持用发展的马克思主义指导企业文化建设的实践,运用辩证唯物主义、历史唯物主义的科学认识论、方法论,解放思想、实事求是、与时俱进,以科学的思维方式、辩证的思维方式,从国有企业发展战略的高度把握企业文化建设,将以人为本、科学发展观、建设和谐社会等先进思想贯穿于企业文化建设全过程,为国有企业的生产经营管理和改革发展稳定服务。

大多数国有企业与国家安全及国民经济命脉有紧密联系,这些企业大多是重要行业和关键领域占支配地位的骨干企业,肩负着弘扬民族精神、促进经济发展、推动社会进步的重任,在建设先进企业文化中发挥示范和主导作用,要为发展社会主义先进文化、全面建设小康社会做出独特重要的贡献。

国有企业在自身发展的过程中积累了十分丰厚的文化底蕴,在此基础上它们形成了反映时代要求、各具特色的企业文化。特别是党的十六大以来,许多企业在培育企业精神、提炼经营理念、推动制度创新、塑造企业形象、提高员工素质等方面进行了更加积极和广泛的探索,取得了丰硕的成果。但是,国有企业的企业文化建设工作发展还不够平衡,有的企业对企业文化建设的重要性认识不足,企业文化建设的目标和指导思想不够明确,片

---

① 习近平在中国共产党第十九次全国代表大会上的报告[EB/OL]. http://cpc.people.com.cn/n1/2017/1028/c64094-29613660.html.

面追求表层与形式而忽视企业精神内涵的提炼和相关制度的完善,企业文化建设与企业发展战略和经营管理存在脱节现象,缺乏常抓不懈的机制等。因此,国有企业的企业文化建设亟须进一步加强和规范。

国有企业文化建设还有一个重要的方面体现为创新,也就是说,国有企业文化建设一方面要继承国有企业文化的优良传统,另一方面要结合当前改革和生产经营的实际,更要着眼于作为企业未来发展的需要,积极借鉴国内外先进的管理思想和企业文化的优秀成果,用发展的观点、创新的思维对文化进行整合、提炼和创新,进一步弘扬时代精神,突出国企特色,使企业文化建设更加符合时代发展和形势任务的要求。

(三)国有企业文化建设的建议

1. 制定并贯彻实施企业文化建设总体规划

企业文化建设是一项涉及广泛的系统工程,不可能一蹴而就,这就要求国有企业必须进行科学、详细的规划,通过长期的努力和整体的提高逐步实现目标。时间方面,制订长期目标和中期目标,以及分阶段实施的计划;制度方面,着眼于各部门协同和全体员工的努力,规定相应岗位职责,并制定奖惩措施,以制度保证落实;广度方面,专门培训与日常教育紧密结合,涵盖每位员工的一言一行,通过员工的行为展现企业风采,体现文化建设成果;深度方面,研究如何将工作做细做实,做好长期坚持不懈的准备;针对性方面,考虑企业领导、总部机关、分企业直至一线员工的实际情况,以员工喜闻乐见的形式广泛深入开展企业文化建设。

2. 引导企业领导对企业文化树立正确认识

先进的企业文化,是先进文化的重要组成部分。企业领导应从战略高度认识企业文化建设的重要性和必要性,领导不仅应当成为企业文化建设的积极倡导者,更应成为企业文化的先进代表,用自己的实际行动为员工做出表率,也成为企业精神和企业形象的代言人。同时,要认识到企业文化建设不仅与企业经济效益紧密联系,而且对企业的社会形象、长远发展等都有至关重要的影响。要把企业文化建设提到战略高度,通过企业文化建设培养核心竞争力。

3. 形成并加强企业文化建设合力

国有企业推进企业文化建设涉及的方面十分广泛,这不仅需要企业中每个职工的积极参与,更需要以下几个部门发挥主导作用,协同努力。

(1)工会。将工会原有职能整合到企业文化建设中,如发挥职工的主人翁精神,引导职工开展技术创新活动等;努力成为职工的贴心人、企业的桥梁,维护职工的正当权益,增强企业凝聚力,弘扬企业以人为本的文化精神,树立企业对社会负责的良好形象;要经常以企业精神为主题,组织开展各种各样的主题活动,如专题报告会、讲演会、联谊会、知识竞赛、文体活动比赛、产品质量分析会等活动,通过这些有效形式,引导员工领悟企业精神,并转化为自觉行动。

(2)党建部门。除了正常的党务工作,应将其工作重心转移到企业文化建设上来。党建部门应当成为企业文化建设的主力,充分发挥党组织的战斗力和凝聚力。以企业精神为主线,教育党员在树立企业形象、争当先进文化的代表方面发挥先锋模范作用,发挥党支部在企业文化建设中的战斗堡垒作用和桥梁作用。这既是落实习近平新时代中国特色社会主义思想的体现,也是党建部门在新形势下发挥作用的广阔舞台,大有可为。同时,指导团组织配合企业文化建设,号召和领导广大团员青年发挥生力军作用,为企业文化建设增添活力。

(3)文宣部。在统一规划指导下,综合运用CI宣传和内部教育手段,促进员工对企业确立的社会理念、文化观念和价值观的认同,保证员工的个人观念与组织的组织观念相吻合。对自觉以实际行动实践和发扬企业文化并创造出良好的经济效益和社会效益的员工,加大正面宣传力度,保证符合企业文化的人得到更多尊重,增强人才的荣誉感,创造人才成长的良好环境。

(4)人力资源部。在招聘人员时要以企业文化作为选人的重要根据,保证人员进入质量。招聘时要告知应聘对象企业文化特点,使其明确自己是否与企业文化相适应,对不符合企业文化的人要严把进入关;在提拔干部时也要以企业文化为依据,不仅考察提拔对象为企业创造的效益,更要把团队精神、领导力等与企业文化密切相关的因素作为重要的考评指标,将那些具备较强能力又与企业文化精神相符的人员放到重要岗位上,进一步推动企业文化建设,形成良性循环;在培训时重点突出企业文化精神,使企业文化精神理念等深入人心,使员工真诚地感受到企业文化的存在,从中汲取前进的动力,并转化为员工的自觉行为。

4. 全面推进企业文化体系建设

国有企业在建设企业文化时,应该同时推进企业的精神文化、制度文化、行为文化和物质文化建设,要促使这四项基本建设内容相辅相成,互为补充,四者的有机统一构成企业文化的完善体系。在实践中我们要遵循企业管理和文化建设的内在规律,按照"以人为本,促进和谐;支撑战略,引领发展;立足实践,指导实践;传承创新,持续优化;突出特色,注重实效;领导带头,全员参与"的六条原则,全面推进企业精神文化、制度文化、行为文化和物质文化四个层次的建设。在价值理念及行为物化上,应赋予新的文化内涵,融入时代特点,形成企业与其他企业相区别的独特之处,使员工进一步从企业文化上认同企业,可以进一步增强企业凝聚力,展现新的精神面貌和行为举止,从而形成强大的文化力。

二、民营企业文化建设

(一)民营企业文化建设存在的问题

第一,民营企业没有形成完整的企业文化体系,没有制定并贯彻长期发展战略。企业文化的形成源——企业家文化仍然停留在传统阶段,未能自我形成文化体系方面的根本革命,阻碍了企业文化向更高层次的飞跃。实践表明,企业家的价值理念决定着企业家文化的发展方向及所处的层次,是企业文化建设最关键的因素。然而,许多企业家的价值理念却只限于经济方面。如只有较低层次的经济理念、经济价值观,没能发展到高层次的政治理念和政治价值观等,也就是说,未把社会的价值利益看得高于一切,并努力为之奋斗。

第二,缺乏政治观指导。民营企业文化的形成、发展与扩散都具有一定的自发性,没有系统的政治观指导。企业文化的形成、传播与扩散没有较好地建立在党的思想建设的基础上,未能形成正确的政治方向,导致企业文化基础薄弱。

第三,民营企业的价值观处于低层次、追求单一经济效益的状态。企业文化的核心——企业价值观的形成、传播与扩散处于被动状态,大多在被约束情况下进行。

(二)民营企业文化建设的建议

诸多因素对企业经营情况产生影响,包括决策、市场、营销、管理、资金、人才等,但是从某种意义上来说,所有的这些根源都在于企业文化,正是不适当或不健康的企业文化扼杀了企业,导致了企业的没落,甚至倒闭。下面对企业成长过程中的几个阶段的企业文化建设及其对策进行分析。

1. 导入期

(1)民营企业发展情况。民营企业通常处于激烈的市场竞争环境中,这就使这些企业很难生存和成长,此阶段企业的重点在于关注自身生存和市场情况,对内部规范管理顾及不到,容易产生一切以"挣钱"为导向的文化氛围。

在面对极大的生存压力时,往往容易失去正确的价值判断能力,将追求利润的目标绝对化,目光短视,甚至铤而走险,做出违法的行为,以致将辛苦创业打下的江山毁于一旦。

(2)企业文化建设建议。在导入期,民营企业要具有坚定的信念,以企业主的气魄和企业美好前景描绘来带动员工;注意及时纠正短期行为;管理上以亲情为主,注重"人性化";注意克服传统文化中的宗法观念而导致的在企业中产生的关系网、派性等问题。

在此阶段企业主带领全体员工亲力亲为,以亲情纽带维系,上下同欲,初步形成团结互助、力争上游的企业文化特色。同时企业抓住市场机遇,发挥区域经营之优势,业务蒸蒸日上,使企业呈现出良好的发展势头。

2. 成长期

(1)民营企业发展情况。企业步入成长期后,整体发展势头良好,随着各项工作的顺利进行,到了企业文化建设的关键时刻,此时企业被成功的光环环抱,容易被暂时的胜利冲昏头脑,应克服盲目自大等弊端。

(2)企业文化建设建议。民营企业建设企业文化应该从精神、制度和物质等层面同时入手,要不断升华精神、完善制度、更新物质。考虑长远规划,注重企业可持续发展。要进一步夯实管理基础,为下一阶段发展奠定基础。克服企业文化建设中的弱点,如学习不够,理念滞后;小富则安,满足落后;用人唯亲而不能唯贤;视发展为唯一目标等。

要根据企业发展情况,结合市场趋势,重新调整规划战略,整合资源;在经营管理中强调创新精神,积极做好产品更新换代等工作;抓紧抓好内部管理的上台阶,特别是要加强人力资源工作,协调处理好"空降兵"与"嫡系军"的关系。

3. 成熟期和转型期

(1)民营企业发展情况。企业文化在该阶段已经基本定型。企业处于继续发展或转型的关键时刻。对于民营企业来说,当前阶段最重要的课题,就是通过何种方法"增创新优势,更上一层楼"。

（2）企业文化建设建议。此时企业可采取变革的办法，在保留原有优秀文化的基础上，剔除糟粕，不断发展。具体地说，就是重塑企业文化，即系统地建设企业文化，建设富有个性的企业文化，寓企业文化建设于企业经营活动之中等。克服惰性习惯的产生，避免使企业文化缺乏生命力。

企业主要加快向企业家转型的步伐，同时也要考虑接班人的问题。在营销中做好市场的细分工作等，商场如战场，企业文化胜敌于无形，无形文化创造有形价值。

三、合资企业文化建设

（一）合资企业跨文化管理的心理调整

随着经济全球化不断推进，创办合资企业在世界范围内成为一个发展趋势。在这样的环境中，不同文化背景的群体在连续接触、交往和文化碰撞的过程中，文化的融合与适应必然导致双方文化模式发生变化。文化的变化意味着个体行为的变化，但这些变化了的社会行为总是处于各自原先文化可以接受的限度之内。从微观角度分析，个体从一种文化移入另一种文化时，会面临很多变化和冲击，比如言语表达方式的变化、日常生活行为习惯的改变、价值观念的冲突等。在跨文化管理中，这种迅速的"文化移入"给个体带来的压力及适应困难等心理问题，会直接影响个体的身心健康及组织的活动效率。在文化冲突的情境下，个体失去了自己所熟悉的社会交往信号和符号，比如陌生的语言表达方式、非言语表达方式和符号象征性意义变化等，而对于对方的社会符号不熟悉，个体因交流障碍而在心理上产生深度焦虑，在行为上出现消极的退缩和回避，在生理上反映为持续不断的身心疲劳。在跨文化管理中，组织成员长期的精神压力和价值观失衡会导致个体的社会角色混乱和对自己应付环境的无能感等，需要进行心理上的跨文化调节和适应。

合资企业推进企业文化建设必然面临跨文化交流的问题。文化移入在跨文化交流的过程中呈现长期积累的模式，表现为"压力—调整—前进"的动态化的螺旋式推进方式。在适应困难的情况下，个体会主动退缩以减轻压力，尽可能保持放松状态，以防御的方式应付旧的认知模式的失败。同时，个体调节、重组认知模式和情感模式，积聚力量向适应方向进行再尝试。如此螺旋式向前推进，不断地涵化于异文化。个体涵化的速度取决于他在异文化中人际交流的能力、交流密切程度、与本文化保持交流的程度、异文化对外来文化的容纳性以及个人涵化异文化的态度、开放性和精神恢复能力等。从适应阶段方面看,个体在不同的心理适应过程中所需应对的压力不同。个体的心理压力水平在文化接触准备阶段比较低,随着文化接触的加深心理压力水平会逐渐增加;在文化冲突和矛盾阶段,心理压力达到最高程度,容易发生适应障碍;危机过后,压力下降,个体的心理适应期结束。个体心理适应的结果表现为态度与行为方式的变化,有的个体放弃原文化转而融入新的文化,接纳了新的价值标准,表现出新的行为方式,被新文化同化;也可能在与新文化长期接触后仍固执地坚持原文化,拒绝适应新情境,表现为与新文化群体的分离,最理想的适应性结果是个体客观地认识原文化与新文化的关系,重视与新群体的持续性交流,以开放和主动的方式接纳新文化,调节自己的心理状态,调和矛盾的价值观体系和态度,实现个体水平的文化整合。

(二)合资企业跨文化管理的实施对策

1. 培育跨文化沟通能力

跨国公司能够取得成功很大程度上取决于其自身的"集体技能",也就是公司基于跨文化理解形成了统一的价值观体系条件下产生的"核心技能",而跨文化沟通正是促成此核心技能的中介。跨文化沟通能力,简单地讲,就是能与来自不同文化背景的人有效交往的能力。跨国公司必须有意识地建立各种正式和非正式的、有形和无形的跨文化沟通组织与渠道,着力培养有较强跨文化沟通能力的高素质国际化人才。例如,日本富士通公司为了开拓国际市场,早在1975年就在美国檀香山设立培训中心,开设跨文化沟通课程,培养国际人才。

2. 实施文化多样化战略

合资企业面临不同文化的相互交融,仅仅包容多样性的文化还不够,而是应该正确地认识到文化多样性的价值并加以利用,打造符合自身需要的多样化战略。利用文化差异的战略能够产生竞争优势。企业应重视并利用员工多样化以提高他们的沟通能力、适应性和接受差异的水平,并把差异资本化,使之成为促进公司效益提高的主要手段。例如,惠普公司认为多样化是其经营战略的重要组成部分,使在大多数国家的员工队伍多样化,并通过强力的多样化政策,鼓励跨文化理解和对文化差异的积极态度。

3. 加强跨文化理解

合资企业推进企业文化建设,必须加强跨文化理解,这是培养跨文化沟通能力的前提条件。跨文化理解包括两方面的意义。

（1）善于文化移情，理解他文化。文化移情要求人们在某种程度上摆脱自身的本土文化，克服心理投射的认知类同，摆脱原来自身的文化约束，从另一个参照系反观原来的文化，同时又能够对他文化采取一种较为超然的立场，而不是盲目地落到另一种文化俗套中。

（2）正确、深刻地理解自己的文化。对自己的文化模式，包括优缺点的演变的理解，能够促使文化关联态度的形成，这种文化的自我意识，使管理者在跨文化交往中能够识别自己和有关他文化之间存在的文化上的类同和差异的参照系。

4. 加强跨文化培训

合资企业应该加强跨文化培训，通过这一途径可以有效提升人们对不同文化传统的反应和适应能力，促使不同文化背景的人可以进行更顺畅的沟通和理解。培训内容主要有：对对方民族文化及原公司文化的认识和了解；文化的敏感性、适应性训练；语言培训；跨文化沟通与冲突的处理能力培训；地区环境模拟等。一项对跨文化培训的全面调查显示，培训促进了跨文化沟通技能的提高，改进了管理人员与当地员工及政府之间的关系，还明显降低了与外国合作伙伴、客户和竞争对手进行谈判时失败的比率，使管理者更快地适应新文化、新环境。宝洁、英特尔、摩托罗拉等大型跨国公司，都建立了企业文化培训机构，将不同企业文化背景下的经营管理人员和普通员工结合在一起进行多渠道、多种形式的培训。而韩国企业则注重将经理人派到海外工作或学习，使其亲身体验不同文化的冲击，提高处理跨文化事务的能力。

5. 正确认识文化差异

美国学者爱德华赫尔指出，可以将文化差异划分为三种类型，分别为基本价值观差异、生活习惯差异和技术知识差异，不同文化差异所造成的冲突程度和类型是不同的。因此，只有先正确识别各种文化差异，才能从中寻求发展的共同点，采取针对性措施予以解决。一位跨国公司的美国经理说得直截了当，你不得不把自己的文化弃之一边，时刻准备接受你将面对的另一种观念。

6. 建立基于共同价值观的企业文化

合资企业在对员工进行了识别文化差异和跨文化培训后，提升了他们对不同文化的鉴别能力和适应能力，合资企业应该在文化共性认识的基础上,建立起与共同价值观和跨国经营战略一致的文化。这种文化把每个员工的行动和企业的经营业务和宗旨结合起来,加强了国外子公司和母公司的联系,增强了企业在不同国家文化环境中的适应能力。发展文化认同,建立一致的企业文化需要一个比较长的时间,这就需要不同文化的员工的积极参与和与不同国家的消费者、供应商、分销商等外部环境保持长期的、良好的沟通关系。只有建立共同价值观,形成集体的力量,才能提高员工的凝聚力和向心力,从而使企业立于不败之地。

(三)合资企业跨文化管理的文化风险规避

合资企业面临的文化风险相较于其他性质的企业更显著,文化风险是源自不同文化渊源、文化现状之间的差异的一种风险,其中文化渊源差异涉及不同文化的价值观念、是非标准及思维方式的差别,它是深层的,具有抵制外部干扰的倾向,不容轻易改变。而文化现状差异是表层的,如流行时尚、行为规范、评价倾向等,通过文化交流,文化现状差异是可以改变的。这种由于文化间的差异而引起的文化冲突会在不同程度上影响企业组织的正常运行,最终使企业经营的实际收益与预期收益发生偏离。

相较于企业经营中的其他风险,文化风险具有一定独特性,是企业进行国际化经营的过程中面临的一种特殊风险,并总是通过具体的个体行为体现出来。比如,国际企业内部来自不同文化背景的员工之间的文化冲突、跨国企业与东道国消费者之间的文化差异等,文化风险是企业发展中不可回避的新问题。合资企业可以通过以下几种方式应对文化风险。

第一,促进不同文化之间的交流和理解,在体谅模式下实现文化融合或相容。比如,在充分认识企业组织内不同文化异同点的基础上,求同尊异,通过文化间的互补与协调,形成新的统一的组织文化。

第二,在不同管理阶层或不同地域的企业组织中选择不同的主导文化,即在同一个企业组织中同时采用不同的文化,这种文化并行的方式也能够避免文化冲突。比如,在企业的总部采用母国文化,在企业的海外分支机构采用驻地文化,两种文化同时并行。

第三,选择某种主导文化的方式规避文化风险。比如,延续母国文化为主导文化或驻地文化为主导文化来避免管理过程中的文化风险。

在以上三种处理方式中,文化融合是最理想的一种处理方式,通过文化融合可以从根本上解决文化冲突,并且创造适应具体条件的新文化。但是,实现文化融合的过程相对较长,付出的成本也相对较高,而且对企业领导者有更高的要求。

第二节 不同阶段企业的文化建设

一、企业文化建设初期——企业文化深植

企业必须将企业文化理念和体系深植于员工的内心,让这些理念变成员工内心所信奉的准则和信念,变成员工日常工作和生活的内在指导,形成潜意识,只有这样才能让企业文化在企业的经营管理中充分发挥作用。这就要求企业经营管理者持续不断地、坚持不懈地进行"布道"。要从"设定主要目标、主要任务"着手进行文化深植,使企业文化理念渗透到企业经营管理的全部流程和各个环节,使企业的沟通体系、管理制度和业务流程更加规范和优化,最终实现以强大的文化力驱动经济力的愿望。

(一)企业文化深植的目标和任务

1. 企业文化深植的主要目标

推进企业文化的建设和落实,必须在企业文化落地工作的基础上实现进一步深化,在企业文化深植的过程中,企业需要达到以下几点重要目标。

(1)企业文化的物化层所包括的企业宣传设施、产品、企业标识、内部刊物、文化传播网络等都得以完善并发挥着作用。

(2)企业文化的制度文化开始对企业员工的行为产生约束性、规范性影响。

(3)企业文化的精神层面的内涵被员工接受,并转变成员工共同信守的基本信念、价值标准、工作理念和精神风貌。

(4)检查测评企业文化建设实施情况的工作能够定期地进行,企业内部逐步形成以人为本的管理氛围、以绩效取人的务实氛围、积极向上的创新氛围,企业文化开始向客户、合作伙伴和社会进行辐射,企业品牌逐渐增值。

2. 企业文化深植的主要任务

(1)打造积极向上的经营文化和学习文化。注重经营文化与经营谋略的制定、完善以及实施,包括品牌战略、名牌战略、经营战略、人才战略、企业公共关系等;抓好干部员工理论学习,进行学习宣传教育、形势任务教育、职

业道德教育,开展素质工程教育,推进文化阵地窗口建设,促进心理素质和道德素质的提高,以外在直观的视觉效果反映企业的经济实力和精神面貌。

(2)制定企业文化建设发展战略。发展战略既要有对过去经验的总结,又要有对目前企业文化的确认和对未来文化的展望;既要考虑目标的可行性、现实性,又要根据时代的前进步伐和企业的发展前景,着重考虑企业文化对未来企业内外环境的适应性,须具有一定的超前性和发展性。

(3)将企业价值观植入公司的招聘和培训体系。在招聘方面,对申请加入组织的申请者的能力和他们是否与组织的价值观相吻合两方面进行考察。在培训方面,一是针对成员进行广泛的价值观培训,重点是价值观的认同以及价值观对于每一个成员的意识;二是针对公司的价值观,进行相关技能(包括领导力)方面的培训。

(4)加强企业文化建设工作的检查和评比。对于全面普及阶段的企业文化建设工作进行检查评比,并以此为契机,选择部分理念进行重点宣传,深入推进企业文化理念体系的系统学习,然后根据理念指导实践工作;通过定期对企业文化执行情况进行测评,随时跟踪掌握员工的文化表现与期望文化之间的差距并持续改进。

(5)组织召开阶段性总结表彰会议。总结企业文化建设过程中的新思路、好方法,对出现的问题进行分析,制定出解决方案;围绕企业发展战略,修订企业文化建设的工作制度和建设标准,制定与实际操作相适应的文化管理制度,要把能突出体现公司文化的仪式、活动、制度固化下来,坚持长抓不懈。

(6)规范企业员工行为,形成行为文化。规范员工工作着装、仪表,深入推进文明礼貌用语,整顿工作秩序,提高工作效率,塑造良好的工作形象。通过树立一批企业文化建设方面的文化标兵,大力宣传其先进事迹,成为其他员工模仿和学习的对象,从而加快行为文化的形成。

(7)加强文化物化工作。采取强化措施,划分区域,责任明确,做到绿化、净化、美化并举,做到治理整顿同时进行,长期保持卫生环境;开展各种游艺文体活动,做到大型活动制度化,即体育活动(趣味运动)会、企业文化艺术节等;小型活动经常化,即利用庆典、文体活动等形式丰富员工文化生活,赋予各种活动以生命;做好各项文化媒介传播工作,丰富视觉体系内涵,强化视觉效应。

(8)建立健全规范高效的管理机制。摸清现有制度的现状,分析诊断现有规章制度的文化特点以及存在的问题,以企业文化内涵和精神为指导,按照贯标及认证标准,修改和完善公司各项管理制度,进行专业化管理流程再造。

(9)将价值观植入组织架构。总体的组织架构要适应企业的价值观,组织的各个组成部分(某一部门或者某一岗位)的具体职责和胜任素质要与价值观紧密结合;围绕着一个或者多个价值观确立每年的工作主题,围绕这些价值观举办各种主题活动,比如围绕价值观进行的全员价值观分解讨论会等,这有助于将它们更进一步植入组织,巩固组织。

(10)将价值观植入绩效管理和奖酬体系。在组织内部,遵循企业进行价值观管理的具体思路,客观、公正地评估员工做了什么(绩效及愿景)和如何做的(价值观及行为),让员工具有成就感的同时受到鞭策;培养员工对企业和组织的高度信任和认同,使他们依靠企业为他们搭起的平台不断地进步和成长。

(11)营造学先、赶先、争先的良好氛围。动员员工大搞技术、管理等方面的创新,深化“合理化建议”活动,打造自身企业产品品牌,塑造企业良好形象;同时,要采取走出去、请进来的方式,虚心学习先进单位在企业文化建设方面的经验,借鉴其成功的做法;召开专题会议,以互动的方式予以研讨、交流,达到以点带面的目的,推动公司企业文化建设工作上一个新台阶。

(12)建立健全企业文化管理机制,形成制度文化。建立团队内部的信息共享和沟通机制,倡导用人性化的操作方式建立开诚布公的“组织气候”;建立团队内部的绩效考评机制,企业文化负责人有必要在团队成员分目标的关键点上进行定期的或不定期的考评,在注重结果导向的同时,加大过程控制和辅导的力度;建立团队内部的激励机制,企业文化负责人应以目标达成的程度为依据,在整个目标实现过程中,对出现创新思路、协作能力强、取得比原计划更为优异成绩的团队和个人给予及时奖励,以便起到鼓舞团队士气的作用。

(二)企业文化深植后的具体表现

企业成功实现企业文化的深植后,就会在各个方面有所显现。如果深植得比较成功,企业文化的各种因子比较客观合理,那么这些现象的主流将是积极向上的,是企业成功发展所需要的。它们主要表现在以下几个方面。

1. 文化生活更丰富

丰富的文化生活,体现了人文关怀。企业为员工建设文化活动场所,丰富企业物质文化、精神文化生活,营造充满信任与亲切感的文化氛围,并为成就员工积极提供和创造条件。

2. 员工技能掌握有所提高

企业员工的整体执行技能得以提高,领导者的观念与员工的自觉践行上下结合,融为一体,团队协作较为显著,沟通渠道较为便捷畅通。

3. 员工对企业文化了解更深刻

员工对企业文化核心理念完全、衷心地拥护,并在日常行为中自觉体现,企业文化从企业最终确定的理念转化为全体员工认同的观点,理念口号和制度规定转化为大家的自觉行为。

4. 企业管理更规范

制度文化建设得以强化,企业管理规范化程度日益提高。在企业文化深植过程中,企业将企业文化内容体现在相关的企业管理制度上,变无形为有形,变柔性为刚性,形成规范化、人性化的约束机制,为实现文化管理提供了有力的制度保证。

5. 员工素质显著提高

全体员工综合素质、工作效益得到提高,工作氛围变得积极向上,企业整体形象、全员主人翁意识、职业道德意识、竞争意识和团队协作精神不断提升,企业向心力逐渐形成,企业核心竞争力明显提高。

6. 企业文化的识别系统完整醒目,企业文化传播顺畅

由于有了良好的传播条件和媒介,得以规范的企业对外行为,为文化的传播、企业形象的提升、品牌的塑造提供了有力的保证。

7. 企业战略更科学

战略的制定更加科学化,业务流程显得较为明晰,制度的执行更为客观、有力,企业经营管理不断向科学化、制度化方向发展,企业文化真正体现和落实在企业的各个工作流程中。

总之,企业文化建设是一项长期的系统工程,不是一蹴而就的,企业必须保持对企业文化建设的长期关注和促进。企业想要实现可持续发展必须加强企业文化建设,这是其长期稳定发展的基础。

二、企业文化建设深化——从文化建设转向文化管理

在知识经济时代,企业文化在企业管理中的作用越来越显著,"文化管

理"成为大家津津乐道的一个话题。对于当今的企业来说,想要在激烈的市场竞争中站稳脚跟并实现发展,就必须清晰地认识到在什么发展阶段做文化建设、什么发展阶段做文化管理,在什么情况下可以做文化管理,需要具备什么样的能力,这是企业生存和发展的关键。

(一)文化建设与文化管理的区别

文化建设是指企业文化相关理念形成、塑造、传播等过程。文化建设重口号轻落实,重宣贯轻执行,突出"建设",基于策划学、传播学理论,认为企业文化是一种策划和传播,是一种泛文化。

文化管理则是指对企业文化进行科学的梳理、凝练、深植、提升。文化管理重落实轻口号,重执行轻宣贯,突出"管理",基于管理学、组织行为学理论,认为企业文化是一种管理。文化管理是在企业文化的引领下,匹配公司战略、人力资源、生产、经营、营销等管理条线、管理模块。其涵盖了文化建设。

对于现代企业来说,必须将以人为本作为企业文化管理的核心,文化管理的对象完全从"物"转向"人",通过共同价值观的培育,在企业内部营造一种健康和谐的文化氛围,使全体员工的身心能够融入企业,变被动管理为自我约束,在实现社会价值最大化的同时,实现个人价值最大化。文化管理是人本管理的最高层次,它通过企业文化的培育,来实现文化管理模式的提升,使员工形成共同的价值观和共同的行为规范,进而成为企业人。

(二)从文化建设到文化管理的必然性

企业文化建设必须建立在企业的自身实际情况和需求上,不能简单地模仿成功企业的建设方式,必须制定并实施适合自身发展的企业文化建设战略。没有对自身的深层思考,最好不要奢谈企业文化建设。很多人都知道《华为基本法》,它被推崇为企业文化建设的"圣经",很多人希望能在自己的公司里弄出一套类似的"法律",以此来建设自己的企业文化。中国的传统管理讲究道、法、术,《华为基本法》还仅仅停留在术的阶段,只是一堆管理制度和行为规范,关于企业的核心价值观、流程和客户方面的问题提得很少。

从国内外企业的企业文化建设实践中可以看出,形成企业核心价值观是最有效的企业文化建设方式之一,企业核心价值观是孕育企业文化的种子。在此文化中,通过沟通信仰、传递愿景和从事所有企业实践,强化核心价值观,使全员认可并内化企业核心价值观以形成持久的行为。领导者行为、员工行为和企业的一切生产、经营和管理活动都以企业的核心价值观作为基本准则,一定时期以后,以鲜明价值观为核心的强势企业文化就将形成。在这种鲜明价值观和企业文化的有效指引下,将企业的核心价值观统一为全体人的意志,再将这种意志转化为持久的行动,是需要长期、艰苦的努力的。

当企业文化建设工作进行到一定阶段,企业文化将不能完全满足企业管理的需要,这就要求企业进一步深化企业文化建设,也就是对企业文化进行科学管理,这个阶段要求企业必须对企业文化进行管理,即文化管理阶段,这也是企业管理的最高境界。企业文化有两个属性:一个是亚文化属性,一个是管理学属性。所谓亚文化属性,是指企业文化相对社会文化而言,是亚文化;所谓管理学属性,是指企业文化是一种管理思想和方法论。但是,这其实并不准确。这里应该分成两个:一个叫纯粹文化,一个叫应用文化。纯粹文化是从文化学的角度来研究和实践企业文化;应用文化是从管理学的角度来研究和实践企业文化,可以成为企业的原则。企业文化建设要从纯粹文化建设向应用文化管理迈进。我们通常所说的企业文化的起飞与落地,实际上就是文化建设和文化管理,只有文化建设没有文化管理,相当于企业文化只起飞了但没有落地。

(三)从文化建设迈向文化管理

1. 企业文化建设的最佳时机

企业文化的成长有其内在的规律,即在企业初创阶段,将生存作为第一要务,这时的文化也许不能为企业创造立竿见影的效益,这种慢热的影响元素——文化,将随着企业的不断成长而滋长。当企业到了稳定成长的阶段,企业文化建设的力量变得非常突出,企业文化会因企业的发展需要而得到传承、整合或再造,这时就需要企业的领导者进行企业文化建设了。仁达方略在多年企业文化实证研究和为上百家企业提供文化建设咨询服务的基础上提出,以下几种情况是企业文化建设的最佳时机。

(1)企业产权结构发生重大变革时。变革后,企业再不能沿袭原来的价值理念,应适时发展与产权机制相一致的企业文化。

(2)企业工作环境发生重大改变时。如迁入新的办公大楼、新厂房落成;企业发展实现阶段性目标;周年志庆,进行 10 年、20 年回顾和总结。这些都可以成为开创新的企业文化的契机。

(3)企业高层发生人事重大变动时。不同的企业家有不同的企业文化理念,往往可以开创新的局面。

(4)企业的发展进入快速增长期时。组织规模迅速膨胀,人员大量增加、资本迅速扩张，兼并了一些企业，这时就需要有与企业发展同步的企业文化，否则就会出现文化危机。

（5）企业由国内市场转向国际市场时。走向国际竞争的企业必须适应国际化、全球化的要求，把握更新企业文化的时机。

（6）企业实施"二次创业"计划时。如果企业为求得新发展进行"二次创业"，就要启动新的企业文化战略，以实现跳跃式发展和质的转变。

（7）企业管理失效、矛盾丛生时。由于种种原因，到了一定阶段，有的企业开始出现机构臃肿、职责不清、管理混乱、人际关系恶化等现象，急需大力推行企业文化变革，用新文化赋予企业新的生命。

（8）企业发展战略发生重大转移时。如从单一性产业向多业性产业转移，从低价位市场战略向名品牌市场战略转移，为适应这种转移，企业要重新定位自己的企业文化。

（9）企业处于停滞状态需要突破时。企业发展的某一阶段出现停滞状态，此时重塑企业文化可能会起到强大的振兴作用。

（10）企业从垄断经营走向市场竞争时。以前形成的垄断性行业，如银行、电信、航空、铁路等，在市场经济条件下将打破垄断，改变原有的企业文化状态，塑造新的企业文化。

2. 企业文化管理的建议

对于当前企业发展来说，很多企业仍然处于文化建设阶段，一些企业虽然开始向文化管理推进，但也没有建立起较为完善的文化理念体系，没有进行真正意义上的文化管理，最后连文化理念体系也形同虚设了。文化建设大致包括调研诊断、方案设计、培训宣贯、具体实施（活动配合）等环节。要清晰定义企业文化的核心——价值观，将企业文化理念体系应用到管理实践中；同时要对企业文化进行诊断评估，抓住文化的本质和规律，结合自身的管理状况构建企业文化体系，找到企业文化建设的路径和方法，这样就容易进行文化管理了。

对于文化管理来说，其内容包括文化建设、文化深植、文化评估和文化再造四个阶段，是一个循环往复、螺旋上升的过程。文化建设之后，应该通过文化深植阶段将愿景和价值观固化到战略规划、品牌建设、组织设计、薪酬设计、绩效考核等工作当中去，切实体现文化的引领作用，实现企业的"系统变革"。变革的结果需要在下一阶段进行评估，通过控制其执行情况来保证企业核心价值观的提升。如果通过评估发现愿景和价值观不再适于企业的持续发展，就必须进入文化再造阶段，对其再次进行建设与变革，使文化管理进入更高的层次。

企业文化从一定角度来看是自发形成的,随着企业的创立和发展而逐渐形成。然而这种文化是原生态、散乱、粗糙的,甚至是错误、有害的。因此,对企业文化的管理其实是在对企业的既有文化进行整合、变革、创新的基础上,形成与企业未来目标相对应的价值观、企业精神以及整套企业文化体系,并利用这种经过整合创新的文化系统来产生企业的文化力,进而推动企业发展。从这个意义上说,企业文化的管理过程就是企业既有文化的整合、创新过程。任何企业都需要进行文化管理,企业应该注意以下三点。

(1)将"以人为本"作为企业文化管理的核心。实行以人为本的管理,不是宣传一种政治说教,也不是形式上的变革,更不是追求一种时髦,而是实实在在的管理宗旨、管理战略、管理重心、管理方法、管理策略的转变,即摆脱传统的以物为本的管理模式,向更高级的管理阶段——以人为本的管理新阶段跃进。企业文化管理把以人为本作为核心,其内涵和外延不能局限于企业内部。从某种意义上说,企业实行顾客满意战略,开展顾客关系管理,是更加重要的内涵和外延,这是决定企业持续生存与发展的关键所在。

(2)协调企业文化管理的硬链条和软链条。企业的管理运行通常伴随软硬两个链条:一个是企业经营战略管理链条,是硬链条;另一个是企业文化管理链条,是软链条。经营战略管理链条反映了企业组织实施经营的逻辑顺序,文化管理链条则反映了企业作为具有灵魂的有机体从抽象走向具体的过程,两个链条之间存在内在的逻辑联系。不论是经营战略管理链条,还是文化管理链条,每个链条上的环节均是承前启后、环环相扣的。

(3)将企业文化管理作为管理手段运用于实践。企业文化的作用主要体现在它作为一种管理方法的运用,无论是在进行企业文化塑造的过程中,还是在企业文化成功塑造后,企业管理者都应该自觉地把企业文化作为一种管理手段,运用到管理实践中去。在企业文化管理任务的执行过程中,我们要反复检验以确立企业文化的现实性和实用性,看企业文化有没有起到其应有的管理功能。同时,我们要对在企业文化管理过程中遇到的问题及时进行思考,并反馈到企业文化的塑造中,在企业文化的塑造和管理实践中努力完善企业文化管理功能,构建企业文化管理系统。

文化管理是企业文化的发展趋势,企业想要更好地发展就要进行更科学的管理,这就要求企业必须进行文化管理,企业向文化管理的跃进是企业战略发展的必然选择。建设企业文化的过程实际上就是企业向文化管理新阶段跃进的过程,这不是一朝一夕的事,需要通过文化建设构筑一个坚实的平台。总之,企业不能为文化而文化,文化与企业管理和经营实践不能"两层皮",文化管理需要更好地用新的企业文化理论、方法来指导实践,解决各种难题,使企业管理和经营实践真正成为企业文化建设的"主战场"。

第三节　不同行业企业的文化建设

一、农业企业的文化建设

农业是一个国家的根本,是国民经济的基础,是国家和社会生存与发展的基石。农业企业具有其独特的企业文化,因此需要对农业企业的文化建设进行研究分析。

(一)农业生产经营活动特点

农业的概念在现代社会得到了进一步的扩展和延伸。从狭义层面来说,农业是指农业生产业,包括植物栽培的种植业和动物饲养的养殖业;从中义层面来说,是指农业产业,包括种植业、养殖业和农产品加工业;从广义层面来说,它包括农业产业及为农业服务的其他部门,如农业行政管理、农业科研、农业教育、农业建设和农业金融等。一般说来,农业企业生产经营活动具有的主要特点有以下三点。

1. 生产、加工、销售一体化

农业企业从事经营活动的范围很广,实际上农业企业属于跨行业企业。农业企业不仅包括传统农业——种植业、养殖业,而且包括以农产品为对象的加工业。在当今产销一体化的市场经济条件下,农业商品流通业包含在农业产业之内正是题中之意,一个生产、加工、销售一体化的新型农业产业正在形成。目前,广大农村推行"公司+农户"经营模式所形成的生产、加工、销售一体化组织,更是产销一体化的广泛应用,或许成为有别于发达国家的农场模式、具有中国特色新农村建设的发展方向。

2. 经营模式多样性

在农业产业中,种植业和养殖业相互促进、相互依赖,这就要求农业企业必须在经营管理上与之相适应,一般都实行一业为主,农、林、牧、副、渔多种经营,全面发展,所以,现在已经很难找到单一的种植业或养殖业。比如,养殖业培育自己的饲料基地,就要在种植业上进行拓展;而种植业需要为自己的产品找出路,往往要在养殖业方面进行发展。显然,由于农业生产经营模式多样化,种植业与养殖业的相互渗透,形成了企业内部劳动产品与劳动对象的互换。

3. 生产作业季节性

从一定意义上讲,土地依然是农业生产最基本的生产资料,是农业生产的基础(这里并不否定渔业生产以水资源为主要生产条件)。因而,农业生产包括渔业生产在内都具有明显的季节性和地域性,劳动时间与生产时间具有不一致性,且生产周期较长。这仍然是当前农业生产最基本的特征。

(二)农业企业文化建设的建议

1. 正确理解企业文化

农业企业的发展迟于制造业发展,同样地,农业企业文化建设同制造业企业文化建设相比还有很大的上升空间。需要在坚持创新的同时,在进一步完善企业文化体系建设的前提下,针对企业文化概念的拿捏与表达这一问题,逐步缩小与制造业企业文化概念的差异,增强普适性,提升中国企业文化的共识。比如,德炎水产提出的"企业坚持",小康农业对"企业宗旨"表述的前后不一致,都是需要关注的问题。

2. 通过科研带动企业文化建设

科研是促进农业和农业企业发展的重要动力,是农业企业文化建设的一项重要内容。不论是作为民营企业还是国有企业,都应该加强对科研工作的重视,应该积极主动地与相关院校和科研机构合作,既引进科技人才,又共同研发产品,更重要的是在"校企合作"的同时引入了先进的企业文化理念,为企业文化更好地运用于企业管理以及企业的持续发展打下更坚实的"智力"基础。

3. 建立健全企业文化体系

建立健全企业文化体系对于任何行业的企业建设都具有同样重要的作用。我国现代企业文化建设虽然起源于制造业,但是在市场经济条件下,企业文化建设得到了包括农业企业在内的高度重视。在此社会背景下,农业企业文化建设得到了长足发展,一个健全的农业企业文化体系正在形成。

国有农业企业如此,民营农业企业也不甘落后。这从另一个侧面证明了企业文化在企业建设与发展中的作用越来越大,越来越充分。

二、制造业企业的文化建设

从某一层面来说,制造业是企业文化运用于企业管理的始作俑者。应该说,制造业企业文化建设的历史相对较早,企业文化水平相对较高,企业文化在企业管理中的作用发挥得相对较好。

(一)制造业生产经营特点

制造业在我国经济发展中具有重要作用。制造业是指将物料、能源、设备、工具、资金、技术、信息和人力等资源,按照市场要求,通过制造过程,转化为可供人们使用和利用的工业品与生活消费品的行业。制造业,作为国民经济的支柱产业,是我国经济增长的主导部门和经济转型的基础;作为经济社会发展的重要依托,是我国城镇就业的主要渠道和国际竞争力的集中体现。目前,现代制造业的主要特征体现在信息化、流程化、系统化和标准化四个方面。

1. 信息化

随着信息技术的发展,制造业企业的管理也呈现出信息化特征。在当前的大数据时代,企业发展到一定程度,就要有信息来支撑企业的发展,从而达到信息传递和信息共享的目的,从日本丰田公司的 TPS(Toyota production system,丰田生产系统)生产模式到及时生产,如果没有信息化的支持,这种变化就不可能发生;从 MRP(manufacturing resources planning,制造资源计划)到 ERP(enterprise resource planning,企业资源计划)系统管理,再到CRM(customer relationship management,客户关系管理),这些都需要信息技术的支撑。可以说,信息技术支撑了企业资源共享、知识共享、信息快速传递的活动。

2. 流程化

制造业企业流程化是指企业的流程化管理。现代企业是一个非常注重职能作用的部门,各职能之间必然存在共享边界——接口,随着现代制造业的发展,这样的接口会越来越不适应发展要求,有时会出现扯皮、推诿现象,或者大家都进行管理,或者大家都不管。因此,在很多企业出现了从职能管理到流程管理的趋势,也就是以某一产品或服务为核心来组织资源,从产品的源头到产品制造结束进行资源配置，从而模糊了职能的概念。

3. 系统化

企业管理系统化是现代制造企业的一个显著特征。用系统论的观点看，制造企业就是一个相对独立的系统，它的内外都会产生流量的交换，这个流量往往是指资源，包括物资流、时间流、资金流、人力流、信息流等的流动。现代企业管理一般都会作为一个开发系统，寻找合适的市场、最佳的资源配置，兼并重组，以尽快达到战略预期。

4. 标准化

标准化是现代企业的一个显著特征。从企业标准化的内容来看，首先是生产作业的标准化，包括国家标准、行业标准及企业标准，而且各个方面都有严格的规定；从流程作业标准化来看，包括通用的流程、互换性生产及柔性生产。

在现代企业中，流程的标准化方兴未艾，不仅有生产作业、流程作业方面的标准化，还有管理模式的标准化。从麦当劳、肯德基到一些制造业，管理模式可以复制，营利模式也可以复制，这都显示了一个最大的特征——标准化。标准化已成为现代企业的一个重要特征。

制造企业涉及的最典型的流程管理就是生产流水线，当前这种管理方式已经打破了职能的界限，而把各职能部门下放到了生产线上，以此来保证产品能够从进到出顺利地完成，这样，企业的组织架构就会发生很大的变化。在传统制造型企业中，层级化非常明显，而在现代制造业中，层级化的组织结构慢慢趋向于扁平化，从进到出都是围绕流程、围绕产品进行配置，组织架构层级越来越少，人员的角色也变得模糊，可能一人担任几项工作。

(二)制造业企业文化建设的建议

1. 重视产品质量文化

产品质量直接关系到企业的生存以及客户的生命与财产安全，尤其是对于制造业企业来说，产品质量文化的打造具有十分重要的意义。产品质量代表着一个民族的形象，影响着国家的国际社会地位。制造业是以向社会提供产品为主业的行业，产品质量直接决定企业的生存与发展。在企业文化建设中强化产品质量意识，重视产品质量文化建设已然成为我国制造业企业文化建设的共识。华为的"成就客户"，海尔"以用户为是，以自己为非"的"是非观"，一汽信守"争第一、创新业、担责任"的核心价值理念，践行

"承担车企责任,打造精品汽车",促进人、车、社会的和谐发展,无一不彰显出我国现代制造业重视产品质量文化建设的先进理念,同时也进一步塑造了企业以人为本的良好社会形象。

2. 有机结合引进与继承

文化是一个涉及广泛的概念,它既可以作为一个社会范畴,也可以作为一种历史概念。企业文化建设只有在不断地吸取先进文化理念的同时继承优秀传统文化,博采众长,才能使文化理念有广泛的社会基础与普适性,成为推动企业发展的重要力量。我国现代制造业企业文化的建设,非常注重引进国外先进的企业文化理念与管理思想,同时吸收我国传统文化,做到引进与继承相结合。一汽在企业文化建设中,同日本丰田公司合作,推广"精益"思想,引入丰田生产方式;海尔用"以仁为本"和"以人为本"构建企业的核心价值理念,就是对中国儒家文化"仁者爱人"与道教文化"贵人重生"思想的继承;一汽追求仁、爱、智、信的治企美德,就是对儒家"仁义礼智信"思想的传承与发扬。

3. 建立健全企业文化体系

制造业是工业时代最先发展的行业,制造业是现代企业文化的源头。从世界范围来看,日本是最早将企业文化运用于企业管理实践的国家,美国紧随其后,它们的应用基本上都是从制造业开始的,我国也是如此。所以,制造业企业文化的发展历史长于其他行业,为这一行业的企业文化建设奠定了较好的基础。良好的行业企业文化背景,为制造业企业文化建设水平提出了更高的要求。制造业企业文化一般都涵盖了企业精神文化、企业物质文化、企业制度文化和企业行为文化四个层次,而且特别重视精神文化。如海尔的精神文化包括发展战略、愿景和使命、核心价值观等;华为的精神文化包括愿景使命、公司战略和社会责任等方面,其中核心价值观又包括了愿景、使命、核心价值观等内容;一汽作为一家特大型国有企业,更加重视企业文化建设,它们的企业文化包括了核心理念、企业战略、企业精神、企业标识和旗帜,以及社会责任等诸多方面。

三、商业银行的企业文化建设

随着市场经济的发展,商业银行已经成为一大市场主体,因此,必须加强商业银行的企业文化建设。通过营造积极向上的企业文化,有利于自身的发展,同时也符合时代企业进行文化管理的潮流。作为经济的核心部门,银行业理应在企业文化建设方面起着领跑作用。

(一)商业银行企业文化建设的特征及主要问题

1. 商业银行企业文化建设的主要特征

(1)信贷业务是商业银行的主体业务。其企业文化又具有典型的信用文化的特征。

(2)商业银行是面向群众的窗口行业,企业文化具有服务文化的特征,必须与大众文化、农村文化、校园文化、民族文化等有机地融通。

(3)商业银行作为一级法人,统一法人的意志任务很重。对于企业文化建设的核心经营理念、企业精神和奋斗目标,各分支机构必须与总行保持高度一致,全体员工要富有团队精神。

(4)金融是经营货币的特殊行业,防范控制道德风险、经营风险的任务很重,风险管理是企业管理的主要形式。因此,商业银行的企业文化具有风险文化的特征。

(5)金融是现代经济的核心,金融企业的文化建设也必须融入社会主流文化。

2. 商业银行企业文化建设存在的主要问题

目前,很多商业银行在企业文化建设上存在一定误区,没有形成对企业文化建设的正确认识。很难认识到企业文化对于经营与管理、改革与发展的重要意义;片面地把企业文化建设与精神文明建设完全混为一谈,认为企业文化建设就是搞一些轰轰烈烈、热热闹闹的活动;想当然地把企业文化等同于员工的娱乐文化等,导致在行动上将企业文化建设与经营管理搞成两张皮。

(1)企业文化建设舍本求末。一些商业银行只是追求企业形象设计,一味地在视觉识别上做文章,将之作为企业文化建设的主要目标来完成,没有认识到企业文化建设的内涵。由于企业文化的普遍缺失,导致中国银行业权力腐败现象严重,不良贷款居高不下,人才外流现象突出,严重影响了中国银行业与外资银行的综合竞争力和自身的健康持续发展,在一定程度上加剧了金融风险。

(2)企业文化建设缺乏特色。现实中不少基层银行所搞的企业文化建设往往大同小异,缺少银行行业特色、缺乏商业自身个性、缺乏地域特色。

(3)企业文化建设没有形成合力。由于职工员工对企业文化的内涵掌握不准,理解不深,未能形成全员认同的企业价值观;企业文化建设,往往被看作是群众性组织的部门事务,业务部门常常觉得与自身不搭界而游离于企业文化建设之外。

(4)没有将企业文化建设作为长期行为。往往是说起来重要,忙起来次要,经营效益好时就想起搞一点所谓企业文化活动,效益差时就少搞,甚至不搞,缺乏对企业文化建设需要长期坚持不懈的认识。

(二)商业银行企业文化建设的基本原则

1. 坚持继承与创新相统一

不同的商业银行,必然会形成各自不同的历史传统,并逐步积累成企业文化,不同时期的企业文化的目标指向也必然会随之发生变化。因此,商业银行构建企业文化时,应坚持做到继承与创新相统一。

2. 坚持共性与个性相统一

从某种意义上说,不同的商业银行所共同面临的外部环境构成企业的共性,而商业银行自身的内部环境则构成企业的个性。一方面,企业文化要反映社会的本质特征和时代精神,用大文化指导小文化;另一方面,要有自身的独特个性和特色。

(三)商业银行企业文化建设的建议

1. 坚持规范经营,加强制度文化建设

(1)建立职工收入由劳动力市场供求关系、劳动生产率增长情况及银行经营情况来决定,采用与绩效挂钩的分配机制,充分发挥工资的激励作用。要围绕人本、诚信、创新三个方面打造企业文化,将个人追求与整个事业的追求紧密联系在一起,与企业的成长挂钩,而不是单纯的绩效挂钩。

(2)建立以内部审计和社会审计相结合的监督机制,进一步规范经营管理行为。

(3)建立科学的人事管理和考核激励机制。营造重知识、重人才、重业绩的用人环境,真正做到干部能上能下、人员能进能出、待遇能高能低。

2. 坚持与时俱进,建设具有自身特色的企业文化

(1)及时更新理念,打造新形势下商业银行的经营理念。以凝练的语言、生动的形象准确表达出有个性的银行经营理念。

(2)选择符合企业实际情况和建设目标的有效载体。诸如图书室、联谊

会、行服、展览厅、表彰大会、演讲比赛、庆典活动、新产品展示会等,都可作为企业文化建设的载体。

(3)必须加强战略创新、观念创新、产品创新、服务创新、管理创新、手段创新等,着力塑造银行的管理文化、信贷文化、产品文化、营销文化、服务文化、形象文化等企业文化体系。

(4)建设商业银行的家园文化。总体构想是:建设旨在为国家经济发展作贡献、报效祖国的"民族家园";为员工发展提供良好的环境和空间,把银行建成员工的"职业家园";用优质服务让客户宾至如归,给人以"家"的温暖,建成"客户家园"。

3. 坚持"以人为本",为企业文化建设创造良好氛围

商业银行建设企业文化,必须重视人的主体性,坚持以人为中心,建立先进的企业文化,就是要把管理的重心放在人这个基础之上,坚持把"以人为本"的思路贯彻在文化建设的全过程,尊重人、理解人、关心人、爱护人,最大限度地调动员工的积极性。只有这样,企业文化建设才能沿着健康的轨道发展。

(1)加强员工的教育培训。在培训方式、培训内容方面,可分层进行:对于领导干部层,要着重对政策、形势分析、管理艺术、国际同业先进的经营理念等方面进行培训,帮助其掌握主流趋势;对于客户经理层,要着重资讯汇集、营销学、投资理财、金融政策和法规的掌握以及银行新业务、新产品的了解和认识等;对普通员工层,着重要了解银行现阶段的发展状况及未来的发展方向、须努力的目标,学习现代金融工具和电子商务的应用、发展,银行资产负债比例管理的目标体系及其监控,财务报表的编制及分析等,努力打造"金牌"员工。

(2)加强员工的职业生涯设计和规划。企业要为员工的前途着想,才能体现企业"以人为本"的指导思想。在银行有三种职业前途可选择:管理型、专业型和操作型。而每一种职业,还有不同的等级。当每一个员工跨入银行的大门时,他都会被告知:他可能会有什么样的职业前途,而通过他的努力,在若干年后,他又会达到什么样的职位,这样,才能让每一位员工都有一个奋斗的目标,激发其努力实现人生价值。

4. 加强领导,为企业文化建设提供组织保证

(1)企业文化建设往往有一个调研、分析、摸索、提高的过程。应发挥先进典型的引领作用,以此培植员工价值观。

(2)建设企业文化是一项长远的战略任务,必须有重点、分层次,结合实

际,逐步推进。可根据企业长远发展战略目标,设计企业文化发展的模式框架,有步骤有组织地推进。

(3)总行企业文化建设方案拟定后,各地可根据本行实际情况予以补充完善,做到首尾呼应。

(4)必须把企业文化建设作为商业银行企业发展战略的重要组成部分来研究和实施。

(5)成立专门机构,应成立企业文化建设推广中心,设立各部门负责人组成的联席会议制度,对企业文化建设实施有效的领导和协调。

(6)将企业文化建设与年终考核、等级行政管理以及干部的晋级、提升等有机联系起来,使企业文化建设真正落到实处。

商业银行在市场经济中的作用越来越大,我们必须促进商业银行的健康发展,必须构建健康积极的商业银行企业文化。这就要求我国的商业银行文化建设必须体现在体系的完整和品牌塑造上,把人本文化、服务文化、风险防控文化和品牌文化作为重点来抓,凸显行业文化特色。

第五章　新时期传统文化、企业家与企业文化建设

企业作为社会系统中的一个子系统,总是要受到社会总系统的影响与制约的。社会系统中的文化环境,则是企业文化生长的土壤。我国优秀传统文化源远流长,为企业文化的孕育提供了丰厚的滋养。除此之外,企业文化在形成过程中会受到本企业领导者个人风格的重大影响,从而不可避免地带有领导者的品格特征。企业在培育企业文化的过程中,一方面要注意分辨传统文化的精华与糟粕,另一方面也要警惕领导者的自身障碍与短板,企业领导者是企业文化的缔造者,其道德观和道德修养直接影响整个企业的道德素质和道德风貌,指导着企业的文化和精神文明建设。领导者高尚的道德观不仅是个人领导力的核心元素,更是企业的独特经营优势,能够引领企业做出正确的决策,是保持企业基业长青的关键之环。

第一节　传统文化与企业文化建设研究

我国的传统文化经历了几千年的积累和沉淀,具有深厚的底蕴和广博的内涵,成为我国企业文化的肥沃土壤,也成为我国企业文化的个性来源。在当前最需要注意的是处理好我国文化与西方文化的关系。我们不能轻视本民族的文化智慧,要虚心学习传统文化中的精华,与企业的实践相结合,使其成为本组织、本企业文化创新的源头活水,提升文化软实力的战略资源。企业在国学培训中,应注意区分良莠,剔除糟粕,继承精华。

一、我国传统文化的精髓

美国前总统尼克松在《1999:不战而胜》一书中曾经指出:"当有一天,中国的年轻人已经不再相信他们老祖宗的教导和他们的传统文化,我们美国人就不战而胜了……"

习近平强调不忘历史才能开辟未来,善于继承才能善于创新,并明确指

出："要治理好今天的中国,需要对我国历史和传统文化有深入的了解,也需要对我国古代治国理政的探索和智慧进行积极总结。"为此,2014 年,教育部规定"四书五经"等国学经典将被纳入学生的课程学习教材。

总体而言,我国历史悠久,具有丰富多彩的民族文化。这些文化总体上讲是围绕以自然经济为基础、以家族为本位、以血缘关系为纽带的宗法等级、伦理纲常这一基本精神而展开的。在博大精深的中华民族文化传统中,其精华比比皆是,我们应该保留一颗谦卑之心,先虔诚学习,学到精髓后,再评价其糟粕。

(一)团体意识

在我国的传统文化中,家族团体主义是建立在等级制度基础之上的。在一个家族团体内,以家族利益为最高目标,追求家族利益的最大化,强调团体(整体)重于个人,个人无条件服从团体,强调家族内部以伦理关系为基础的和谐与稳定。这种文化固然有压抑个性、不利于创新和竞争的消极作用,但它作为一种持续了几千年的群体精神,对今天的现代化建设还是具有积极意义的。企业是一个相对封闭的系统,可以视同"一个小家族"。增强企业员工的"家族"观念,有利于企业形成团体凝聚力和竞争力,有利于重构人们以团体利益为重的团体精神。

事实上,我国的企业历来重视处理好国家、企业、个人之间的关系。强烈的爱国意识,对企业的高度认同,职工间的真诚友谊,爱厂如家,和谐共进,一直是我国社会主义文化的一大特色。我国最大的工业企业——鞍山钢铁公司的企业传统和企业品格是这样表述的:"对祖国的无限热爱,对社会主义事业的坚定信念;爱厂如家,忠于职守,把个人命运同企业兴衰连在一起的主人翁思想;为国争光,拼争第一,开拓创新,勇攀高峰的进取精神;识大体,顾大局,同心同德,团结协作的高尚风格……"这是中华民族重视伦理道德的传统在企业中的突出表现,这是我国企业文化内容中的优势文化。

(二)人本思想中的精神

人本思想在我国文化中大体包括三层意思。首先是把人看成天地万物的中心,深信价值之源内在于人心。孔子曰:"人能弘道,非道弘人",这与西方传统文化中以上帝和神为最高标准的神本文化截然有别。其次是强调"爱人"思想。孔子把"仁"作为其学说"一以贯之"的唯一原则和最高道德标准,而"仁"的内涵就是"爱人",强调从无私的动机出发,舍己利人,舍己爱人。最后是人只要努力,皆可成才。孟子云:"人皆可以为尧舜"。这种人本思想是现代企业以人为中心的管理的文化基础。

(三)和谐思想

我国文化中的和谐思想源于中庸之道和天人合一观。中庸之道于人们追求创新、竞争不利,天人合一观于人们改造自然、向自然索取不利。如天人合一思想,提倡人与自然要和谐,做事要顺应自然规律,使人与自然一体。"和为贵"是我国几千年历史中处理人际关系、民族关系、社会关系的传统原则,用求大同、存小异的办法,协调社会各部分人的利益和要求,达到整体的协调、和睦,是我国社会长期稳定的重要文化支柱。如中庸之道,主张人与人要和谐,讲"仁""爱""诚","中和"待人,处理人与人之间的关系要不偏不倚,不说过头话,不做过头事,把握事物要有"度"。在处理文臣武将关系中的"将相和",在处理民族关系中的"和亲",以及在为政治国中的"天时不如地利,地利不如人和",都是"和为贵"原则的具体运用。再如,故宫三大殿——"太和殿""中和殿""保和殿",以及皇家花园——"颐和园"的命名,也无不与这"和"的文化有关。这种和谐的思想深深影响着我国人的为人处事方式。

我国改革开放之所以能够取得成功,在方法论上得益于稳扎稳打、渐进式的操作。这正是"取两用中"的中道,即兼顾不同因素,兼顾不同利益,进行合理的统筹。改革开放在一定意义上讲是社会各部分人之间利益的再分配、再调整,然而改革开放需要一个安定团结的内外环境,首先要求政治上的稳定;改革的目标也是要求得国家的长治久安,社会主义长期稳定的发展。我们只能在稳定中求改革,以改革和稳定求发展。因此,"和为贵"的传统原则,在处理各个民族、各个地区、各个部门、各个企业事业单位,处理社会上各部分人之间的矛盾冲突中,仍不失为一个正确而有效的原则。

(四)求实精神

我国文化有玄虚蕴奥、重言轻实的一面,但其中也表现出很强的求实精神。这在我国的儒家、道家及法家文化中都有体现,如儒家的经世致用、道家的"无为"之中蕴含的"无不为"、法家的奖励耕战等。求实精神主要表现在:一是积极入世的人生态度,重视人生理想,也重视现实;二是朴实无华的民族性格,经商、治学都讲究脚踏实地和扎扎实实。当然,这种求实精神的形成也受封建统治推行愚民政策因素的影响。在封建统治下,广大农民在政治上被排斥,个人尊严受到压抑,只能把注意力集中到如何生存的"实际"上来。因此,传统文化中的求实精神的内涵不可能与现代企业所要求的求实精神完全吻合,但它作为一种长期养成的文化传统,对企业文化的形成和发展是有积极影响的。

(五)爱国主义精神

古代社会存在着黑暗、蒙昧、剥削、专制的一面,因此中华民族不断产生改变这一切的思想和理想,不断涌现出"为民请命""先天下之忧而忧,后天下之乐而乐",力求"富天下、强天下、安天下"的民族英雄和仁人志士。数千年的历史演变形成一种追求自由、反对剥削、为国图强的爱国主义传统,尤其是在中华民族遇到危难之时,这种爱国主义又激发出巨大的凝聚力、向心力和民族责任感,激励着中国人世世代代为保卫祖国、变革图强、追求社会进步而献身,也成为现代企业的精神支柱。

正是这种积极的人生态度,几千年来激励着中华民族在艰苦的环境中,创造了灿烂的古代文化,锤炼出自尊自强的民族精神。改革开放 40 年,当代中华儿女创造出经济飞速崛起的人间奇迹,并正为实现中华民族的伟大复兴而团结奋斗。这种精神极大地影响着我国的企业文化,从 20 世纪 50年代的"孟泰精神",60 年代的"铁人精神",到 80 年代的"二汽精神",90 年代的"海尔精神""长虹精神""联想精神""东汽精神"等,都贯穿着一条主线——不怨天,不尤人,发愤图强,艰苦创业,勇于创新,无所畏惧。这些构成了我国企业文化拼搏向上的基调。

(六)吃苦耐劳、勤奋自强的性格

中华民族以农立国,数千年来一直在这片土地上繁衍生息,辛勤劳作,不仅形成了劳动人民淳朴务实的精神,也锤炼出劳动人民勤劳勇敢、吃苦耐劳、忍辱负重、自强不息的民族性格。在历史上,我国的农业、手工业曾领先于世界其他各国,科学技术的成就也十分显著,指南针、造纸术、火药、印刷术等四大发明对世界文化的发展做出过卓越的贡献。还有我国数千万海外侨胞,他们远离故土,白手起家,艰苦奋斗,在世界和中华民族史上写下光辉的篇章。这些都是我国人民吃苦耐劳、勤奋自强性格的真实写照。与吃苦耐劳、勤奋自强的民族性格相联系,我国劳动人民把勤俭视为美德,把浪费看成是不道德的。他们注重财富的积累,节约观念极强。

二、我国传统文化与东亚管理文化

我国文化与我国当代企业的管理观、企业文化逐步走向融合。我国传统文化中宗法组织形态的家国主义观,决定了中国企业的领导管理观包括权威主义与道德主义两种。其中,权威主义的领导管理观,强调集权与专权、上下级的权力距离,以及仁慈与教诲;道德主义的领导管理观,则倡导领导管理者个人的品德与影响力,以及重视下属的品德评价。

与东方文明一脉相承的儒家文化,几千年来在我国和邻近的东亚各国产生了根深蒂固的影响,它塑造了东亚人民的思维方式和精神气质,也规范着东亚人民的言行举止与风俗习惯。儒学内涵博大精深的管理智慧,特别是它饱含以人为中心的人本主义思想,为现代管理提供了源头活水,但是众所周知,管理归根到底是人对人的管理,经济管理(具体到企业管理)也不例外。儒家文化特别强调对人的生命存在的承认和尊重,以及对人的精神风貌的塑造与改善。这种思想是一种具有实践性内涵的、世俗化的人生哲学,将它运用到企业管理中就是强调人是企业管理的根本,管理者应该严于律己、以身作则、言传身教;被管理者应该克己奉公、兢兢业业、实现自我,从而达到上下同心,向着既定的目标努力。这种以人为中心的管理模式在东亚经济建设中发挥了重要的作用。具体而言,对于这种影响可做如下几点分析。

(一)义利并举、义以生利的价值观念

价值观是人所独有的,儒家将价值观的问题论述为义与利的关系问题。儒家是重义的,孔子说:"君子喻于义,小人喻于利"①,"不义而富且贵,于我如浮云"②。孟子也曾对梁惠王有过"何必曰利"③的劝谏。可见,在义与利的权衡之中,儒家认为义应该首先被考虑,它是衡量利之取舍的标准,作为君子应该深明大义,但这并不是说儒家就不重视利。孔子也曾说过:"礼以行义,义以生利,利以平民,政之大节也。"④他认为义可以产生利,只要符合义的要求,就可以追求利,甚至将这条原则上升为治国的根本要义。孔子自己也表示:"富而可求也,虽执鞭之士,吾亦为之。"⑤如果追求利益的行为是合乎道义的,即使是做马车夫,他也会乐意去做。可见,孔子对人们追求利益的行为是持肯定态度的。在后来的儒家思想中,大都坚持义利并举的原则。

真正成功和有远见的企业家在价值观问题上从不会含糊,因为这关系着整个企业的经营目标和导向,是经营管理中首先要解决的问题。一生曾创办了600多家大型企业、被誉为"日本工业之父"的涩泽荣一就认为,儒家思想不仅重视义,而且强调利,二者是不可偏废的。他对我国的儒家经典著

---

① 论语·里仁
② 论语·述而
③ 孟子·梁惠王上
④ 春秋左传·成公二年
⑤ 论语·述而

作《论语》和我国运算工具算盘十分推崇,并以"论语与算盘"为题著书立说,阐述其中的精义。他认为,《论语》代表义,而算盘代表利。在经济管理运行中,既不能重义轻利,也不能重利轻义。具体说来,它包括两个方面:一方面,他认为儒家的仁义与"货值富贵"是并行不悖的,这正如孔子所说:"富与贵,是人之所欲也;不以其道得之,不处也。"①这是说人有富贵之心是正常的,"但一定要符合礼义道德规范。另外,追求利益之所以要符合仁义,是因为"放于利而行,多怨"②。也就是说,如果任由求利之心无限发展,不顾仁义道德,就会产生矛盾和不良后果。比如一家大企业如果唯利是图,对小企业进行兼并压制,垄断市场,势必会引起小企业的强烈不满与反抗。这样小企业反过来生产低劣产品,假冒大企业的产品也就不足为怪了。因此,建立一种企业伦理,不管具体内容如何,总离不开义、利两途。

在现代社会市场经济高度发展的情况下,利益是调节人们经济活动的主要杠杆,"何必曰利""义以生利"的说法似乎已经不合时宜,但是不可忽视义在调节人们的经济活动中应有的地位。说到底,义与利并无必然对立性,义也是一种利,只不过不是某一个人的利,而是一种整体的利,或称"公利"。强调义,即强调应该将整体的利放在首位,对于私利的追求应以不损害公利为原则。从短期效果来看,制造伪劣商品欺骗顾客可能使企业获取暴利,但这种破坏公众利益的行为必会使企业的声誉和形象一落千丈,到头来只能被消费者冷落,被市场淘汰。从长远利益看,以义(公利)为先可能会使企业暂时损失一定的利益,但其公益行为必能为企业营造一个良好的舆论环境和经济环境,从而开辟出广阔的发展前景,这对于企业实在是有百利而无一害的。孔子说:"毋欲速,毋见小利。欲速,则不达,见小利,则大事不成。"③急功近利、见小利而忘大义的行为无异于拔苗助长,欲速反而不达。"义以生利"正是在这个意义上得到阐发。

(二)群体至上、克己奉公的工作作风

有人开玩笑地说,如果你问一个美国小孩:"你父亲是干什么的?"他会告诉你他的父亲是医生或律师,而同样的问题如果对一个日本小孩发问,他可能会自豪地告诉你"我父亲是松下的"或"我父亲是本田的"。这个例子生动地说明了在东亚社会圈中(当然不仅仅是日本),人们从小就受教育并培养出一种对群体的归属感和责任感,形成一种群体至上、克己奉公的工作作

① 论语·里仁
② 论语·里仁
③ 论语·子路

风,而这正是形成企业凝聚力和向心力的关键,是激发企业生机与活力的源头活水,但是这种作风有时并不为西方人所理解。日本人堪称世界上工作日最多而休息日最少的工作狂,他们习惯于主动提前上班,并且推迟下班时间,自觉加班工作而且任劳任怨,这在西方人看来是不可思议的。

(三)以人为本、以和为贵的人际关系

搞好企业的经营管理需要有一个和谐的人际环境。在这一方面,东西方有着明显的差异。西方的唯理性主义总是把人视为物、视同机器,因此就有了如何进行管理控制以及如何规划人的行为等一系列问题。这种观念在当今的管理过程中产生了严重的弊端,而且与东方的文化传统格格不入。因为东西方对此问题有不同的理念,所以西方的许多管理方式难以为东方人所采纳和接受。在西方,人与人之间隔着一个上帝,个人只对上帝负责,这便造成了人与人之间的隔阂。在儒家文化浸润中的东亚社会,神灵的支配力量远不如现实人生哲学的指引,人们更注重的是人与人之间的情感交融和忠信和谐。

儒家以人为本,重视人际关系是毋庸置疑的。仁学是孔子学说的核心,"仁"字在不同的地方可以表述为不同的含义,但它始终离不开"人",总是和"人"的问题联系在一起。儒家经典著作《中庸》说:"仁者,人也。"这样就将"仁"和"人"界定为同一含义。更有学者考证,"仁"字的古字是"人"和"二"的联合体,就是从人与人之间的关系出发考虑问题,也即用来协调人际关系。在此意义上,可以说仁学是以人为本的一门人际关系学。

因此,处理人际关系的准则是"和"。儒家认为:"礼之用,和为贵"①,"君子和而不同,小人同而不和"②。"和"是协调一致的意思,如同奏乐时,不同的音调高低相和、错落有致才能合成一首美妙和谐的乐曲,而"同"则是盲目强求一致,如同只有一个音调难以谱成乐章一样。和与同是要严格区分的。在一个群体中,各人担当着不同的角色,思维方式与言行举止不可能完全相同,但是如果每个人都能做到"躬自厚而薄责于人"③,即严于律己、宽以待人,做到"己欲立而立人,己欲达而达人"④,"己所不欲,勿施于人"⑤,即将心比心,推己及人,这样就可以建立和谐的人际关系。

《中庸》又将"中庸"表述为"中和"。在政治管理上,中庸的做法就是尊

① 论语·学而
② 论语·子路
③ 论语·卫灵公
④ 论语·雍也
⑤ 论语·颜渊

重贤人、亲爱亲族、恭敬大臣、体谅小臣、爱护平民、召集百工、安抚远人、取信诸侯。总而言之，中庸就是恰如其分地处理好君臣、父子、夫妇、兄弟、朋友等之间的关系，使人际关系和谐、社会安定。这种思想对于经营管理有很大的启发。

西方人谈做生意的诀窍，会十分重视地理位置。在他们眼中，地理位置是经济发展的关键。而我们的亚圣孟子却在两千多年前说出了一句名言："天时不如地利，地利不如人和。"①在战争中，天时、地利、人和是运筹帷幄、决胜千里的充分条件。商场如战场，在经营管理和市场竞争中，也只有占据天时、地利、人和才能把握先机、无往不利。孟子睿智地把"人和"摆在最高的位置，可见在管理活动中，人的问题、人际关系的和谐问题是起决定作用的。

在以人为中心的管理大趋势中，儒家以人为本，以和为贵，强调人际关系协调的管理思想确实比西方唯理性主义的科学管理方法和技术更适合于东方社会的管理需要。

(四)取长补短、兼收并蓄的实用理性

从文化的角度分析，东亚经济上的成就和管理上的成功，与其善于取长补短，吸收外来文化，具有兼收并蓄的包容能力有着极其密切的关系。东亚的崛起，主要因为它是善于吸收外来文化的智者。日本可以说是世界上最善于吸收外来文化的民族。日本历史上没有什么重大的发明和发现，本国资源相当匮乏，因此，在很长的时期内日本大大落后于世界上的先进国家。但是日本历史上有三次大规模吸收外来文化的活动：①公元7世纪，遣唐使来华及其后的"大化革新"，缔造了一个融合大唐文化的日本式封建文化体；②19世纪下半叶，明治维新运动创造了一个融合欧美文化的日本式资本主义文化体；③战后日本在美军占领的情况下实行的一系列改革及其对美国文化的吸收，创造了日本式的现代资本主义文化体。日本对外来文化进行自主性的移植和创新，吸收、改造和融合先进文化而自我更新，使自身迅速跨入先进文化的行列。从某种意义上说，日本文化是东方儒家、佛教文化、西方文化的融合体，除去外来移植的文化，日本自己的文化就所剩无几了。

儒家文化并不是独断和唯我独尊的，只是从董仲舒提出"罢黜百家，独尊儒术"的主张，将儒学上升为官方意识形态之后，儒学才笼罩上了独断主义和权威主义的迷雾。两千多年来（特别是在清朝），我国很大程度上吃了保守独断和盲目自信的亏，以致贫穷落后的状况长期以来未能有很大的改

---

① 孟子·公孙丑下

观。改革开放 40 年来我国经济的迅猛发展，正是打开国门，吸收外来优秀文化的结果。

（五）道法自然、无为而治的管理哲学

"人法地，地法天，天法道，道法自然"，这是老子在分析研究了宇宙各种事物的矛盾，找出了人、地、天、道之间的联系之后，所作出的论断。这里的"自然"指的是事物发展的客观性，"道法自然"就是指"按客观规律办事"，此乃道的本质。

依据"道"的理念看世间万事万物，其生长、发育都是自然而然的事。天地万物如此，人的思想行为方式也应该如此。人要按照"道"的"自然"和"无为"的本性，保持"清静无为"状态，因此道家提出了一种管理哲学——"无为而治"。这里所说的"无为"，不是说什么事都不做，而主要是指处事不以个人的主观意志代替客观规律，积极引导其自然发展，最后达到水到渠成的目的。"无为"即尊重世间万物各自发展的规律，"道法自然"，从而达到"无不为"的境地。

《道德经》中把国家管理状况分为三个等级：最好的是"不知有之"，老百姓不知道统治者的存在；其次是"亲而举之"，老百姓感觉到统治者和自己很亲近，主动推崇；再次是"畏而辱之"，统治者以凶残的手段威迫百姓，老百姓对统治者畏惧和批评。这三个等级是不同管理方式所形成的结果，"不知有之"正是"无为而治"取得的结果。

"无为而治"不能理解为消极无为，恰恰相反，它的目的是"无不为"，以"无为"的手段达到"无不为"的目的。

老子曰："我无为而民自化；我好静而民自正；我无事而民自富；我无欲而民自朴。"[①]这里，君的"无为"，导致的是民的"有为"（自化、自正、自富、自朴）。也就是说，放手让民去"有为"，不乱干预，就会事半而功倍。这才是"无为而治"的本意。这在黄老道家代表作《吕氏春秋》中"无智，故能使众智也。无能，故能使众能也。无为，故能使众为也"等说法中得到证明。

历来将"无为而治"看作是道家的主张，而这四个字首先提出来的却是孔子。子曰："无为而治者，其为舜与？夫何为哉？恭己正南面而已矣。"[②]《大戴礼记·王言》中，子曰："昔者，舜左禹而右皋陶，不下席而天下治。夫政之不中，君之过也，政之既中，令之不行，职事者之罪也。明王奚为其劳也！"《新序·杂事》曰："故王者劳于求人，伏于得贤，舜举众贤在位，垂衣裳，

---

① 道德经
② 论语·卫灵公

恭己无为而天下治。"正因为舜能任用禹、皋陶等贤臣,才能够"不下席而天下治"。故而儒家无为而治的含义在于任用贤才,充分授权,众贤有为,则君可无为。

这种无为而治的管理哲学,在我国历史上影响深远。远古的舜,汉初的"文景之治",唐朝的"贞观之治",都是无为而治的典范。如唐代李世民选择"清静无为"的思想作为治理天下的指导方针,坚持"以静养民"的治理方略,造就了"贞观之治"那样稳定而又繁荣的局面,也不是什么事都不做,而是对外不侵略,对内不扰民,不加重百姓税负,让百姓休养生息,才出现"无为而治"的效果。

在当代我国,许多企业家把"无为而治"奉为管理的最高境界。在文化管理模式中,企业凭借优秀的文化,以及成功的"以文化人",各级管理者和普通员工各司其职,自觉主动地按企业的要求去行动,做到上下同欲,众志成城,主要领导者就可以做到"无为而无不为"。

三、企业经营过程对传统文化的吸收和发展

今天的世界正在朝着经济全球化、信息网络化、知识社会化、人口城市化、货币电子化、人才国际化发展,经济转型时期,我国企业也在进行制度的变化、生产方式的变化和经营管理的变化。对于正在发展市场经济的我国和参与全球经济竞争的我国企业来说,为应对新经济时代企业与管理所面临着的多项知识经济的挑战,一方面,应以现代企业制度为基础树立正确的经营理念;另一方面,学习传统文化,吸取精华,对提升我国经济发展水平和提高企业竞争力,同样具有积极意义。儒家文化的价值观中既具有节俭、勤勉、敬业等因素,又拥有西方文化所没有的和谐、仁爱、诚信、重义轻利等内容。

(一)忠孝观的变化

忠孝观是我国传统文化,特别是儒家伦理思想的核心观念之一。孙中山先生就曾对传统的儒家忠孝观对社会发展的积极作用给予充分肯定,认为"要能够把忠孝二字讲到极点,国家便自然可以强盛"。在他看来,只要人们都尽忠尽孝,我国就可以迅速发达,迅速走向强盛。孙中山的忠孝观是一种崭新的忠孝观,具有民主主义思想,符合时代潮流,代表了人民的利益,代表了中华民族的利益,值得充分肯定。在我国社会转型的今天,作为一种传统美德和理想化的人文伦理的体现,在社会主义新时期忠孝观念并没有被人们所抛弃,相反开始发挥新的作用,成为建设和谐社会、提升企业管理水

平的重要标志。

在我国当代企业,特别是中小民营企业中,多是家族式管理的企业。受到传统宗法、家庭观念的影响,这种管理模式把人分成外人和自家人,只信任与自己有亲缘关系的人,或通过在员工中推行家庭人伦观念将生人变成熟人后再管理,对运用制度和理性管理比较陌生等。在传统忠孝观思想的影响下,家族式企业中管理者(老板)和员工(雇用者)在感情上存在着"主恩图报"的思想。家族企业的人际关系靠亲情维系,但亲情的辐射范围有限,当企业做大时,管理成本反而会增高,在企业实现代际转移时存在分崩离析的风险。

如果企业内部存在建立在平等基础上的忠孝观,则情况会大不相同:一是员工稳定且很少流动,因而人力资源开发投资少,员工培训成本低,且能确保员工的整体素质高。二是职工对企业的依赖性强,企业有较强的凝聚力。员工有爱厂如家的主人翁精神和责任感,因此在建厂初期和企业处于困境时,能提高企业的耐久力和抗风险能力。三是内部人际关系和谐。平等基础上的忠孝美德讲求以情动人,以行感人,以德服人,领导用职位权力较少,用个人权威较多,因而劳资矛盾冲突少,企业的人事纠纷少。因此,我国现代企业也应大力弘扬忠孝观,将传统亲情文化和西方理性文化结合起来,将情、理、法综合运用于管理之中,形成积极向上的、基于平等基础上的忠孝观的企业文化,充分调动、发挥员工的积极性、自主性和创造性,增强组织的向心力和凝聚力,使整个组织充满活力地向前发展。

(二)义利的协调

在市场经济环境下,利益是调节人们经济活动的杠杆。改革开放以来,随着市场经济的深入发展,在物质条件大幅改善的同时,利益冲突也日益加剧。一些企业在经营管理中一切以利润为中心,一再冲破道德伦理底线,不断生产各类假冒伪劣商品,甚至有些企业为了利益罔顾消费者的安全。例如,近年一系列的食品安全事件,反映了部分企业在经营过程中义利失衡、唯利是图的错误观念。

儒家思想的义利观认为,在义与利的权衡中,义是衡量利之取舍的标准。义为利之先,与市场经济中企业追求经济利益并不矛盾。因为儒家哲学并不是不重利,只要符合义的要求,就可以追求利,义可以产生利。义与利并不是对立的,义从根本上说,是一种整体的利,是公利。企业经营要涉及各方面的利益关系,其利益相关者有股东、债权人、经营者、职工、消费者等,这是企业要兼顾的公利。我国企业要做百年品牌,就要兼顾各方面的利益,有长远眼光、仁者情怀。仁者无敌,没有精神指引的企业难以走远。要以利为先,就是强调企业的经营必须以公众利益为先,在符合公众利益的前提下追求利润,合法经营。急功近利、见利忘义无异于揠苗助长,最终结果是消费者的不信任和企业经营的失败。

(三)多元文化的综合发展

企业在经营过程中对传统文化的吸收必须具有辩证的观点,避免片面化,在学习借鉴传统文化价值时要特别注意多元化的综合发展。儒家文化是东方文化的代表,强调内在的和谐与统一,主张"和为贵"。它所倡导的"齐家先修身,治国先齐家"的整体主义思想对现代企业经营管理具有重要的借鉴意义。只有重视企业内部"人"的因素,才能发挥企业整体团队的优势,实现企业经济效益与社会效益的平衡发展。老子主张的是一种顺其自然的、授权的和宽松的管理方式,这也是一种哲学理念,会对企业组织管理起借鉴作用;法家主张"法治",反对"人治",特别强调管理制度的建设,倡导法家的精神:不要把企业持续经营的基础寄托在个别的领导人的英明之上,而应建立在一套廉明、公正的组织规范和平等客观的标准之上,即唯有健全合理的制度,才能为企业带来稳定性,并使企业持续成长,这也可以说是一种企业的法制文化。我国古代的《孙子兵法》在领导的作用、方法、环境及领导者的素质等方面的精辟见解对于现代的企业管理有重要的借鉴价值。然而,在企业管理的理论研究和具体实践方面,西方国家却走在了前面,因此,我国企业文化创新必须借鉴和吸收西方优秀企业的管理成果。美国对企业文化中以人为本的企业理念的重新认识,揭示了东西方国家不同民族文化传统背景影响下的企业文化,具有横向借鉴和沟通的必要与可能。我国在企业文化创新中也只有通过这种比较才能更好地认识自己,创造新的我国特色的企业文化。总之,现代我国企业的经营管理在借鉴西方先进的企业文化理论的同时,要更加深深扎根于中国传统文化的沃土之中。

管理学家德鲁克指出:"管理是以文化为转移的,并且受其社会的价值观、传统与习俗的支配。"随着我国社会、经济、文化等各方面的剧烈变革,我国企业文化变迁,即整个企业组织范围内的文化整体转换,或者说,一种文化的基本假定或组织意识形态或共享的意义内涵的转变,必然会跟随时代的变革而产生并不断演变。如上所述,一方面,市场竞争机制对我国企业的经营价值观产生了重大的影响,促使以效率、质量和服务等元素为核心的新型经营价值观日益主导了企业的经营管理,并逐步演化为企业文化的重要组成部分;另一方面,立足本土、走向世界的我国企业同样注重对根植于我国五千年文明历史中的我国传统文化精髓进行吸收、传承和发展,并涌现了一批成功融合西方现代管理理念和本土传统文化精华的优秀企业。

第二节 企业家与企业文化建设研究

如果把企业比喻成一艘在大海上航行的轮船,那么企业家就是指挥船只行进方向的船长。企业家通过个人的思想、行为无时无刻不影响着企业的活动及其结果。企业家与企业相伴而生,企业家精神与企业文化不可分离。通常认为,企业文化的初期阶段就是企业家精神的直接体现,作为企业文化的重要来源,企业家精神直接影响企业文化的发展路径。

一位研究海尔问题的专家曾经指出,海尔文化实际上就是张瑞敏本人人格和智慧的外化。风行一时的《联想为什么》一书的作者陈惠湘在回答记者提问时也说:"可以说,没有柳传志就没有联想。"以上这些说法,虽然有值得商榷之处,但从总体上来讲,都道出了企业家在企业文化形成和建设过程中至关重要的作用。

一、企业家精神

(一)企业家精神的定义

企业家精神是市场经济社会商业文化的主调,是珍贵的文化资源,它在构建企业文化中有独特的地位。企业家精神既是企业家个人素质、信仰和行为的反映,又是企业家对本企业生存、发展及未来命运所抱有的理想和信念。从内涵上讲,企业家精神是一种内在的精神气质、一种思想形式与驱动智慧运用的意识形态,反映企业家这一特殊群体所具有的心理状态与内在活力。同时企业家精神还具有强烈的动力外化性质,例如创新精神、冒险精神、追求卓越、合作诚信等均为企业家精神的核心气质与显著标志,并会转化为企业家经营管理活动中的智力支持与精神动力。

造就一大批优秀的企业家是我国经济发展的迫切需要,也是我国促进民主法制建设和社会整体进步的需要。这种需求已经变得如此强烈,以至于整个社会都感受到这种缺位所带来的巨大压力,我国呼唤企业家。事实上,特定职业与特定的素质要求是不可分的。企业家是以企业管理为职业并成为其中优秀者的人才。因此,企业家就是从事企业管理职业并具有相应素质要求的人。企业家不仅是一种职务,更是一种素质。如果不具备这种素质就不是真正的企业家。

（二）企业家精神的特质

影响企业家精神形成的因素有很多，其中最重要的因素一般认为有以下四种：①文化环境。文化是一种群体思维模式。不同的文化背景会赋予企业家不同的价值观和行为方式。历史悠久的中华民族孕育了企业家吃苦耐劳、团结奋进、任劳任怨的品格和博爱包容的胸怀。②时代精神。企业家精神带有鲜明的时代烙印。在体制转轨时期，物质条件较为艰苦，培养了企业家艰苦奋斗的精神。改革开放初期，"摸着石头过河"的经验激发了企业家的创新和冒险精神。新时期全球经济的大融合趋势，培育了企业家广纳百川的智慧和胸怀。③社会政治经济体制。我国的企业家阶层是政治经济体制改革的产物。改革开放之前，企业家精神在传统文化的束缚之下几乎没有发挥空间。改革开放以后，企业真正走向市场，残酷激烈的市场竞争使企业面临巨大的挑战和压力，激发了企业家的创新和开拓精神。④家庭和企业家自身特质。虽然俗语云："时势造英雄"，但机会只会垂青那些有准备的人。当社会环境具备时，企业家精神更多地来源于企业家自身的家庭教育环境和自身秉性。具体来说，企业家精神主要包括以下几个特质。

1. 独具慧眼的创新精神

熊彼特关于企业家是从事"创造性破坏"的创新者的观点，凸显了企业家精神的实质和特征。在市场机制下，只有稀缺的东西才具有交换价值，生产者或经营者才能从中获取利润。稀缺性原则要求创造性，要求与众不同的产品或服务，这与企业的根本目标是一致的。创新意指任何一种有价值的改进，可以是技术，可以是硬件软件，可以是管理服务，也可以是一种新的规则，甚至可以是一种独特的标识、标记。创新首先需要个性，培育创新精神是一个不断努力的过程。一个企业最大的隐患，就是创新精神的消亡。创新精神之于企业家，就是在企业经营管理中根据企业自身的情况敢于创新、敢于竞争、敢于决策，最大限度地发挥自己和员工的创造力，并成功地运用到经济生活中去。进取精神是一种志存高远、勇于攀登的精神，是一种坚定敏锐、孜孜以求的精神。在市场竞争异常激烈的今天，只有发展，只有不断进取，才是根本的出路。所以，具有创新精神的企业家更像一个充满激情的艺术家。

创新思维，指对事物间的联系、事物的属性及本质的思考是以前所未有的、富有创见的方式所进行的思维活动。管理学家彼得·德鲁克说："在这个要求创新的时代中，一个不能创新的企业注定是要衰落和灭亡的。对创新进行管理，将日益成为企业管理层，特别是高层主管的一种挑战，并将成为其能力的一种试金石。"从苹果计算机到苹果手机,史蒂夫·乔布斯笃信"领袖与跟风者的区别就在于创新",用创新思维为苹果公司文化注入了灵魂。阿里巴巴创始人马云具有很强的创新思维能力,以免费战略、支付宝模式、阿里旺旺等一系列渐进式创新打造了世界电商巨人,并把"拥抱变化——迎接变化,勇于创新"作为公司的核心价值观之一。2011年马云在清华大学演讲时谈及创新,认为首先要"独立判断","创新不是与对手竞争,而是跟明天竞争","真正的创新一定是基于使命感"。

2. 敢担风险的开拓精神

汪丁丁指出,企业家处理的情况是完全没有出现过的崭新的情况,是具有"不可重复性"的那种不确定性,不是可以用概率分布来描述的那种"风险"不确定性。坎迪隆和奈特两位经济学家,将企业家精神与风险或不确定性联系在一起。没有甘冒风险和承担风险的魄力,就不可能成为企业家。企业创新风险是二进制的,要么成功,要么失败,只能对冲不能交易,企业家没有别的第三条道路。这种精神是企业家的内在品质。在科学技术迅猛发展、社会生产力迅速提高、市场竞争愈演愈烈的社会中,企业经营管理每时每刻都充满各种风险,如投资风险、市场风险、技术开发风险、财务风险、人事风险等,企业家正是靠这种精神驱动,才敢于面对各种风险,承担风险,善于在风险中寻找机会,抓住机遇,开拓前进。

企业家在经营中敢于竞争,超越他人。在经济全球化的环境里,企业资源配置远远冲破国别界限,转向区域化和全球市场,国际性市场竞争愈演愈烈。优秀的企业家能以特有的世界目光,面向世界,积极投身于国际竞争舞台,扬长避短,发挥优势,在世界市场上争得一席之地。

3. 谋取共赢的合作精神

正如艾伯特·赫希曼所言,企业家在重大决策中实行集体行为而非个人行为。尽管伟大的企业家表面上常常是一个人的表演,但真正的企业家其实是擅长合作的,而且这种合作精神需要扩展到企业的每个员工。竞争与合作是一对不可分割的矛盾统一体,都是利益关系的调节方式。竞争是动力,合作是方向。合作就是把各家的优点和长处综合起来,把力量集中起来,以达到优化资源配置的目的。合作是一种开放的姿态,是善于吸收外部经验,是一种宽容精神。正如阿瑟·寇尔所说,作为一名真正的企业家,他不仅能够通过创新来为经济单位创造财富,从而扮演一个成功的经济角色;更重要的是他能够通过与非经济机构如慈善机构、教育机构及文化机构之间建立积极的互动关系来成功扮演一个成功的道德角色。所以,如果说企业是一个有机体的话,企业家就是这生命世界的领导者,只有全身心地合作与协调,才能柔性地面对多变的环境。

在企业内部企业家要具备尊重人才的宽容精神。企业家在管理过程中具有强烈的人本观念,尊重人、相信人、依靠人,以宽容的精神待人,即能以真诚、友善的态度对待员工、顾客、合作者以及社会其他公众。宽容精神还表现在对下属工作失误的宽容,以及对员工个性及缺点的宽容等。企业家的宽容精神是企业汇聚良才、产生内聚力和吸引力、实现事业创新的重要因素,也是企业赢得社会信赖,不断走向成功的重要条件。

4. 真抓实干的敬业精神

敬业精神是企业家必备的精神品质,也是构成企业家精神的重要支柱。企业家的敬业精神体现在以下四个方面。

(1)忧患意识。企业家是永不满足于现状的,总是以高昂的士气积极进取,具有向更高目标挑战的雄心壮志,这是所有成功企业家的共同特质。企业家若缺乏或失去了这种精神,必然安于现状,畏首畏尾,在困难面前不敢拼搏,因而就不能使企业在市场上立足,更谈不上取得竞争优势,久而久之,必然危及企业的生存。

(2)奉献精神。因为我国两个根本性转变的成败决定着企业和企业家的命运,表现在企业家要有办企业的崇高宗旨和为国家与人民排忧解难的心愿和行动。企业家不仅对振兴民族经济和促进企业发展负有重大的责任,而且对社会全面进步和人的全面发展负有社会责任;不仅要热爱企业,而且要具有强烈的爱国情结并把它转化成一种奉献精神,把自己的知识、智慧奉献给祖国。企业家的这种奉献精神,可以引导企业通过合法、诚实的经营获取正当的经济利益,正确处理好国家、集体和个人的关系,注重环境保护,热心公益事业,承担社会责任,促进社会文化进步。

(3)拼搏精神和实干精神。企业家的重要作用不仅在于他们的战略眼光和经营智慧,还在于他们推进战略的意志、决心和艰苦奋斗的实干精神。企业家在经营管理企业的活动中不可避免地会遭受各种挫折和失败,百折不挠的拼搏精神和吃苦耐劳的实干精神是企业家必备的精神品质。从实战中积累经验,从实干中增长智慧。

(4)科学理性的实效精神。企业家在组织生产经营过程中,往往表现出强烈的实效精神,讲究科学与理性,实事求是,遵循经济规律,脚踏实地抓好经营管理,追求效益最佳化和效率最大化。如果一个企业家缺乏实效精神,只追求轰动效应,光讲投入不计产出,违背规律,必然会遭到市场的惩罚,企业家也就失去了其应有的理性特质。

5.不断进取的学习精神

彼得·圣吉在其名著《第五项修炼——学习型组织的艺术与实践》中说道:"真正的学习,涉及人之所以为人此一意义的核心"。学习与智商相辅相成,以系统思考的角度来看,从企业家到整个企业必须是持续学习、全员学习、团队学习和终生学习。日本企业的学习精神尤为可贵,它们向爱德华兹·戴明学习质量和品牌管理,向约琴夫·M·朱兰学习组织生产,向彼得·德鲁克学习市场营销及管理。同样,美国企业也在虚心学习,企业流程再造和扁平化组织,正是学习日本的团队精神结出的硕果。企业家要在危机意识的基础上培养学习精神,没有紧迫的危机意识就没有学习的压力和成长的动力;没有企业家的危机意识,就没有卓越成功的企业。

张瑞敏从传统文化中,吸收思想营养,成为独具特色的海尔文化的历史源泉。张瑞敏还努力向世界著名跨国公司学习,洋为中用,这是海尔文化的又一思想源泉。张瑞敏借鉴松下的经验,打造了"敬业报国,追求卓越"的企业精神;他又从通用电气的企业文化中受到启发,提出了"零缺欠"的质量管理方针,等等。

6.勇于坚持的执着精神

英特尔总裁葛洛夫有句名言:"只有偏执狂才能生存"。这意味着在遵循摩尔定律的信息时代,只有坚持不懈持续不断地创新,以夸父追日般的执着,咬定青山不放松,才可能稳操胜券。在发生经济危机时,资本家可以用脚投票,变卖股票退出企业,劳动者亦可以退出企业,然而企业家却是唯一不能退出企业的人。正所谓"锲而不舍,金石可镂;锲而舍之,朽木不折"。

7.遵守约定的诚信精神

诚信是企业家的立身之本,企业家在修炼领导艺术的所有原则中,诚信是绝对不能放弃的原则。市场经济是法制经济,更是信用经济、诚信经济。没有诚信的商业社会,将充满极大的道德风险,显著增加交易成本,造成社会资源的巨大浪费。其实,凡勃伦在其名著《企业论》中早就指出:有远见的企业家非常重视包括诚信在内的商誉。诺贝尔经济学奖得主弗里曼更是明确指出:"企业家只有一个责任,就是在符合游戏规则下,运用生产资源从事利润的活动。亦即须从事公开和自由的竞争,不能有欺瞒和诈欺。"

二、企业家精神与企业文化相互影响和相互作用

企业家精神是企业文化的重要来源,它主要通过影响企业的精神层面

而主导企业文化。制度文化和物质文化是企业精神文化在不同层次的具体表现,因此,企业家精神也是企业制度文化与物质文化创新的原始推动力。在企业文化的初期阶段,企业家精神具有绝对的强势地位,它几乎涵盖了企业精神文化的基本内容。随着企业的发展壮大和组织成员的增加,企业家精神在企业文化中的比重有逐渐稀释的趋势,但企业家精神仍然通过不断扩展为组织共享价值观而主导着企业文化的发展方向,其扩展过程的本质是个人专属文化资本向组织共有文化资本的转化,这种转化是企业打造文化竞争力的重要手段。

优秀的企业文化,离不开企业家这一主体和核心力量。企业家精神是企业精神形成的基础。企业家精神与企业家的实干作风相结合,就会起到它应有的作用,促进企业精神的培育,推动企业文化的建设,推动企业的快速发展。张瑞敏在对媒体记者谈到自己个人在海尔充当的角色时表示:第一是设计师,在企业发展中如何使组织结构适应企业发展;第二是牧师,不断地布道,使员工接受企业文化,把员工自身价值的体现和企业目标的实现结合起来。"牧师"实际上就是企业家在企业中的文化角色定位,他在企业文化建设中的作用,主要是通过他扮演好这一角色体现出来的。

(一)企业文化对企业家精神的影响

企业家精神和企业文化都是非常复杂的概念,有人会直接把企业家精神当成企业文化,或者把企业文化说成是"老板文化"。这些说法对企业家精神与企业文化的关系评价虽然并不全面,但有一点是毋庸置疑的,就是所有的企业家都努力想将他个人的精神变成大家的精神,想将他个人的文化转变成企业的文化,而所有的企业文化也必然凝聚了企业家精神的精髓。简单地说,不同的企业文化具有不同的企业家精神,不同的企业家精神又打上了不同的企业文化的印记,二者之间你中有我、我中有你。从某种意义上说,企业文化是企业家精神不断向企业纵深扩展的结果。

首先,企业文化使企业家精神得以延续。企业家精神无论是作为一种精神品质还是作为一种精神动力,必须转化为全体员工的精神动力或企业的价值观才能真正发挥作用,形成影响力。任何一个企业家在全球化市场经济环境下与现代企业经营实践中必会发现个人力量有限(在工业革命开始之前与工业革命初期社会化生产不发达和企业规模不大的情况下,企业家个人能力的影响有可能远远高于"企业文化"对企业的影响),仅靠企业家个人的优秀能力难以对抗企业竞争环境中所面临的种种不确定性风险。因此,优秀的企业家精神只有沉淀成优秀的企业文化才能得以延续并发挥作用,否则也只是局限于企业家个人的能力,不能给企业的发展带来更多的价值。正如柯林斯在《基业长青》一书中所说,优秀的企业家应该是造钟的人,而不只是报时的人。这就是为什么企业家应该将个人的优秀精神变成企业文化的一部分,让企业永葆青春生命。如果没有松下公司企业文化的固定与传承,松下幸之助个人的企业家精神是不会成为松下公司的核心精神延续至今并具有世界性影响力的。

其次,企业家精神随企业文化的发展而不断发展。企业文化需要不断地变化和发展,张瑞敏曾把海尔的文化比作海:"海尔应该像海。唯有海能以博大的胸怀纳百川而不嫌弃细流;容污浊且能净化为碧水。正因为如此,才有滚滚长江、浊浊黄河、涓涓细流,不惜百折千回,争先恐后,投奔而来,汇成碧波浩渺、万世不竭、无与伦比的壮观景象。"如果说优秀的企业文化像海,那么优秀的企业家精神就象征着海的生命与力量。优秀的企业文化的发展需要与之相匹配的优秀的企业家精神,如果企业家精神在企业文化形成之后总是停留在一个水平或一个阶段上,将很难适应企业规模不断扩大的趋势以及企业文化发展的要求,企业也将很难再发展下去了。所以,当优秀的企业家精神进一步转变并形成优良的企业文化氛围之后,这种不断进取、齐心合力、共同学习的文化氛围又会继续激励企业家精神的成长与发展。

(二)企业家精神对企业文化的影响

企业文化的形成与发展不是一个自动生成的过程,是一个充满能动与主动的过程。企业文化是企业全体人员齐心合力建设而成的结果,其中企业家精神起着决定性的关键作用。企业家是企业文化建设的选择者、设计者、领导者和实施者,并通过自己的价值观从整体上来影响和决定企业员工的价值观与行为,最终形成一种企业范围的企业家精神,即企业文化。

1. 企业家是企业文化的主旨设计者

企业的经营宗旨、企业精神、企业道德和企业形象等,正是企业文化建设的核心部分,而这一切必须由企业家这一核心人物对其进行决策。企业文化的形成是企业人共同创造的结果,但企业文化的主导信念,却无一例外都是先在上层确定形成,然后逐级下达,企业家是企业的决策者,也必然是企业文化主旨的设计者。由于企业家在企业中所处的特殊地位,他们对企业承担了更多的责任,相应地,对企业的经营哲学、企业精神、企业价值观等也都能施加较大的影响。企业文化要形成体系,就更离不开企业家的总结、归纳和加工,离不开企业家的聪明才智以及对企业文化建设的高度重视。很多企业的企业文化的内容,甚至都是直接来自企业家的思想和主张。考察那些长盛不衰的知名企业可以发现,它们的企业文化中都有着非常明确的主导思想,而这些主导思想大都同那些在企业发展史上有着深刻影响的企业家(尤其是企业创始人)有着极为密切的关系。

所以,美国企业文化专家斯坦雷·M·戴维斯在其著作《企业文化的评估与管理》中指出:"不论是企业的缔造者本人最先提出主导信念,还是现任总经理被授权重新解释主导信念或提出新的信念,企业领导者总是文化的活水源头。如果领导者是个有作为的人,他就会把充满生气的新观念注入企业文化之中。如果领导者是个平庸之辈,那么企业的主导信念很可能会逐步退化,变得毫无生气。"

企业家所塑造或设计的企业文化是企业的目标文化,它源于现实企业文化,又高于现实企业文化。培育这样一个企业文化的过程,是发扬现实企业文化中的适用部分,纠正现实企业文化中的非适用部分的过程,是微观文化的净化和更新的过程。在这个过程中塑造核心价值观是最为关键和基础的一步。

在塑造企业核心价值观的过程中,企业家始终居于领导地位。因此,企业家本人的价值趋向、理想追求、文化品位,对企业价值观的影响是决定性的。有人形象地说:企业价值观是企业家价值观的群体化。此话有些极端,但大体上是有道理的。事实上,企业主要领导者的价值观,的确可以决定企业文化的基调。小沃森对于 IBM 公司,松下幸之助对于松下公司,韦尔奇对于 GE 公司,张瑞敏对于海尔集团,柳传志对于联想集团,都证明了这一点。

2. 企业家是企业文化的积极倡导者

在企业文化建设过程中,企业家不仅要设计企业文化的主导思想和建设方案,而且还要对所提倡的文化精神进行大力的宣传、鼓动和灌输。企业家对企业文化的管理,贯穿在企业发展的全过程中,他所做的一切,就是要在企业中形成预期的文化。为此,他要使员工明白企业提倡什么、反对什么,要及时处理推行新文化的过程中产生的矛盾和问题,必要时,还要对企业文化进行修正和补充。通过管理企业文化,企业家就能有效地管理企业。

企业家作为企业文化的塑造者,一方面要对企业已有的文化进行总结和提炼,保留其积极成分,去除其消极因素;另一方面又要对提炼后的文化进行加工,加入自己的信念和主张,再通过一系列活动,将其内化为员工的价值观,外化为员工的行动。这对企业家的素质提出了很高要求,企业家的品格、智慧、胆识在很大程度上决定了企业文化的水准。

3. 企业家是企业文化的身体力行者

在企业文化建设中,作为企业核心的企业家,不能只是号召别人去实践企业所倡导的企业文化而将自己置身事外。恰恰相反,在企业文化建设的过程中,领导者们必须率先垂范,躬身实践。人的行为大半是通过模仿学来的,要想让员工表现出企业预期的行为,领导者的示范作用自然少不了。只有如此,企业家们所倡导的企业文化才能在本企业卓有成效地开展起来。儒家强调人性关怀,所谓"己之不欲,勿施于人",如果领导者不以实际行动带头履行企业文化准则,员工会认为只要求他们没道理,抵触情绪一旦产生,再好的企业文化设计也要搁浅。

企业家在企业文化建设中要起示范和表率作用。企业家精神本身就具有扩散、辐射功能,企业家的精神追求、领导风格、经营哲学、个人品性以及言行举止无时无刻不在影响着职工的价值判断和行为方式。比如,衡电公司之所以能形成优秀的企业文化,一条重要的原因就是总经理吕吉泽的模范带头作用。新的企业文化的形成,是一个学习的过程。在这一过程中,企业家的一言一行,都将被员工有意或无意地效仿,其言行就不再只是个人的言行,而具有了示范性、引导性。久而久之,员工会在潜移默化中完成价值效仿与思维塑造,从而形成文化涓滴效应。这种效应在企业创业阶段尤为明显,因为此时企业发展更多依靠企业家的个人领导艺术而不是管理制度,而且企业家与员工的直接交流比较多,文化扩散比较容易。

4. 企业家是企业文化更新和转换的积极推动者

由于企业的内外部环境在不断变化着,企业文化也不是静止的、永恒不变的,在必要的时候,也需要对企业文化进行变革,以适应新的形势。企业文化的变化通常都是十分缓慢、不易察觉的。可是,当人们发觉到它的改变时,也许它的劣性与惰性已经变得十分强大,企业已经无法靠自身的力量来改变它。这种变革必须依靠企业家自上而下地进行,思想敏锐的企业家常常能及时发现企业文化上的问题,并能大胆创新,打破束缚企业发展的惰性文化,建立能够推动企业向前发展的新文化。离开了企业家的领导,企业文化的发展就势必陷入一种混乱、无序的状态,新的良性的企业文化就不可能形成。

企业家只有不断提升自己的观念,才能创造出适合企业发展的企业文化。一个思想僵化和闭塞的企业家是无法缔造优秀企业文化的。

5.企业家是企业文化升华的内在因素

在企业文化建设中,企业家要缔造出优秀的、高品位的文化,要发挥好示范、表率作用,就需要具备企业家的优秀素质,包括完善而先进的价值观、高尚的道德品质、创新精神、管理才能、决策水平、技术业务能力、人际关系能力等,尤其是要有良好的道德品质和深厚的文化底蕴。只有如此,企业家才会自觉地以身作则,才会真正信任、尊重职工,而不是凌驾于职工之上,把职工看成自己的工具;职工也才会敬重和支持企业家,心甘情愿地接受企业家的领导,并且自觉地以企业家为榜样,齐心协力共同建设企业文化。

孔子有一句名言:"为政以德,譬如北辰,居其所,而众星拱之。"讲的是领导者的品德和素质,应该成为部下的榜样,就像天上的北斗星,自然有凝聚力,"众星拱之"可以理解为部下对企业文化的认同。恩格斯指出,思维是能的一种形式,是脑的一种职能。人具有自然属性、社会属性和思维属性。企业领导者的思想水平和思维方式,决定着他们怎么观察和分析问题、进行决策和采取行动,因而也就决定着企业文化的未来走向和企业的前途命运。

思想是行动的先导,思想决定人生的高度和事业的高度。辩证思维、战略思维、创新思维、法治思维、系统思维、底线思维、精准思维……掌握和善于运用各种科学的思维方式,不断提高思想水平,把握企业文化发展方向,是企业家带领企业走向成功的共同基因。

(三)企业文化建设应跨越企业家自身意识的障碍

企业家的精神品质和企业家精神的实践的坚定性决定着企业的健康发展,但是,值得指出的是,在认识到企业家精神对企业文化的积极推动作用的同时,必须认识到企业家可能存在的自身局限。企业文化的健康发展,需要跳出企业家自身意识的障碍,才能确保企业的持续发展。

第六章　新时期价值观与企业文化建设

　　企业文化发展离不开企业价值观的引导。企业价值观是企业文化智慧的结晶，也是企业实践成果提升和总结的精髓。它不仅是企业为适应内外环境而升华的思想体系，同时也是指导企业文化发展的思想武器，两者决定着企业未来发展的方向和高度，在企业发展中具有着重要地位和不可替代的作用。

第一节　价值观及其作用

一、价值观的概念

　　国外有关价值观的研究可以追溯到 20 世纪 30 年代，美国心理学家高尔顿·奥尔波特（Gordon W. Allport）和英国心理学家菲利普·弗农（Phillip E. Vernon）采用德国哲学家爱德华·斯普兰格（Edward Spranger）对人的六种分类法，制定了一份"价值观研究量表"，对价值观作了开创性研究。20 世纪 50 年代，美国的克莱德·克拉克洪（Clyde Kluckhohn）等从操作层面试图对价值观的各种定义进行整合，提出了具有权威性的价值观概念。他认为，所谓价值观，就是一种外显或内隐的关于什么是"值得的"看法，它是个人或群体的特征，影响人们的行为方式和选择结果。他提出的价值观定义在西方心理学界长期占有支配地位。20 世纪 70 年代，米尔顿·罗克奇（Milton Rokeach）又将价值观分为终极价值观和工具性价值观，开始从内容和维度两个方面对价值观进行分析和测量。他将价值观看作是一般的信念，具有动机功能，是规范性和禁止性的，具有指导行为和态度的功能，是个人的，也是社会的现象。[①] 20 世纪 80 年代，法国学者赫尔曼·阿曼都

---

　　① 金盛华,辛志勇. 中国人价值观研究的现状及发展趋势[J]. 北京师范大学学报(社会科学版),2003(3):56 - 64.

斯·施瓦茨(Hermann Amandus Schwartz)从需要和动机出发解释价值观的深层内涵,试图构建一个具有普遍文化适应性的价值观心理结构,并根据学术界的定义,进一步概括出了价值观的五大特征:①价值观是信仰的观念;②关于值得的终极状态或行为;③超越具体情境;④引导选择或对行为及事物的评价;⑤按照相对重要性排列。在此基础上,他还提出了一个被人们广泛引用的定义,即价值观是合乎需要的、超越情境的目标,在一个人的生活或其他社会存在中起着指导作用。

我国学者也对价值观的概念进行了较深入的研究。袁贵仁从哲学层面,将价值观看作是由一系列价值范畴和价值判断所组成的完整的观念体系,具有浓厚的意识形态色彩。① 陈章龙、罗国杰等基于伦理学角度,认为价值观是人们对价值问题的根本看法,是人们在处理价值关系时所持有的立场、观点和态度的总和,②是对于什么是最重要、最贵重、最值得人们追求的一种观点和评价标准③。也有学者将思想政治教育融入对价值观的认识,认为价值观就是指人们在处理普遍性价值问题上所持的立场、观点和态度的总和。而人们在价值追求上抱有怎样的信念、信仰、理想,便构成了价值观所特有的内容。④ 价值观因其反映人们深层次的心理特性而具有能够解释个体行为差异和文化因素的影响,从而得到心理学和社会学的高度关注。

实际上,到20世纪50年代前后,国外心理学界在价值观的基本定义上已经达成了共识。在区分了"值得的"(the desirable)和"想要的"(the desired)这两个概念之后,将价值观定位在与"以人为中心的"和"值得的"有关的东西上。⑤ 2005年,联合国教科文国际教育和价值观教育亚太地区网络组织编写的《学会做事——在全球化中共同学习与工作的价值观》一书,将价值观界定为"代表人生的理想和目标,是我们追求的动机和目的。价值观是全部教育的灵魂和核心目标,是应当追求的理想和目的,是做人的原则和规范"⑥。这可以看作是教育界对价值观的权威解释。

从中外学者基于多学科的价值观讨论来看,尽管由于学科差异而对价值观解释不完全相同,但有几点是比较一致的:①价值观是人们特有的一种

---

① 袁贵仁.关于价值与文化问题[J].河北学刊,2005(1):5-10.
② 陈章龙,周莉.价值观研究[M].南京:南京师范大学出版社,2004:3.
③ 罗国杰.思想道德修养[M].北京:高等教育出版社,1998:195.
④ 源泉.把社会主义核心价值体系融入思想政治教育全过程[J].思想政治课教学,2006(12):1.
⑤ 杨宜音.社会心理领域的价值观研究述要[J].中国社会科学,1998(2):82-93.
⑥ 联合国教科文组织国际教育和价值观教育亚太地区网络.学会做事——在全球化中共同学习与工作的价值观[M].北京:人民教育出版社,2006:11.

非常重要的观念体系和动力系统；②价值观指向人们所追求的理想和目标；③价值观是人们对各种社会存在和社会关系进行价值判断的依据和规范体系；④价值观包含了人的行为目的与思想手段；⑤价值观既有理性智慧之思，又有情感态度之维，成为人的生命成长与发展的动力和源泉。正是由于价值观的复杂性，故有学者指出：价值观是一个冲突与融合的内容体系，它是供人们进行判断的观念体系，包括是非、好坏、荣辱、美丑、善恶、得失、利弊、成败、福祸、贵贱、轻重、值得与否等丰富的内容。这些内容往往以相互冲突和相互对立的矛盾范畴或判断共同存在着。价值观绝不可能是中性的，人们必须在对立与冲突的价值判断中决定其取舍。每一对价值范畴或价值判断就是一面镜子，显现着人们灵魂的尊卑贵贱，反映出行为的善恶美丑，衡量着个人与他人、个人与集体、个人与社会的利弊得失。价值观包含了做人的基本底线，也蕴含着崇高的理想与信念，使人们看到自己所坚守的不同价值观念，在崇高与无耻之间画上了间隔线。①

二、价值观的结构体系

J·W·贝尔兰(J. W. Berry)根据价值观的组成将其分为六种要素，即认知、道德、经济、政治、审美和宗教。德国哲学家爱德华·斯普兰格(Edvard Spranger)进一步将其分为经济的、伦理的、审美的、社会的、政治的和宗教的6类，将人的性格分为伦理型、经济型、审美型、社会型、权力型和宗教型6种类型。从价值取向和维度，美国社会学家塔尔科特·帕森斯(Taleott Parsons)将价值观分为个人取向、集体取向和社会取向，并提出了著名的5对模式变项：①普遍主义与特殊主义。在与他人的关系中，行动者是按普遍的规则行事，还是按自己的某种特殊参照方式行事。②成就表现与先赋性质。在与他人的关系中，是注重他的绩效或能力方面，还是注重某些天赋性质，如性别、年龄、种族、种姓等。③情感与非情感。在与他人的关系中，是按满足当下情感的方式行事，还是在行事时保持情感的中立性。④专门性与扩散性。与他人的关系是限制在特定的具体范围内，还是处于宽泛的、不单一固定的范围内。⑤自我取向与集体取向。是注重自己的利益，还是注重自己所感知到的集体性需要。② 有学者还区分了价值观结构维度的类型，按照人类生存的三种必要需要，即人际、团体和社会发展需要，把价值观

---

① 谭咏梅,王山. 多学科视角下的价值观概念和内涵[J]. 辽宁大学学报(哲学社会科学版),2008(5):6-10.

② 唐文清,张进辅. 中外价值观研究述评[J]. 心理科学,2008(3):765-767+768.

分为自我提高——自我超越、保守主义——开放性两个垂直维度。根据两个维度又分为权利、成功、享乐主义、刺激激发、自我指导、普救主义、慈善、顺从、传统和安全等 10 种类型的价值观。

国内有人将价值观的结构分为结构基础、结构要素、结构内容、结构属性、结构功能、结构方式六个方面。结构基础包括价值观载体的实体,即个体和群体;结构要素是指价值目标、价值取向、价值动力、价值标准、价值选择、价值评价等的变化;结构内容是从精神到物质、从政治到经济、从社会到个人的变化;结构属性是从单一性转向多元性、局部性转向整体性、停滞性转向发展性的变化;结构功能已从单向性转入双向性,人的价值功能在价值个体主体和价值群体主体之间,在经济价值功能与政治价值功能之间,在社会价值功能与个体价值功能之间是双向性的,是一种价值观结构系统功能机制,彼此间是相互联结、相互制约和相互作用、互为因果的;结构方式在于承认自我实现方式的存在。[①] 我国台湾学者杨国枢等人将我国人的价值观结构描述为家族取向、关系取向、成就取向、他人取向、孝亲敬祖、安分守成、乐观进取和尊重情感等。[②] 但金盛华等人通过实证分析,并按照人们的认同强度,比较全面地依次将当代中国人价值观结构分为品格自律、才能务实、公共利益、人伦情感、名望成就、家庭本位、守法从众和金钱权力。[③] 在这个结构体系中,"品格自律"排在最突出的地位,说明中国人对人生价值的追求至关重要。这种价值倾向与我国长期受儒家文化的价值熏陶有密切关系,也说明在面临社会经济高速发展和价值观迅速变化的当代,深层的传统文化价值依然在民众心目中占有崇高的地位。排在第二的是"才能务实",反映了中国人素来重视个人学习和才能的传统。所谓"博学之,审问之,慎思之,明辨之,笃行之"[④]。"公共利益"排在第三,彰显出在社会发展与改革开放推动下,个人利益重新回归自我负责轨道的同时,人们对于公共利益的关注并未因此而削弱,这同样与我国传统价值取向是一脉相承的。"人伦情感""名望成就""家庭本位"三项排在第四、第五和第六位。一方面,反映出家庭和人伦价值在当代我国民众的价值体系中依然受到重视;另一方面,在一个具有权威主义传统的社会环境下,也反映了人们对"出人头地""光宗耀祖"等价值的追求。排在最后的两个维度分别是"守法从众"和"金钱权力"。既反映出当代我国民众对开始出现"守法从众"的要素,也越来越表现出对

---

① 黄捷荣. 价值观结构的变化与市场经济新体制[J]. 现代哲学,1994(1):49－52.

② 杨国枢. 中国人的心理与行为——理念及方法篇[M]. 台北:桂冠图书公司,1993:87.

③ 金盛华,郑建军,辛志勇. 当代中国人价值观的结构与特点[J]. 心理学报,2009(10):1000－1014.

④ 礼记·中庸

金钱和权力的价值认同。当然,其所以排在最后,应该是我国民众仍然具有理性的"义利"评判。正如有学者所言,在整个价值观重要性序列中,对"金钱权力"价值观念的体认排在"品格自律""才能务实""公共利益"等之后,并让位于人伦情感、名望成就、家庭本位和守法从众,印证了我国民众信奉"富与贵,人之所欲也,不以其道得之,不处也"①的传统义利观念。在当代我国,虽然出现了经济变革与社会重构后人们的价值观会向功利方向倾斜的现象,但在实际上,其价值观仍然与我国传统文化长期沉淀形成的"人以德立"的深层结构保持一致。人们仍然高度认同"先立德而后立身"的社会期许价值观。②

三、价值观的作用

(一)价值观有利于形成人们对发展模式的自主选择

德国哲学家威廉·文德尔班(Wilhelm Windelband)认为,人们面对世界,一个是"事实"的世界,一个是"价值"的世界。"事实"的世界是自然科学研究的对象,属于"理论"判断,需要解决"真假""是非"等问题。"价值"的世界表示主观评价和被评价的对象之间的关系,表达的是主体采取的态度。这种态度完全取决于主体的情感和意志,取决于主体对它们所抱的"赞成或不赞成"的态度。③ 也就是说,价值观对人们自主选择发展模式具有十分重要的作用。由此,英国哲学家伯特兰·罗素(Bertrand Russell)进一步指出:在价值哲学中,"自然只是我们所能想象的事物的一部分,任何事物,不管是实存的,还是想象的,都能由我们评价,没有什么外界的标准可以否定我们的评价。"④在这里,价值主体不仅成了自己的主人,而且也成了自己面对的一切对象的评判者和选择者,人们完全可以根据自己的爱好和情感对其对象进行评价和选择,并形成作为。作为个体价值观的作用方式,表现为直线过程,即欣赏、羡慕——追求,行为方式(制度)选择——持久的情感寄托三个环节。作为社会价值的作用方式,则表现为立体式的三环节或三个方面:(1)在特定范围内,通过实现价值认同,形成社会凝聚力;(2)通过渗入目标——行为方式(制度)链条,形成社会向心力;(3)通过价值升华,形成信

①　论语·里仁

②　金盛华,郑建君,辛志勇. 当代中国人价值观的结构与特点[J]. 心理学报,2009(10):1000-1014.

③　刘放桐. 现代西方哲学[M]. 北京:人民出版社,1981:123-124.

④　伯特兰·罗素. 为什么我不是基督教徒?[M]. 徐奕春,译. 北京:商务印书馆,1982:51.

仰体系,对社会产生巨大而持久的感召力。在大多数情况下,人们往往会将关注的重点放在实现价值的"行为方式"或制度上,而不是价值起点或目标本身,导致出现将制度本身看成是价值的起点和目标,将原本是起点和目标的价值取向反而被淡化或遗忘等本末倒置的错乱现象。

(二)价值观是经济社会发展的基本动力

英国著名人类学家布罗尼斯拉夫·马林诺夫斯基(Bronislaw Malinowski)认为:"价值是人类存在的基本动力。它表现在一切人类行动中并贯穿于整个社会文化。"①价值对经济社会发展起着举足轻重的作用。价值取向和价值目标对制度的选择具有直接的影响,选择一种什么样的制度则决定着经济社会发展目标的实现水平。为此,美国社会学家塔尔科特·帕森斯(Talcott Parsons)进一步指出:"制度化的价值系统当内化为人的个性时,就能足以'驱动'经济发展,完成无数的工业化劳动,并且使制度调整以及与这一过程有关的政治结构'合法化'。"②可见,价值观是人类对发展道路和模式的自我选择。这种选择直接影响发展的方式和进程,正确合理的价值观是经济社会发展的决定性因素,而树立正确合理的价值观,把握价值理性化发展的基本趋势是至关重要的。否则,就会南辕北辙,以致影响发展的速度和水平。何为理性化,马克思强调人民群众的实践和对历史的创造作用,否定了神权和精英观,为人们提供了理性化的基本标准。马克斯·韦伯(Max Weber)将"祛除巫魅"的程度看作是衡量人类文化进步和理性化程度的重要标准。总而言之,文明社会的政治、经济和文化不再以神秘的力量和名义进行统治,回归到意大利学者焦万尼·巴蒂斯达·维柯(Giovanni Battista Vico)所说的"人的时代","一切人都承认自己在人性上是平等的"③平民化时代,没有什么非凡的"英雄"和万能的神,没有什么人是"精英",或什么人是"渣滓",如我国古代圣贤们提倡的"人皆可以为尧舜",这就是理性化的标准和思维方式。④

(三)价值观对人格的发展与完善具有重要的调节作用

人们可以根据自己的价值观,积极吸收和学习外界的各种有益的影响

---

① 布罗尼斯拉夫·马林诺夫斯基. 自由与文明[M]. 张帆,译. 北京:世界图书出版公司,2009:92.

② 塔尔科特·帕森斯. 现代社会的结构与过程[M]. 梁向阳,译. 北京:光明日报出版社,1988:113.

③ 焦万尼·巴蒂斯达·维柯. 新科学[M]. 朱光潜,译. 北京:人民文学出版社,1986:26.

④ 王顺达. 从价值观的作用和发展趋势看经济社会政策的价值引导[J]. 重庆工商大学学报(社会科学版),2011(4):5-11.

和采取高尚的行为,不断培育良好的人格;也可以抵制和克服外界各种不良影响,保证人格发展的正确方向;还可以自觉规范自己的思想和行为,陶冶自己的情操,塑造其高尚品德,自觉、主动、积极地培养和塑造健康人格。[①]有人以报告文学的形式撰写了核心价值观对以丁晓兵等为代表的当代军人的影响。丁晓兵们从英雄到凡人,又在凡人的境遇中保持着英雄的气节和本色。风雨数十载,能够如此坚定从容地走过来,靠的就是已经融化在他们血液之中,在其骨子里起着决定性、持久性作用的当代军人的核心价值观。当代军人的核心价值观,正是一种能够凝魂聚气、起支配和主导作用的核心价值取向。一个人一旦在自己的灵魂深处培植出这种一生信奉和推崇的核心理念,就会形成一种不易动摇和更改、不被遏止和阻挡的道德力量。这便是我们所要呼唤的心的弹力,是我们所要礼赞的生命韧性。[②]

第二节　企业价值观及其作用机理

一、企业价值观

(一)企业价值观的内涵

企业价值观是企业经营管理者和企业员工共享的群体价值观念,它决定和影响着企业存在的意义和目的,是企业各项规章制度的价值和作用的评价标准,为企业的生存发展提供基本的方向和行动指南,决定了企业全体员工的行为取向。

《企业管理学大辞典》中这样定义:"企业价值观是企业经营的目的、宗旨,即企业为什么存在、企业对其价值的评价标准。企业对价值观的评价标准一般有:企业认知价值——真与伪;企业实践价值——经营好与坏;企业行为价值——善与恶;企业艺术价值——美与丑。"[③]

任何一个企业总是要把它的价值所在及自己认为最有价值的对象作为本企业努力追求的最高目标、最高理想或最高宗旨;反之,凡被一个企业列

---

①　刘永芳.论价值观在个性形成与发展中的作用[J].山东师大学报(社会科学版),1997(1):66-71.

②　刘声东,黄超,刘玉珩.核心价值观对人的影响有多大[N].解放军报,2009-02-24(2).

③　陈佳贵.企业管理学大辞典[M].北京:经济科学出版社,2000:38.

为最高目标、最高理想或最高宗旨的东西,也必然是能够体现它的价值观的东西。因此,"企业价值观""共有价值观""企业最高目标""企业理想"等,提法虽然不同,但其实质是一样的。同样,对于"企业的价值在于什么及什么对于企业来说有价值"这个问题一旦有一致的理解和回答,那么这种理解和回答当然就是该企业的基本理念和信仰。因此,从某种角度来说价值观就是一个组织的基本理念和信仰。

(二)企业价值观的构成层次

1. 员工个人价值观

个人价值观是员工在工作、生活中形成的价值观念,包括人生的意义、工作目的、自己与他人的关系、个人和企业的关系、个人与社会的关系以及对金钱、职位、荣誉的态度、对自主性的看法等。这些观念形成了员工在工作上不同的价值选择和行为方式。在现代社会,人们追求低层次需要的满足一般来说不再是难题,他们的主要追求是个性的发展、自我价值的实现,因此企业员工个人价值观的多样化和复杂化不可避免。员工个人价值观是企业整体价值观的基础。如何使员工感到企业是发挥自己才能、自我实现的"自由王国",从而愿意把个人价值融进企业整体价值当中,实现个人价值和企业整体价值的动态平衡,是当代企业管理面临的一项重要任务。

2. 群体价值观

群体价值观是指正式或非正式的群体所拥有的价值观,它影响到个人行为和组织行为。正式群体指有计划设计的组织体,它的价值观是管理者思想和信念的反映。非正式群体是指企业员工在共同工作过程中,由于共同爱好、感情、利益等人际关系因素而自然结成的一种"联合体"。在"联合体"内部,各成员配合默契,行动一致,自觉或不自觉地影响着企业的组织行为和风气。非正式群体依据一定的主客观条件而产生,条件改变就有可能解体或转型,甚至可以转化为企业的正式群体。个业中的各种非正式群体都有自身的价值取向,这些不同的价值取向与正式群体的价值取向有些是接近的,有些是偏离的,也有些可能是背离的。非正式群体价值观一旦形成,必然对企业员工的心理倾向和行为方式产生深刻影响,对企业目标的实现程度产生直接影响。因此,企业的管理者必须正视非正式群体的作用,充分利用其特点,把非正式群体价值观引导到正式群体价值观的轨道上来;同时也要善于处理好企业内部局部与整体的关系,善于把企业内部不同正式群体的目标和价值观融入企业整体目标和价值观。

3. 整体价值观

企业整体价值观是员工个人价值观和群体价值观的抽象和升华,建立在组织成员对外部环境认识和反应态度的基础上。企业整体价值观具有统领性和综合性的特点。它首先是一种明确的哲学思想,包含远大的价值理想,体现企业长远利益和根本利益。其次,企业整体价值观是对企业生产经营目标、社会政治目标以及员工全面发展目标的一种综合追求,它全面地体现企业发展、社会发展与员工个人发展的一致性。因此,企业整体价值观指导、制约和统率着个人价值观和群体价值观。员工和群体只有树立了企业整体价值观,才能使企业目标变为人们的宏大抱负,因而也才能构筑成一种文化环境,促使每个员工超越自我,把企业视为追求生命价值的场所,引发出惊人的创造力。

(三)企业价值观的取向

1. 经济价值取向

经济价值取向主要表明企业对义利关系的看法。企业是一个经济实体和经营共同体,因此,其价值观中必定包含十分明确的"盈利"这一经济价值取向和行为准则。但这绝不意味着优秀企业在经济价值取向上是一种单纯的谋利组织,绝不意味着企业的全部经营管理在于谋取利润最大化。企业必须作为一个社会器官在社会中存续,它基本的、直接的目的只有一个,那就是创造市场,满足顾客需求。管理大师彼得·德鲁克说:"企业的目的在于企业之外。"为了达到这一"企业之外"的目的,它必须执行两项基本功能,即营销和创新,利润只是企业这两项主要功能的补偿和报酬之一,而不是经营结果的全部内容。

2. 社会价值取向

社会价值取向表明企业及其成员对索取与奉献、自我与社会关系的看法。企业是社会的一个细胞,是国家、社会的一个"公民",因此,在经营活动中不能只考虑自身利益,向社会无节制地索取,而应同时着眼于奉献,把增进社会利益、改善社会环境、促进社会发展作为自己的责任。一个健康有效的现代企业价值观往往把社会价值取向提升到这样的高度:其一是确认并积极处理企业的生产、经营活动造成的社会影响;其二是正视社会问题的存在并积极参与社会问题的解决,把解决社会问题视为企业发展的机会,既满足社会的需要,又为企业发展奠定基础。这样的企业社会价值取向使得企业既肩负起多重社会责任，又获得一个日益改善、日渐完美的社会环境。

3. 伦理价值取向

企业伦理价值取向主要涉及企业所有者、经营者、员工之间，企业和消费者之间，企业和合作者之间等重大关系的确立和维持。经营企业如同做人，正直、善良、诚实、守信，这些美德不但适于个人，也适于企业。成功的、优秀的公司都极为推崇正直与诚信，并把它作为企业文化的一部分。每个公司都坚信，在信息化和知识化的市场经济环境中，没有正直，不能善待他人、亲和顾客，不讲诚信，就无法经营企业。

4. 政治价值取向

企业的政治价值取向是回答企业与国家之间关系的问题。企业是在一定的政治环境中生存的。经济问题、社会问题、伦理道德问题与政治问题紧密相连，在一定的社会历史条件下还可能转化为政治问题。如劳动关系问题和分配问题处理不好，就可能涉及人群、种族、失业等政治问题，对这一系列问题的看法和解决方式，都会使企业形成明确的政治价值取向。企业应具有明确的政治价值取向和政治责任感，在创造物质文明的过程中，注重精神文明的建设。在管理中坚持以人文为本和按劳分配的原则，通过加强民主管理，建立良好的用人机制和激励机制，充分调动劳动者的积极性、主动性和创造性。

(四)企业价值观的作用

企业价值观的确立是企业在决定其性质、目标、经营方式和角色时做出的选择，是企业经营成功经验的历史积累，它决定了企业的经营性质和发展方向，既构成企业内部成员的行为准则，又体现了企业一切行为和活动所追求的理想境界。企业的行为和人的行为一样是受价值观念支配的。企业全体成员共同认可的价值标准和价值取向是企业文化建设的核心，是企业精神文化的思想基础，它为全体员工提供积极向上的文化选择，是走向共同目标和日常行为的指导方针。

1. 为企业的生存与发展提供精神支柱

企业价值观是企业领导者与员工判断事物的标准，其一经确立，并成为全体成员的共识，就会成为长期遵奉的信念，对企业具有持久的精神支撑力。美国著名的心理学家马斯洛指出：人的需求是有层次的，不仅有生理、安全等基本需求,而且有情感、自尊和自我实现等高层次精神需求。高层次精神需求一般通过以价值观为基础的理想、信念、伦理道德等形式表现出来。当个体的价值观与企业价值观一致时,员工就会把为企业工作看作是为自己的理想奋斗。企业在发展过程中,总要遭遇顺境和坎坷,一个企业如果能使其价值观为全体员工所接受,并以之为自豪,那么企业就拥有了克服各种困难的强大精神支柱。许多著名企业家都认为,一个企业的长久生存,最重要的条件不是企业的资本或管理技能,而是正确的企业价值观。企业的命运如何最终是由价值观决定的。

2. 决定企业的基本特性和发展方向

在不同的社会条件下或不同的历史时期,会存在一种被人们认为是最根本、最重要的价值,并以此作为价值判断的基础,其他价值可以通过一定的标准和方法"折算"成这种价值,这种价值被称为"本位价值"。由本位价值所派生的观念就是本位价值观。企业作为独立的经济实体和文化共同体,在长期经营实践中必然会形成某种本位价值观,这种本位价值观决定着企业的经营个性、管理特点,也决定着企业的发展方向,同时不同的本位价值观可以通过企业的行为表现出相应的差异。例如,一个把利润作为本位价值观的企业,当企业利润和顾客利益、社会利益发生矛盾和冲突时,它会很自然地选择前者,往往以牺牲顾客利益和社会利益来获取企业利润最大化。

3. 对企业及员工行为起到导向和规范作用

企业价值观是企业中占主导地位的管理意识,能够规范企业领导者及员工的行为,使企业员工很容易在具体问题上达成共识。上级的决策易于为下级理解和执行,下级会自觉地按企业整体目标调整自己的行为,从而大大节省企业运营成本,提高了企业的经营效率。企业价值观对企业和员工行为的导向和规范作用,既通过规章制度、管理标准等硬性管理手段(企业价值观的载体)加以实现,也通过群体氛围、传统习惯和舆论引导来实现。企业成员如果做出违反企业基本价值观的事,就会受到制度惩罚、舆论谴责,即使他人不知或不加责备,本人也会感到内疚,产生感情压力,进而进行自我调节,修正自己的行为和价值观。企业价值观的导向和规范作用在制约人与人的关系时具有浓厚的感情色彩,人们对那些符合企业价值观的好的行为和事迹表示支持和赞扬,而对那些违背企业价值观的劣迹则表示反对和厌恶。

4. 激励员工发挥潜能,增强企业的合力

企业的合力取决于员工对企业目标的认同度及能否最大限度地发挥其精神潜能。日本一位经济学家曾经提出一种"车厢理论",即一列电气列车每节车厢都有马达,每节车厢均有自己的动力并能一道前进。可想而知,这样的列车一定会有强劲的动力。从一些成功的企业来看,一个合力旺盛强大的企业,往往有这样的特征:合力来自于企业内部的凝聚力,而不是源于外部压力;组织中相互对立的小团体倾向得到有效抑制;基层单位具有处理内部冲突、适应外部变化的能力;同事间具有一种较强的认同感;全体员工都了解企业的总体奋斗目标;决策层和执行层在工作上都有发自内心的支持态度;员工承认企业的外在价值并具有巩固和维护企业继续发展的愿望。企业价值观正类似于一种理性的黏合剂,把企业员工固定在同一信念目标上,以其大量微妙的方式沟通员工的思想,创造一个共同协作的背景,汇聚各种力量并使其朝向一个共同的方向。

(五)企业核心价值观

企业核心价值观是指在企业的价值观体系中处于核心位置的价值观,其对企业的持续发展有重要的指导意义。吉姆·柯林斯和杰里·波勒斯在《基业长青》中总结了企业永续经营的准则,"保存核心,刺激进步",恪守企业的核心价值观是保持核心竞争力的关键,核心价值观被视为组织长盛不衰的根本信条。

企业的核心价值观通过影响组织的行为来实现企业的长足发展。沃尔玛基于"顾客就是老板"的核心价值观制定出员工服务顾客的两条行为准则:"第一条,顾客永远是对的。第二条,如果对此有疑义,请参照第一条执行。"这同样也决定了沃尔玛的用人准则,"我们把顾客放在前面……如果你不为顾客服务,或不支持为顾客服务,那么我们不需要你。"除了指导组织中个体成员的行为以外,核心价值观也是组织重要决策行为的判断依据,强生通过《我们的信条》展示出其核心价值观,对顾客、员工、社会以及股东的关爱,因爱而生的基本信条使其在面临"泰诺危机"时表现出极负责任的行为,在核心价值观的指导下,强生非但没有被危机打倒,反而因其在危机中表现出的卓越品质而被口口相传。因此,企业之间表现差异在一定程度上也可以归根于此。

优秀公司通常有3～6个核心价值观。事实上大多数公司的核心价值观都少于6个,因为只有少数价值观才能成为真正的核心价值观,是至为根本、深植在公司内部的东西。如果企业列出的核心价值观超过6个,则很有可能抓不住其中的关键所在。

例如,IBM 公司有三条核心价值观:第一,尊重个人;第二,顾客至上;第三,追求卓越。几十年来,企业外部环境发生了巨大的变化,但这三条价值观在 IBM 却始终不变,激励员工不断创造出质量优异的产品,而且制造出使用户满意的最佳服务。惠普公司的核心价值观是:我们信任和尊重个人;我们追求卓越的成就和贡献;我们在经营活动中坚持诚实与正直;我们靠团队精神达到我们的共同目标;我们鼓励灵活性和创造性。

有效的企业核心价值观应该具有以下特征:①是企业真正信奉的东西;②与企业最高目标(企业愿景)相协调;③与社会主导价值观相适应;④充分反映企业家价值观;⑤与员工的个人价值观相结合。

(六)企业价值观与个人价值观的相互作用

1. 企业价值观与个人价值观的关系

员工个人价值观是企业整体价值观的基础。个人为了实现各自的目标而走进组织,因此,只有组织价值观以个人的生存和发展目标为牵引,成为实现个人目标的媒介,组织价值观才有可能获得个人的认同和支持。如何让个人价值融进企业整体价值当中,激发员工个人活力,是当代企业管理面临的一项重要任务。

组织价值观是个人价值观的概括和升华。每个人怀有各不相同的价值观,在组织中互相激发、互相碰撞。组织价值观有助于把个人价值观理性的部分集合起来,塑造组织价值观的灵魂。对组织价值观的认同有助于增强员工对企业的认同感,从而形成企业的强大凝聚力。组织价值观和个人价值观不是一方吞没另一方的关系,而是凝聚力与变化性和谐共存,互相认同和互相渗透的关系。

2. 企业价值观与个人价值观融合的途径

企业文化的一项重要工作就是缩小员工的个人价值观与企业价值观之间的差异,实现个人价值观与组织价值观的融合。实现这一过程:首先,组织与个人之间要有效沟通。组织通过有效途径把组织的使命、愿景、目标和绩效考核要求等信息准确地传递给员工。组织要善于利用正式沟通和非正式沟通的渠道,保证上下沟通、左右沟通和内外沟通的畅通。其次,要尊重员工的个性和情感,及时疏导员工的不满情绪,重视员工参与管理和主观能动性的发挥。最后,建立学习型组织,通过与员工心灵交流构筑共同愿景,改善心智模式,实现组织和个人的自我超越。

二、企业价值观的作用机理

(一)通过文化软约束提供目标导向

企业价值观作为企业管理者及其员工在企业经营管理过程中所奉行的基本理念和规则,必然成为企业经营管理决策的最高准则,对其任何决策和经营活动都会产生强有力的意识形态规约或文化软约束。这种意识形态规约或文化软约束在潜移默化中渗透到企业经营管理活动的整个过程。在战略层面,对企业发展方向和目标产生影响。如华为公司在 1996 年确立的《华为基本法》中曾经规定:为了使华为成为世界一流的设备供应商,将永不进入信息服务业。这样的战略目标使华为避开了与电信运营商发生业务冲突的风险,因此得到快速发展。到 2011 年 1 月,华为根据市场变化,与中南出版传媒集团通过组建合资公司形式进军数字阅读市场,改变了过去的战略。华为公司的这种做法,显然基于其结果导向的价值取向,这与其长期奉行的强势企业文化具有密切的关系。捷盟咨询公司的副总裁付立红曾经指出:价值观对企业战略的影响,实际上就是基于价值观的战略管理,要保持企业价值观不变,同时又使目标、战略和行动适应变化的环境。这样,企业就会持续创造客户价值,持续实现企业价值,实现基业长青之梦。[①] 在企业经营层面,价值观可以对各种经营方案的设计和选择发挥作用,尤其在对各种经营方案进行选择的时候,其价值取向、价值评判必然会对企业经营决策发挥导向功能,并使选择的方案符合企业价值观的要求。所以,北京大学教授张国有说:"价值观本身就是企业的战略基础,价值观问题解决得越好,指导思想越明确,理念越能深入人心,对未来发展的作用越大。"[②]

(二)通过理念灌输提供精神支撑

企业价值观是企业缔造者和管理团队刻意追求并长期积淀的结晶,是企业全体或大多数员工认同的关于企业存在意义的终极判断。由此,企业价值观一经确立,并得到全体或大部分成员的共识,就会成为一种共同尊奉的信念,对企业产生持久的精神支撑力。国外一些优秀企业认为,一个企业能够长久生存,最重要的并非企业的结构形式或管理技能,而是被人称之为

---

① 付立红. 基于价值观的企业战略管理——坚定的企业价值观持续创造企业价值[J]. 中外企业文化,2007(10):50-51.

② 张国有. 企业价值观的战略性[J]. 企业文化,2007(1):6-8.

企业价值观的那种精神支柱。如宝洁公司之所以成为世界卓越企业,与该公司持续倡导和培育公司的价值观有着直接的关系。公司确定的核心价值观强调"员工是企业的核心,顾客是企业真正的目标"。由此形成了以宝洁员工为圆心,四周由领导能力、诚实正直、信任、积极求胜的热情及主人翁精神环绕的企业文化。宝洁公司视人才为公司最宝贵的财富,不仅建立了无障碍沟通渠道,还不惜成本对员工进行培训。用宝洁公司一位前董事长的话说:"如果你把我们的资金、厂房及品牌留下,把我们的人带走,我们的公司会垮台;相反,如果你拿走我们所有的资金、厂房及品牌,而留下我们的人,十年内我们将重建一切。"宝洁公司进入我国时,首先调查了国人的洗衣方式,当他们了解到我国南北气候差异大,劳动强度也大,衣服相对比较难洗的时候,立刻改良了熊猫洗衣粉的配方,推出了含有宝洁特有超洁因子的熊猫牌洗衣粉,用这种洗衣粉洗出的衣服既干净,又洗起来轻松。① 又如台塑集团的企业核心价值观是"勤劳朴实,止于至善,永续经营,奉献社会。"主张企业做买卖要做到利己利人。只有买卖双方都得到好处,才能精诚合作,互惠互利。为了践行这一核心价值观,台塑集团在具体的经营活动中非常重视贯彻合作共赢的理念。1986 年,台币大幅升值时,董事长王永庆立刻亲自召开与客户共渡难关的会议,决定台币升值的汇兑损失由台塑全部负责。为此台塑集团损失达 1 亿多元台币(约合 300 多万美元),但台塑集团却实实在在做到了既发展自己,也保护别人的承诺,由此奠定了与客户合作的良好基础,赢得了合作者的尊重和信赖。②

(三)通过价值诱导促进潜能释放

现代心理学研究表明,凡是对自己的认识和评价与本人的实际情况越接近,自我防御行为就越少,社会适应能力就越强。一般而言,个体的自我概念与本人的实际相符合,就能够在自己能动的实践中扬长避短或扬长补短,因而容易取得成功,从而喜欢自己,肯定自己的价值,产生适度的自我价值感,形成积极的自我。价值关系与人的生理和心理需要密切相关。企业的价值观通过文化手段和一种相容性的心理暗示,激发企业员工的积极性和主动性,使每个人的潜力得到最大能量的释放。一种理性健康的企业价值观,能够使每个员工的生理和心理得到满足,能够最大限度地释放每个员工的潜在能力。比如雀巢公司,虽然尊重技术,但并不把技术看作战略的核心,而是积极寻找有才华的专家,采取灵活的经营管理方式,大胆放权,充分

---

① 赵文明. 中外企业文化经典案例[M]. 北京:企业管理出版社,2005:158－160.
② 同上.

激发员工的主动性和积极性,从而大幅度提高了企业的经营效率。公司CEO彼得·布拉贝克(Peter Brabeck)说:雀巢不会把技术变成战略的中心,雀巢的核心就是人、产品和品牌。正是这种尊重人、信任人、依靠人的管理价值取向,才使雀巢公司一路过关斩将,先后拿下美国、英国、德国、日本等市场,成为世界上最悠久的卓越公司之一。

(四)通过信念改善加强关系协调

如何创造一个和谐、团结的人际关系环境,充分调动人的积极性和创造性,是任何一个企业管理者无法回避的现实问题。企业价值观是企业全体或大多数员工共同认可和遵行的理念体系和行为准则,对所有企业员工具有潜移默化的影响和约束作用。企业价值观也对企业中的所有人提出了相应的责任和义务,在共同的信念面前,企业的所有人都必须要在企业价值观的约束下履行自己的责任和义务,不存在此亲彼疏,有的都是责任和义务。因此,这种价值观有利于形成共同信念,形成平等、协调的人际关系,消除由于心理不平衡而造成的离心现象。企业价值观是精神文化的哲学基础,是企业管理的重要指向,它使企业内部的各种力量汇聚到一个共同信念之下,从而激发企业员工的积极性和主动性。

(五)通过内生动力实现企业竞争力提升

企业竞争力是企业资源和能力的综合反映,是企业所特有的、不容易被竞争对手模仿的独特能力。它除了产品、制度两个层面外,还有一个重要的层面就是包括企业价值观在内的核心层。其中,第一层面是表层的竞争力,第二层面是支持平台的竞争力,只有第三层面才是最核心的竞争力。麦当劳的成功,并不在于它的食品本身有什么独特之处,而在于它已完全融入全民性的价值观念,使其企业文化为大众所接受、喜爱。麦当劳在不断销售汉堡包的同时,也在想尽办法为汉堡包附加一种文化,以便让汉堡包更具有灵性。而这种附加最重要的是让企业文化具有深刻的内涵与广泛的基础。再如"史努比"通过附加文化内涵已成为人们追求精神愉悦的象征,在与人们精神深层次的沟通方面发挥了巨大的作用。所以,消费者为了收集其心仪、充满文化味的"史努比",排队购买也就不足为奇了。西门子公司从当初柏林的一个小作坊发展成为当今世界全球化程度最高的公司之一,其价值观被概括为精练的三句话:"勇担责任、追求卓越、矢志创新"。这三句话不仅在变幻无穷的市场环境中为员工提供了行为准则,而且是公司企业文化的基础。同时,也是其制定企业愿景、发展战略和发展目标的文化基石。惠普公司提出,为了公司的发展,我们必须努力地创造和革新,但是有些东西是亘古不变的,这就是我们企业的价值观:相信、尊重员工;追求卓越的成就;坚持诚实与正直;依靠团队精神达到目标;追求不断创新,注重速度与灵活性。无疑,成功的企业往往是因为有了得到大多数员工认同和信奉的企业价值观,并将企业的价值观与个人的价值观融为一体,产生一种强有力的归属感和自豪感,并转化为内生动力推动企业发展。有人以中国社会科学院2011年公布的我国企业社会责任发展指数前100强企业为原始样本,并结合可持续发展绩效数据,用Spss16.0进行实证检验和分析发现,企业价值观虽然和企业可持续发展绩效呈正相关,但社会观念维度作用不明显。而代表着企业操守信念的道德观念维度和代表着企业价值行为的经营观念维度对企业可持续发展绩效显著正相关,尤其是企业价值观对企业经济绩效的影响最为显著。所以,迈克尔·波特(Michael E. Porter)在《竞争战略》一书中指出:企业的战略是否成功主要通过利润大小来判断,但企业最终的竞争力取决于它在一系列价值中如何进行选择,共有价值观才是企业竞争力的动力之源。我国学者付立红也认为,坚定的企业价值观能确定企业价值的持续存在。因此,企业价值观是企业核心竞争力的动力源泉,是企业价值产生的内在必然性。[①]

第三节 企业价值观体系的构建路径

一、企业价值观体系构建的基本原则

(一)以人为本原则

按照有些学者的说法,以人为本指的是人们处理和解决一个问题时的态度、方式、方法,即人们抱着以人为根本的态度、方式、方法来处理问题。而所谓根本就是最后的根据或最高的出发点与最后的落脚点,以人的根本利益为最后依归。[②] 以人为本需要处理好四层关系:①人与自然的关系。在人与自然的关系上,要不断提高人的生活质量,增强可持续发展能力,以保持人类赖以生存的生态环境具有良性的循环能力;②人与社会的关系。

[①] 付立红. 基于价值观的企业战略管理——坚定的企业价值观持续创造企业价值[J]. 中外企业文化,2007(10):50-51.

[②] 黄楠森. 论"以人为本"的思想渊源和科学内涵[J]. 伦理学研究,2011(3):11-14+141.

在人与社会的关系上,既使社会发展成果惠及全体人民并不断促进人的全面发展,又积极为劳动者提供充分发挥其聪明才智的社会环境;③人与人的关系。在人和人的关系上,强调公平、公正,不断实现人与人之间的和谐发展,尊重人们的基本需求,维护其合法权益和独立人格;④人与组织的关系。在人和组织的关系上,既要注重为人的发展提供平等的权利和机会,又要努力做到使每个人各得其所、各展其才,努力减少组织对人的过度控制,注重人的能力的充分发展和运用,并把人的能力作为基本价值。20 世纪 90 年代以来,以联合国为首的国际组织强调把人的能力放在发展的核心位置,这对我国具有十分重要的现实意义。在企业经营管理中,只有努力挖掘每个员工的潜能,让每个员工心悦诚服地施展其才能,贡献其力量,使其劳动得到应有的尊重,企业才能健康持续发展。

(二)义利兼顾原则

"义利"关系是我国传统道德极为关心的命题。早在春秋战国时期,第一次较大规模的"义利"之辩就在我国历史上出现,并形成了不同的义利思想。儒、道、墨、法各家纷纷提出了代表自己学派的义利思想。如前所述,儒家的义利观本质上是"先义后利""义利兼顾"。孔子强调"见利思义""义然后取""君子喻于义,小人喻于利"。① 孟子说:"王何必曰利,亦有仁义而已矣"②"舍生取义"③"惟义所在"④。荀子提出"先义而后利者荣,先利而后义者辱"⑤。汉儒董仲舒主张"正其谊不谋其利,明其道不计其功"⑥。宋代儒学集大成者朱熹则宣称:"义者,天理之所宜"⑦"君子只理会义"⑧。但儒家并不一概地反对求"利",而是反对通过不正当手段去获取"利"。《论语》中说:"富而可求也,虽执鞭之士,吾亦为之。"⑨"不义而富且贵,于我如浮云。"⑩正是儒家这种"重义轻利""以义制利"的义利观被运用到商品经济活动中,从而造就了"义利兼顾"的"儒商"和"儒商精神"。有人认为,儒商就是"儒"与"商"的结合,儒商是把"儒"的伦理品格和"商"的职业

---

① 论语·里仁
② 孟子·梁惠王上
③ 孟子·告子上
④ 孟子·离娄下
⑤ 荀子·荣辱
⑥ 汉书·董仲舒传
⑦ 论语集注
⑧ 朱子语类
⑨ 论语·学而
⑩ 论语·述而

诉求有机结合起来的经济活动主体,是义与利有机结合的统一。众所周知,明清时期的徽商和晋商之所以取得成功,其原因之一就是这里的经商者"贾而好儒"。他们能够自觉地运用儒家伦理规范自己的商业行为,坚持"以诚待人,以信服人,非义不取",在激烈的商业竞争中用诚信赢得了人们的信任,经商所到之地无不出现"归市如流"的局面,由此在我国商业史上留下了许多可歌可泣的事迹。如晋商中的榆次常氏家族曾开创了可与汉唐"丝绸之路"齐名的中俄茶叶贸易之路,其子孙奔走于闽南沿海至欧洲腹地,历时150余年,家业延续近200年,打破了"富不过三代"的历史定律,获得了"我国儒商第一家"的美誉。其实,经典作家对"义利"关系也有许多精彩的论述。马克思曾经指出:"人们奋斗所争取的一切都同他的利益有关。"所以,不可否认,利益是人们行为的启动器,应充分肯定企业和个人通过正当手段获取利益的合理性和合法性。但又不能不强调,在获取正当利益的同时,必须将道德约束提到一定的高度,通过遵循和强化道德自律,亦即利用"义"的力量来作为调整人与人之间关系的规范,努力做到"义利兼顾",物质文明与精神文明并举。

(三)志存高远原则

墨子说:"志不强者智不达。"①意思是说,一个人没有远大的志向,智慧就得不到充分的发挥。反之,许多取得大成就的人,往往都是意志、天才与勤奋结合的产物。做任何事情,如果没有坚强不屈的意志和坚韧不拔的毅力,也就不可能发挥超人的智慧去完成它。宋代张载也认为,"志大则才大,事业大"②。志向远大,才干就会大,就能干出一番大事业来。也就是说,人为了有所作为,就必须要树立远大的志向。所谓志存高远,就是要有成就伟业的鸿鹄之志,要能在平凡的工作中发现工作的价值和意义,胸怀全局,不仅要看到眼前的利益,更要有超越常人的视野,看到长远的利益,并懂得付出与取舍。作为现代企业或企业家,置身于市场经济的大潮中,面对日新月异的市场环境和技术变革,可谓百舸争流、不进则退。如果不能树立远大的理想和抱负,没有坚韧不拔的意志,就不可能迎难而上,坚持创新,推进企业攻克一个个技术难题,破解一个个管理困境,实现企业持续健康的发展。2011年,TCL集团董事长李东生在该企业的一次学员培训毕业的誓师大会上深有感触地说:TCL从来就不是一个甘于平庸的企业。30多年的风雨历程,我们始终坚信一个民族的崛起离不开强大的经济,而强大的经济

---

① 墨子·修身
② 正蒙·至当篇

需要一批强大的企业支撑。TCL 的梦想，就是成为我国强大企业中的一员。正是基于这样的梦想，TCL 义无反顾地进行了体制改革，做第一个吃螃蟹的我国企业国际化先驱。这个梦想也让我们坚忍不拔、不断变革、力求创新，历尽风雨却百折不挠。与此同时，也让数以万计的员工，潜能得以释放，价值得以体现。TCL 的成功，正是该企业数万名员工志存高远、胸怀全局，将企业持续推向了"受人尊敬和最具创新能力的世界领先企业"的地位。

（四）社会责任原则

社会责任不仅是指一个组织对社会应负的责任，也是一个组织以一种有利于社会的方式进行经营和管理，是一个组织承担的高于自己目标的社会义务。也就是说，所谓企业社会责任原则，就是该企业不仅承担了法律和经济上的义务，还承担了对社会有利的长期目标的义务。企业社会责任包括环境保护、安全生产、社会道德，以及公共利益等诸多方面的责任，并由经济责任、持续发展责任、法律责任和道德责任等构成。从经济社会发展和企业经营管理的实践看，企业积极承担社会责任，不仅对企业实现其社会性的组织作用，保持和发展企业与各种利益相关者之间的契约关系，以及企业提升自身的伦理道德水平十分必要，而且也有利于推进企业与国际经济接轨，对企业赢得良好的社会信誉，增强其竞争力和促进其可持续发展具有十分重要的意义。因此，近年美国的《财富》杂志和《福布斯》杂志在全球企业排名中均加上了"社会责任"标准。1999 年，在瑞士的达沃斯世界经济论坛上，联合国前秘书长科菲·安南（Kofia Annan）提出的"全球协议"中，明确提出了企业遵守在人权、劳工标准和环境方面的九项基本原则。在国际经济合作中，世界上一些著名企业大多数都能够严格履行社会责任，并将企业是否履行社会责任作为合作的基本前提。受此影响，近年国内一些企业也积极承诺履行社会责任，如我国电信、交通银行、一汽大众、中兴通讯等企业都自觉把企业社会责任融入公司战略、企业文化和生产经营活动中。各地也积极开展评选履行社会责任的优秀企业的活动。2012 年 12 月，在北京举行的"中国企业社会责任峰会"上，正式公布了由网民投票评选产生的"2012 年度中国企业社会责任杰出企业"和"2012 年度中国企业社会责任杰出企业家"，同时发布了《2012 年中国企业社会责任报告白皮书》。与此同时，近年来一些不履行企业社会责任，或履行社会责任不合格的企业则被屡屡列入"企业社会责任黑名单"，被公之于众。企业社会责任已经越来越成为人们的共识，也逐渐形成企业和企业家经营管理企业的基本伦理规范。

(五)共享发展原则

所谓共享发展包括两个层面,一是企业与企业之间要倡导建立合作共赢的竞争机制,拒绝非正常竞争或恶性竞争;二是要在企业员工之间建立成果共享文化,让企业的发展成果能够为全体员工共享。从当今国际企业发展的经验看,合作共赢已经成为企业经营管理的基本规律,大多数世界级著名企业往往通过寻求与其他企业的合作才获得了更多的发展机遇,合则双赢,争则两败俱伤。从企业自身的发展本质看,其终极目标其实还是为了实现全体员工的利益最大化。只有让全体员工获得充分的发展机遇,企业才能有更大的发展机会。而企业要想实现健康持续发展,就必须把"共享发展"的精神作为企业文化的核心。共享也是信任与合作的基础,通过与竞争对手共享发展机会,企业可以赢得良好的外部环境,获得更多的发展机会;通过建立企业内部共享发展机制,才能够激活全体员工的积极性和创造性,形成协同创新的活力,共同促进企业的发展。通过这种充分的共享发展行为,培育和形成企业旺盛的整合能力和创新能力,并最终积淀和凝练成为企业强有力的竞争优势。

二、企业价值观体系的构建思路

(一)必须坚持当代我国先进文化的前进方向

价值观是企业文化的核心,企业价值观培育必然是我国先进文化的重要组成部分。按照当代我国先进文化的要求,企业价值观必须坚持正确的发展方向,树立正确的行为规范,有利于形成先进的企业理念和企业精神,有利于不断增强体制创新和文化创新的能力,有利于不断增强员工的向心力和凝聚力,有利于始终保持企业旺盛的活力和持续的竞争力。

(二)必须坚守市场经济的价值取向

市场经济的价值取向是市场经济活动必须遵循的价值原则,企业作为市场经济条件的主体,其价值观必须要与市场经济的价值取向相结合,要体现市场经济价值观的基本内容、特质和要求。市场经济的机制及功能,对社会经济发展和伦理道德的进步具有相应的推动作用,但也会产生一些消极因素,如功利观、物质观的过分膨胀,使人忽视甚至鄙视精神、信念的价值,导致伦理道德的退化甚至错误。效益观、竞争观增强了社会的活力和创造力,但过分扩张,易造成公平失允、社会责任感的淡化甚至缺失。主体性的过分渲染极易导致本位主义、个人主义和极端利己主义。符合先进文化发展方向的企业价值观既要弘扬市场经济的价值取向，又要扬弃其不合理的东西，继而形成积极向上的价值观。

(三)必须符合先进生产力发展的标准和方向

先进生产力标准不仅是我国现代化建设的根本准则，也是当代企业价值观培育的根本标准。以生产力发展为根本标准的企业价值观，本质上反映的是人本、知识、竞争、公正和科学发展等企业的核心价值观。企业的发展为了人，企业的发展离不开人。企业价值观应是包括促进个体全面发展，使个体价值得到更好实现的价值观。在知识经济时代，知识是最重要的资本，在日益激烈的市场竞争中，知识必将成为关键性的战略资源和经济增长的决定性动力。谁拥有知识优势，谁就拥有财富和资源，以知识为基础组织生产经营，已成为现代企业生存和发展的关键。因而，尊重知识必然成为企业价值观的主要内容。竞争是市场经济最主要的特征，正确的竞争观必然是市场经济条件下企业价值观的应有之义。当然，在肯定正确的竞争观的同时，又要将公平公正作为企业的价值追求，企业只有处理好与个人、社会、竞争对手，以及劳动者、所有者、消费者之间的关系，才能形成公平公正的经营环境。企业发展还需要重视科学发展，不能以牺牲环境和生态作为发展代价，要坚持经济、社会协调发展，坚持可持续发展，要将科学的发展观渗透到企业价值观培育的各个环节，形成科学的发展理念和价值取向。

(四)必须坚持"以德治企"和"以法治企"的有机统一

"以德治企"是对我国传统价值观的弘扬和继承，是市场经济的客观要求，自然就是建设先进企业文化的道德内容。企业作为微观经济实体，一方面具有经济人的特质，追求利益最大化无可厚非；但另一方面又不能怂恿企业唯利是图，必须通过严格的法律法规使企业自觉成为社会道德建设的维护者，成为努力维护和遵守市场经济的道德规范。毋庸讳言，当前在客观上由于我国市场经济体制刚刚建立，法治体系尚不健全，一些企业存在制售假冒伪劣产品行为、欺诈行为和不讲诚信行为等与市场经济不相容的现象。这些现象不仅让企业付出高昂的道德成本，也会给整个社会的健康发展带来不利的影响。因此，大力倡导"以德治企"和"以法治企"的有机统一就自然成为市场经济条件下培育企业价值观的重中之重。另外，通过倡导"以德治企"和"以法治企"的价值取向，还可以形成新一代企业家成长的有力保证。企业家是企业发展的助推器和领头羊，企业家道德素养的高低，法治意识的强弱，直接决定着企业道德文化建设的水平。面对现在企业经营领域多种经济成分并存,企业家队伍参差不齐的局面,倡导和强化"以德治企"和"以法治企"的有机统一,对培育新一代企业家队伍显得尤为迫切。市场经济给企业文化建设提出了更高、更严的道德要求,要坚持"以德治企"和"以法治企"的有机统一,就不能拘泥于传统的伦理观念,要坚持稳中求变、稳中求新的原则,以崇高的理想和信念塑造人,努力培育和铸就我国企业的道德观、法治观和价值观,形成符合现代企业的"德魂"和"商魂",提高企业文化的影响力和感染力。

(五)必须坚持博采众长和百花齐放

我国有着五千年辉煌灿烂的文明,文化底蕴博大精深。无论是儒家"天地之性(生)人为贵"[①]的人才观,"以义制利""义利兼顾"的经营观,"德治主义"的管理观;还是法家"依法治国"的法治观,"执要群效"的组织观;抑或儒道共有的"刚柔相济"的管理观和兵家"谋而后动"的战略观,乃至一些商业经营者诸如范蠡等人在经商实践中总结出来的商业智慧,都无不会对当代企业价值观的培育具有十分重要的借鉴和启迪作用,培育现代企业价值观不能不从中汲取营养。另外,置身于当今全球化和网络化的经济环境中,培育企业的价值观还不能不重视借鉴国外先进企业文化建设经验。从企业文化发生发展的过程看,企业文化是"基"存于日本,"花"开在美国,而"根"则置于我国,说明企业文化本身所具有的多元渗透特性。所以,培育企业的价值观就要注重借鉴国外先进的企业文化成果,取长补短,相互提升。如日本企业的团队精神,美国企业的创新意识,欧洲企业的精品文化等都成为企业界共同欣赏的优秀文化基因,值得我国的企业去学习和借鉴。当然,企业文化的学习和借鉴,并非一味地照搬照抄,而是要注重切合自己企业的特点,要有鲜明的个性,要根据本行业、本企业,乃至生产产品的特点去塑造企业文化,切忌简单模仿。企业价值观可能有多种多样,很难用某一种模式和概念涵盖一切,但在一些优质的企业价值文化中,仍然会存在某些共同的价值观基因。如兰德公司花 20 年时间对世界 500 家大公司的调查发现,那些百年不衰企业所具有的一个共同特点是:不以追求利润为唯一目标;普遍具有超越利润的社会目标。普遍遵循的原则是:人的价值高于物的价值,共同价值高于个人价值,社会价值高于利润价值,用户价值高于生产价值。

(六)必须尊重企业价值观的文化基因

不同文化背景下的企业价值观也可能有较大的差异,需要结合本国的

---

① 孝经·圣治章

文化基因进行创造性借鉴。有人基于中外企业核心价值观共享的六个要素——诚信、创新、以人为本、顾客导向、团队精神和社会责任,对中美25家知名企业的核心价值观进行归纳分析,从比例差异入手,选取"诚信""创新"和"以人为本"三个要素,分别从词汇内涵、民族性格和人际关系取向,探讨了中美企业核心价值观在管理学表层共性下的深层社会文化差异,以及这种文化差异在践行企业核心价值观的过程中对企业文化的影响。研究表明,即使在中外企业核心价值观共有的基本要素中,中美企业对"诚信""创新"和"以人为本"三个要素在词汇内涵、民族性格和人际关系取向方面也存在着较大的文化差异。中美企业共享的六个基本要素可分为三种情况:"诚信"和"团队合作"两个价值观的比例接近或相同;我国企业在"创新"和"社会责任"两个要素上的比例比美国企业分别高出了28%和20%;美国企业在"以人为本"和"顾客导向"两个要素上的比例比我国企业分别高出了12%和32%。这些表层共性下的差异性表明,企业核心价值观对于企业文化建设来说绝不是几个简单的、人云亦云的词句,一个企业的核心价值观实际上是该企业将其经营理念结合对所处社会文化的深刻认识并高度凝练出来的管理思想。优秀企业的核心价值观实际上反映的是已经沉淀在企业中的那些约定俗成的行为规范和价值导向。失去了社会文化的强力支撑,企业的核心价值观就根本无法发挥对企业员工思想和行为的影响作用。

三、企业价值观体系构建的实现方式

(一)积极建设企业价值观的认知系统

企业价值观的认知系统需要经过一个从感性到理性、理论到实践、外化到内化、自为到自觉的过程。这个过程也是企业员工逐步认知、认同、内化、践行企业价值观的过程。

1. 要认识企业价值观的作用

一方面,价值观是为企业绝大多数成员所共同享有的精神依赖,一个企业的价值观如果不能为大多数成员所接受或认同。那么,它就不可能对企业整体的思想和行为发挥导向和支配作用。另一方面,价值观在企业中占据主导地位,是由企业对企业成员中各种价值观进行整合而形成的。此外,价值观对企业的生存和发展具有支配作用,是企业文化的核心。它对于企业的经营思想、发展目标、企业伦理,乃至全部的生产经营活动具有引导作用,可以将其看作企业生存与发展的一种原则和标准。这种原则和标准是企业员工选择、规范、引导自主行为的准绳。

2. 要理解企业价值观的内涵

一方面，企业价值观是关于企业经营管理活动的价值观念，是非、好坏的判断标准。企业究竟以什么样的标准来评价经营过程中的"是与非""好与坏""美与丑"，这是企业文化建设中首先需要解决的问题，而这个问题必须通过建立一个价值标准才能解决。否则，就会出现好坏不分、是非不明的混乱现象。另一方面，企业价值观不同于企业经营管理的知识、理论和系统，它主要不是表明企业员工"要知道什么，懂得什么，会做什么"，而是表明他们究竟"相信什么，不相信什么""想要什么，不想要什么""坚持什么，放弃什么"等。其实，就是人们在已有知识的基础上进行价值选择的内心定位和选择系统。一般说来，企业经营所持有的价值标准，不仅需要企业员工对企业经营规律的认识和掌握，也需要他们对企业使命和责任等做出正确的判断，在此基础上才能对其"相信什么""坚持什么"和"追求什么"等做出准确的价值判断和选择。此外，任何企业的价值观都不是凭空产生的，而是企业及企业人社会存在的反映。企业价值观的深层基础是企业及其员工的地位、需要、利益和能力的反映。企业员工来源不同，其地位、条件、经历等各异，价值观自然也会是多元的。为了形成企业统一的价值观，就必须对员工进行价值观教育，让更多的员工能够认同和接受企业所倡导的价值观，认识企业形成统一价值观对企业发展的必要性和重要性。企业价值观是企业人心目中的评价标准，如果价值观不一致，对一些是非问题就不能做出明确的认定，就难以形成共同的奋斗目标，必然对企业的经营管理带来麻烦和困难。因此，只有形成统一的企业价值观，才能有效化解许多矛盾和误会，降低管理成本，提高工作效率，营造一种相互理解、凝心聚力的工作氛围。

3. 要积极树立企业价值观

价值观是人、企业乃至社会精神文化系统中深层的、相对稳定的部分，是人和企业的精神心理活动的中枢系统，其建立过程不可能一蹴而就，要经过一个观察、模仿、学习、接受外界影响、教育等长期内化的过程，这个过程就是组织的各种价值观念植入个体，并通过个体内化而形成自身价值观的过程。作为一个企业，如何树立正确的价值观，如何将这一价值观让广大员工认可、接受并在自己的实际行动中体现，就需要企业不断地提炼、培育、引导和推广，这是一个漫长而艰巨的任务。

(二)着力培育企业价值观的内部养成机制

1. 设立推进企业价值观建设的组织机构

这类组织机构可以是职能性的,也可以是学术性的。设立组织机构时,除了要重视新建机构的职能,还要重视对原有机构的改造,重视各种正式或非正式团体、各种群体性组织的存在,对这些机构进行引导和转化,充分吸纳各个层面的人员参与到组织机构中来,减少阻力,发挥其正能量,尽量使企业价值观在内部培育中得到来自不同层面人员的支持和认可。

2. 充分挖掘和提炼企业价值观的内涵

虽然企业价值观的存在往往是客观的,但它是否是一个积极向上的有机整体却难以确定。因此,对企业客观存在的价值观进行诊断,提炼出具有代表性的、符合企业发展宗旨和时代要求的价值观,并将其进行文字化解读,是十分必要的。有人按照价值分析的教育模式,设计了六个基本程序,即确认和澄清价值问题、收集可能有意义的事实、确定可能有意义事实的真实性、澄清有关事实、做出尝试性的价值决定、检验包含于决定中的价值标准。上述六个程序涵盖了企业价值观形成和提炼的几个关键步骤和环节,在价值观的内部培育过程中,企业应进行全方位的调查研究和充分沟通,在此基础上提炼表述成简练的价值观语句,总结形成价值观体系,并积极进行深刻解读、事实验证和企业全体人员的培训灌输。

3. 加强企业人的素质建设以推进企业价值观培育

企业人的素质分为物质生产劳动者的素质、精神(信息)生产者的素质、管理(服务)生产者的素质三个方面。全面提高企业人的素质,对于缩短企业价值观的内化过程,巩固和发展企业价值观具有十分重要的意义。因此,必须将开发企业中人的素质作为企业价值观实现的一个重要环节。在实践中,打造学习型组织是全面开发企业人素质的有效途径。按照美国学者彼得·圣吉(Peter M. Senge)的说法,学习型组织是指"通过培养整个企业的学习氛围,充分发挥员工的创造性思维能力而建立起来的一种有机的、高度柔性的、横向网络式的、符合人性的、能持续创新发展的组织"①。只有真正把企业打造成学习型企业,才能迎接各种挑战,才能重新认知这个世界和企

---

① 彼得·圣吉. 第五项修炼——学习型组织的艺术与实务[M]. 郭进隆,译. 上海:三联书店,1998:14.

业之间的关系,并不断扩展未来的能量。

4. 在团队建设中培育企业价值观

团队建设对企业发展十分重要,用系统论的观点解释,这种做法可以产生 $1+1>2$ 的效应。如何培育团队意识,一般的做法有如下几点。

(1)明确团队的发展目标,并为团队成员确定岗位任务,形成具体目标与团队目标的协同发展。企业要通过各种宣传渠道,举办多种形式的专题辅导,制定详细的规章制度,让企业全体员工对其发展目标和个人岗位目标有清楚的了解和把握,促使员工把团队目标变成自己的目标,使每一个企业员工的奋斗方向与团队的奋斗方向保持高度一致。

(2)开展目标绩效考评,保证企业员工奋斗目标与团队目标的实效性。要建立一套公平、公正的绩效考评制度,保证团队成员对自己所从事的工作,以及取得的绩效、存在的不足和问题有清晰的认识,尽量减少内部摩擦,增加责任意识和成就感。

(3)创造个人的发展机会。通过加强对团队成员综合素质的培训和教育,提高其整体素质。激励团队成员做学习型员工,建设学习型组织。同时,在实践中着力培养团队成员的综合素质,建立信任文化,最大限度地释放个体潜能。

(4)努力提高团队成员的忠诚度和满意度。企业要为员工生产、生活、学习提供尽可能周到的服务,充分采纳他们的合理建议,增强其满足感和满意度。

(5)通过沟通提高团队成员间的亲和力。企业要为全体员工多搭建交流沟通的平台,充分利用各种沟通渠道,协调上下级之间、团队成员之间,以及各层级之间的关系,沟通信息,化解矛盾,提升人际关系的正效应。

(6)建立有效的激励机制。对一些工作突出、业绩显著的团队成员及时给予鼓励,对一些存在问题和缺陷的成员及时进行纠偏,督促他们跟上团队的发展步伐。

(三)营造企业价值观的外部传播系统

1. 创造有利的外部环境

企业的外部环境包括政治、经济、文化环境和市场环境等。对于企业外部环境中的各种因素,企业要努力做到认真调研,仔细分析,准确把握。只有这样,才能变被动为主动,及时了解动态,适时采取措施,充分利用有利因素,摒弃或改造不利因素,引领企业朝着良性健康的方向发展。

2. 重视塑造良好的企业外部形象

企业外部形象是指公众对企业各方面的一种综合印象和评价,它不仅包括厂房、设备、产品、生态、经济效应、福利待遇等物质因素,也包括服务、信誉、管理、科技、价值观念、精神状态、理想追求等非物质因素。有人将其归纳为由公众对企业产品品牌、企业文化和企业声誉三个原点信息的复合和集成。企业外部形象的好坏,直接和间接地对企业价值观发生影响。一种好的外部形象,可以使企业员工产生一种与企业荣辱与共、休戚相关的使命感和责任感,并能够在统一价值观的基础上团结一致,创造出宽松舒畅的工作环境,发挥每一个员工的创新意识和才能,不断推陈出新,创造出新思路和新产品,提升企业的竞争力。反之,则会在员工中产生离心离德的疏远感,降低企业凝聚力,影响企业创造力和竞争力。目前,塑造企业形象的普遍做法是通过实施 CIS 战略建立企业的整体形象,在消费者和社会公众心目中产生识别效果。当然,这里需要强调的是,CIS 是一种企业形象管理的系统战略,要遵循 CIS 原则,通过基于企业形象力作用主体的实态塑造企业形象。具体可以通过以产品和服务品牌为依托塑造企业形象,以文化建设为核心塑造企业形象,以传播沟通为手段展示企业形象,从而赢得企业声誉。同时,还要防止出现重 CIS,轻管理;重视觉识别,轻理念识别;重策划,轻实施等不良倾向。

(四)发挥企业家的价值观引领作用

在企业价值观建设过程中,企业家的作用至关重要。企业家不仅要具备卓越的管理和领导才能,更要始终不渝地将推行企业的价值观作为根本任务。一个高水平的企业领导人,可以通过多种方式将企业的各种要素和各个环节用几条简洁的语句归纳于企业价值观的指导之下,形成推动企业发展的精神动力。企业家可以用正确的价值观凝聚人心,推动企业发展,也可能在一种不正确的价值观统治下把企业引入歧途,阻滞甚至扼杀企业的发展。国外有学者认为:"领导者的职责在于树立正确的企业理念,并使之成为组织信念体系中充满新鲜活力的核心。企业理念是领导者手中的一把双刃剑。"[①]所以,企业家的道德品质、价值取向和意志力,都会对企业价值观的形成和发展产生广泛而深刻的影响。正如美国管理学者詹姆斯·柯林斯(James Collins)所言:"把训练有素的文化和企业家的职业道德融合在一

---

① 迈克尔·茨威尔. 创造基于能力的企业文化[M]. 王申英,唐伟,何卫,译. 北京:华夏出版社,2002:71.

起时,你就得到了神奇的、能创造卓越业绩的炼金术。"①所以,充分发挥企业家在企业价值观建设中的作用,是企业价值观得以实现的根本保证。对于我国企业而言,企业家作用的发挥程度,直接决定了企业发展的前途,而企业家的命运就是我国未来经济发展的命运。充分发挥企业家在企业价值观建设中的引领作用,积极培育具有道德素养高、创新能力强、热爱祖国、敬业奉献的企业家及其价值观,对提升我国企业的国际竞争力具有十分重要的意义。

(五)强化个人价值观与组织价值观的动态匹配

个人价值观是个体的一种相对持久的感觉和特性,对个体行为的一般性产生影响。组织价值观是企业文化的核心依托,是适应现代生产力发展及其市场化要求而产生的一种组织形式。企业文化由物质文化、制度文化、行为文化和精神文化四个层次构成,具体体现在企业的经营理念、规章制度、管理活动和员工行为中。个人价值观需要以组织价值观为基础,组织价值观要能够为个人价值观提供导向。一般情况下,企业个体,尤其是一个优秀的员工都会注重个人价值观与组织价值观的匹配。企业中个体的不同观念、态度、追求与企业价值观的良性互动,可以影响和提升企业核心价值观,并形成企业相对于竞争对手的人力资源差异和优势。一旦自我价值观与企业的核心价值观高度吻合,就能自觉释放出无限能量,并形成企业的竞争优势,在企业发展中发挥引领作用。组织价值观则往往受多重因素的影响。在企业成立之初,企业领导者的价值取向对企业价值观的形成具有重要的导向作用。某种程度上,企业价值观就是领导人的价值观。随着企业的发展,来自不同领域、不同文化背景员工以及管理者的加入,多元文化背景会对企业价值观产生一定影响,形成不同的价值取向,并在企业进一步发展基础上逐步形成相对固定和统一的价值认同体系,这就是组织的价值观。毋庸置疑,组织价值观本身的发展性,导致当组织生态环境和社会主流文化发生变化时,组织文化也必须要随之发生变化。如果组织文化不能适应社会生态环境发展的要求,就可能成为企业发展的障碍。而且,在企业生命周期的不同阶段,组织文化也会随之发生变化。因此,要积极调适企业文化与组织成员特征及其环境之间的适应度。当组织文化发生变化时,员工的价值观也要与之相适应。当然,当员工价值观发生变化时,组织文化也要适应这种变化。如果员工不能适应组织文化变化,或者组织文化无法实现员工期望,都会出现个人与组织匹配度降低的风险,导致出现员工离职倾向和不必

---

① 詹姆斯·柯林斯. 从优秀到卓越[M]. 俞利军,译. 北京:中信出版社,2002:16.

要的组织管理波动,这些都会对企业健康发展带来危害。尤其是随着科技和信息时代的影响,这种个人价值观和组织价值观之间的联系就会变得更为复杂和紧密。

(六)用实际行动践行企业的价值观

企业价值观的实现方式最终只有落实到企业具体的经营管理活动之中才能取得实际的效果,仅仅停留在理论层面的企业价值观是没有意义的。企业必须通过各种制度、规范、措施、政策等推动企业价值观在企业生产经营过程中变成现实。诸如,通过激励措施,使那些遵循和信奉企业价值观的员工受到尊重,得到实惠。这里激励措施的运用,就不仅是一种管理手段,也是企业价值观实现的重要方式。为此,美国管理学家托马斯·彼得斯(Thomas Peters)等指出:"再没有什么比正面的奖励能更有力地促进工作的工具了。其实所有人都在或多或少地运用着它。但那些表现杰出的人,往往只是不多的几个,则无时无刻不在利用它。"[①]同时,企业价值观建设不能仅仅体现在具体的管理措施中,还必须反映在对企业生产经营管理过程的渗透中。企业价值观建设,不是靠几句口号和承诺就能够实现的。对一个企业而言,价值观应该是渗透到企业生产经营的各个环节的一种内在动力系统。价值观只有全面渗透到企业发展的各个细节中去,通过每一个生产经营环节和每一件产品生产经营过程才能得以实现。企业价值观向企业生产经营过程的渗透,实际上是与企业价值观本身的要求密切相关的。通过这种渗透过程,企业价值观的作用才能得到深化。诸如美国的多米诺公司为了实现"30分钟内将货送到任何地方"的价值承诺,不惜包租飞机将货物按时送到。英国航空公司为了一位不愿意改乘别的公司飞机的日本老太太不计成本专飞一趟专线。这些企业或许在践行自己企业的价值观过程中受到了不小的经济损失,但却让企业价值观在人们的心目中得到了认可和升华,从而获得了远高于经济价值的文化价值。我国海尔集团提出的"真诚到永远""日事日毕、日清日高";联想集团提出的"为客户、为员工、为股东、为社会"的"四为"理念;康佳公司"为企业内外公众创造健康、快乐的生活,不断奉献优秀的产品和服务",即所谓的"康乐人生、佳品纷呈"的企业理念等,都是将企业价值观建设渗透于企业生产经营实践中的典型案例。价值观建设的落脚点是企业价值观的塑造,即通过企业价值观的管理、渗透等手段,把企业价值观的根本要求最终体现在企业的产品和服务中,体现在企业

---

① 托马斯·彼得斯,罗伯特·沃特曼. 追求卓越——美国优秀企业的管理圣经[M]. 戴春平,译. 北京:中央编译出版社,2001:289.

员工的精神状态中,体现在社会对企业形象的认同中。世界上任何一家卓越企业,每一种驰名品牌,都无不是与一种信守不二的企业价值观联系在一起。对于任何一个企业而言,只有通过长期的企业价值观建设,形成自己的企业形象,确立符合自己个性发展要求的企业文化,才是企业获得成功的根本路径。①

总之,企业价值观的建设与实现是一项复杂的系统工程。只有把这个系统涉及的各个方面,从总体发展的角度进行充分认识,企业才能建构起既符合企业发展要求,又体现企业发展现状的企业价值观。

---

① 李晓东. 解析与建构:企业价值观解读[D]. 北京:北京师范大学,2003.

第七章　新时期企业的跨文化管理

企业跨文化管理,就是善于把当地文化理念融会于经营管理之中,在企业跨国经营的资源整合、产品创新、品牌创立、市场营销诸多方面更加符合本土化。跨国文化管理的任务在于从不同的文化中寻求共同的能体现各种文化精髓的东西,这样才能在各种文化环境中生存。在新的经济形势下,我国企业为了更好地生存和繁荣发展,必须把文化的敏感性和技巧结合在企业管理和文化建设中,通过跨文化管理,达到相互间的沟通和互融,消除文化障碍。

第一节　跨文化管理的含义和特征

一、跨文化管理的内涵

跨文化管理又称交叉文化管理,指与企业(组织)有关的不同文化群体在交互作用过程中出现矛盾(差异和冲突)时,在管理各项职能中加入对应的文化整合措施,有效地解决这种矛盾,从而有效地管理企业的过程。简言之,跨文化管理是指对不同文化背景的人、物、事进行管理的过程。

从本质上来看,跨文化管理主要是进行企业文化的内部整合。即在跨国经营中对不同种族、不同文化类型、不同文化发展阶段的子公司所在国的文化采取包容的管理方法,其重点是在跨文化条件下如何克服异质文化的冲突,维系不同文化背景的员工的共同价值观和行为准则,并据此创造出企业独特的文化,从而形成卓越有效的管理过程。

作为一种全新的管理理念,跨文化管理是经济全球化带来的企业跨国经营活动的产物。由于世界贸易组织和地区经济一体化联盟,交通运输与信息技术的飞速发展与进步,使得国际商务交往范围更大,文化模式由一元转向多元,这就要求跨国企业在异域文化中把具有不同文化背景的各国员工用具有自己特色的企业文化、共同的价值标准、道德规范和行为模式凝聚起来,最大限度地发掘和利用企业的潜力和价值。在跨文化管理中,管理者不仅要懂得满足员工需求对激励员工的重要作用,还应该知道什么是员工的特殊需求，以及怎样去满足员工的特殊需求。

从企业文化的结构来看，实施跨文化管理需要从以下三个层次入手。

（一）理念层次

理念层次即整合企业价值观，形成共同价值观为基础的企业理念体系。在企业经营过程中，不同文化背景的员工的行为无不体现出自身的价值观念，因此，跨文化管理在不同层次水平上都涉及价值观问题。管理者要在平等看待各种价值观的同时，对特定的价值观体系进行分析和比较，从而确立企业的共同价值观。以共同价值观为根本，才能保证企业文化的一元化和多样性，而不是多元化，这是跨文化管理成功与否的关键。

（二）制度行为层次

制度行为层次就是对企业的制度和行为规范进行整合和统一，并通过有力的执行逐步实现不同文化背景员工行为的一致。由于不同的文化背景，即使全新的企业文化形成了，在企业内部也会保留和存在着特征迥异的民族文化模式，他们的行为规范可能是互补的，也可能是矛盾的。这样，同样的要求与规定，不同的文化成员，执行方式可能不同，产生结果就相应不同。企业制定和颁布统一的制度文件是容易的，但是要使不同文化的员工都有正确、一致的理解和执行，却并不容易；而且要改变在不同文化熏陶下长期形成的行为习惯，显然就更加困难。因此，制度行为层次的文化整合和管理，并不是要试图改变员工所有的习惯和行为方式，而只是改变妨碍团队工作的行为。

（三）符号层次

符号层次即采用统一的标志、建筑风格、传播网络等企业符号层要素，这是跨文化管理中最容易的部分。例如，海尔集团设在海外的工厂和研发中心，就采用了海尔标志和标准色等元素。又如，谷歌（Google）设在清华科技园的分部，也尽量采用了与美国总部相似的装修风格。

二、跨文化管理的类型

由于跨国之间的经济活动和企业行为越来越多，跨文化管理行为会发生在企业到本土之外进行的企业合资、合并和兼并等行为中。通常，存在三种文化整合与融合行为，即强势文化和强势文化之间、强势文化和弱势文化之间、弱势文化和弱势文化之间。于是，跨文化管理对应产生了三种类型。

(一)移植

移植就是将母公司的企业文化体系全套照搬到子公司所在国家和地区,而无视子公司所在地的本土文化以及合作方原来的组织文化。这也是最简单、最直接的方式。

在具体的企业文化贯彻和实施的过程中,都不可避免地带有强制的色彩。有下列情形:如果母公司文化是强势文化,而子公司的企业文化和地域文化是弱势文化,那么在移植过程中遇到的冲突就相对较小,例如"海尔文化激活休克鱼"案例。如果两种文化势均力敌,均属于强势文化,那么移植导致的冲突就会很激烈。如果均属于弱势文化,则这种移植就会毫无结果,徒劳无功。当子公司所在的地域文化和自身的组织文化为强势文化,如果弱势的母公司文化要进行移植,其结果很可能是不仅无法保持母公司的文化精华,还可能会被子公司的文化所同化。

(二)嫁接

这种类型的跨文化管理,是在母公司认识到子公司所在地域文化及其自身组织文化特征,并在尊重的前提下所采取的方式。嫁接时,多以子公司的地域或组织文化为主体,然后选择母公司文化中关键和适合的部分与之结合。例如,西安杨森、海尔(美国)、联想旗下的 IBM 都是这种类型。

这种方式的优点在于对当地文化的充分认识和尊重,融合风险小,但是有效性不稳定。容易出现的问题是:母公司文化的特征不突出,或是没有尽取其精华;也可能对当地文化中的不适宜成分没有充分剥离,使协调效应无法充分发挥。

(三)合金

文化合金是两种文化的有机结合,选择各自精华的部分紧密融合,最有效地将双方优秀基因融合起来,成为兼容性强、多样文化的合金。这是文化整合的最高层次,也是经过实践证明的最佳方式。

这种方式不是以哪一种文化为主体,而是两种文化完全融合。具有这种性质的合金文化,可以兼容更多的其他文化,适应更多不同的文化环境,具有普遍推广的能力,因此也是经济全球化格局中跨国公司最强的核心竞争力。例如中日合资的北京松下公司,公司文化的核心是"十大精神",其中 7 条是来自日本松下公司,而实事求是、改革发展、友好合作等 3 条则是来自中方企业。

跨文化管理过程困难多多,这是由跨文化管理的本身特征所决定的。跨文化管理的特征如表 7-1 所示。

表7-1　跨文化管理的特征

序号	特征	原因	佐例	注意点
1	多元化	跨文化管理,涉及不同文化背景的人(母国员工、外派员工、本地员工和第三国员工)、物、事的管理,人员结构较为复杂	比如,同样是沉默,来自一种民族文化的成员可能以此来表示支持和理解,而来自另一种民族文化的人则以此表示漠不关心,还有的民族文化很可能意味着反对	同样的要求和规定,不同文化的成员很可能按照不同的行为方式执行,从而产生不同的结果
2	复杂化	在跨文化的环境中,处于不同文化背景的各方经理人员由于不同的价值观念、思维方式、习惯作风等产生的差异	比如,经营目标、市场选择、原材料的选择、管理方式、处世作风、作业安排及对作业重要性的认识、变革要求等不同,可能给企业的经营埋下隐患	这些隐患处理不当就会导致混乱和冲突,使决策变得更加困难
3	过程性	跨国经营企业或者合资企业处于一个"文化边际域"中,即处在不同文化交汇与撞击的区域内。在这个区域中,不同的文化环境,还有不同的经济、社会和政治等因素,必会形成较大的文化差异	比如,差异只有逐渐被人们理解和认知,进而产生关心、认同心理,才能取得共识,建立全新的共同的企业文化。跨文化企业要形成自己的企业文化不是一朝一夕的事,需要一个很长的过程	在这一过程中,所有成员都要了解对方的文化模式,进行文化沟通以消除障碍,接受企业全新的特有文化
4	风险性	劳动关系问题是跨国企业经营的重要问题,因为各国的法律、管理体系、劳动关系的背景都不同,因此,当管理人员采取的管理方式不为员工所接受时,就有可能产生管理失败的风险	比如,跨国企业还有可能面临组织风险(企业在开展国际化业务经营时,由于各子市场和分支机构的分散性与独特性,使企业的管理、决策和协调变得复杂而带来的风险)和沟通风险(管理人员面对不同文化、语言等沟通障碍,引起沟通误会,从而导致沟通失败所带来的风险)	风险存在的同时,沟通的成本大大增加

第二节　跨文化企业文化差异和冲突

一、文化差异的内涵和识别维度

(一)文化差异的内涵

文化差异是指由于文化背景不同导致特定人群之间遵循不同的价值评判标准和行为准则,从而使他们对于特定事物具有不同的态度和行为。

从层次上来说,文化差异可以是不同企业、不同国家、不同民族间的文化的差别。例如,美国、英国、瑞典、法国、荷兰、德国、日本等都自称是资本主义国家,崇尚自由,尊重市场机制,强调自由经济制度,这是文化相似的一面;但这些国家的企业在日常运作方式、赋予工作的意义、利益相关者的利益分配形式、员工管理的风格、谈判的技巧等方面,又存在着很大的不同。

根据文化学的奠基人泰勒的观点:文化是知识、信仰、艺术、道德、法律、风俗及能力和习惯的集合总体。研究发现,不同国家、民族间的文化差异主要体现在价值观、传统文化、宗教信仰、种族优越感、语言和沟通障碍等方面。

文化差异与文化冲突是经济全球化下企业发展中不可避免的一个问题。文化差异是指不同国家、民族间文化的差别,包括价值观、传统文化、宗教信仰、语言、思维方式、行为准则、习惯等方面;文化冲突是指不同形态的文化或者文化要素之间相互对立、相互排斥的过程。它既指企业在跨国经营时与东道国的文化观念不同而产生的冲突,又包含了在一个企业内部由于员工分属不同文化背景而产生的冲突。实际上,跨国企业在文化整合上面临的不仅仅是企业层面的文化差异及冲突,还包括国家文化的差异及冲突。

(二)文化差异的识别维度

在跨文化企业中,不同民族文化背景的员工不可避免地会产生文化误解与冲突。为了解决民族文化差异带来的问题,许多学者已经研究了这项课题,其中最引人关注的是荷兰科学家霍夫斯塔德通过大量的数据分析和研究发现,造成文化差异的深层因素包括个人主义与集体主义、权力距离、不确定性规避、价值观的男性度与女性度和短期目标与长期目标。

1. 个人主义与集体主义

个人主义社会指人与人之间的关系较为淡薄的社会,人们只顾及他/她自己及其直系亲属。而在集体主义社会,人们一出生就结合在强大而紧密的集团之中,这种集团为他们提供终生的保护,而他们反过来也毫无疑问地忠诚于自己的集团。个人主义和集体主义这一范畴与下列各项"工作目标"的重要程度密切相关。

(1)归入"个人主义"选择标准的有:

第一,个人时间:选择一项能给你留出足够时间去安排个人或家庭生活的工作。

第二,自由:有相当多的自由,可按自己的意愿去找工作。

第三,竞争:选择富有挑战性的、可以在工作中获得个人成就感的工作。

(2)归入"集体主义"选择标准的有:

第一,培训:有培训机会(提高技术或学习新技术的机会)。

第二,物质条件:有较好的、有益身心健康的工作条件(通风、光线充足、工作空间宽敞等)。

第三,学以致用:在工作中充分利用和发挥所学技能。

处于个人主义文化中的员工往往希望按照自己的兴趣行事,工作应该按照员工意愿与雇主利益相一致的方法加以组织。员工们被看作"经济人",或作为经济与心理需求相结合的人。在集体主义文化中,雇主绝不会把员工作为单独的个人,而是把他作为从属于某一集团的人来雇佣,员工将会按照这个集团的利益行事。个人主义社会的管理是管理个人,平常下属可以单独加以调动。如果发放奖金或给予鼓励,就应该根据每个人的工作表现。集体主义社会的管理是管理一个个的集体,人们所处的情况不同,在实际感情上同工作集体保持一致的程度也会有所不同。

个人主义文化中无一例外地建立了管理技术和训练计划,培训第一线管理者的标准内容是如何进行"工作评价",即定期对下属的表现进行总结回顾,这可以作为目标管理的一部分。在集体主义社会中,公开地同下属讨论其个人表现,可能同团队和睦的准则相抵触,下属会感到有失面子,因而难以接受,往往通过比较微妙而又间接的方式交换个人意见。

2. 权力距离

权力距离是一个国家的组织和机构中,权力较小的人期望和接受权力分布不平等的程度。在企业管理中,通过权力距离可以分析组织成员对权威的态度和感觉,相应地可以判断组织结构是倾向于集权还是倾向于分权、管理风格如何、组织结构是否扁平化等。

以企业为例,在权力差距大的情况下,上下级认为彼此之间天生就不平等。在组织结构设计中,尽可能地把权力集中到少数人的手里,下属应该按上级的要求办事。还有很多监督人员被安排在高层人物当中,他们互相报告。从工资制度可以看出,上下级的收入差距很大;工人的教育程度相对较低,干体力活的不如坐办公室的地位高;上级能享受特权,上下级的联系应该只是上对下的。在权力差距小的情况下,上下级认为彼此天生是平等的,所谓的等级只不过是大家所任的职务不同而已,组织结构设计是为了工作方便。大家的职务可以变换,今天还是我的下属的人,说不定明天就成了我的顶头上司。上下级的工资差别也相对较小;工人都训练有素,高技术的体力活比低技术的文职工作地位高;上级人物享受特权基本上是不受欢迎的;上级经常与下级联系,上级在做一项与下级工作有关的决定时会和下级商量,最终决策往往易于接受。

3. 不确定性规避

所有人都必须面对这个事实:我们并不知道明天会发生什么事情。未来是不确定的,而现实中的我们又不能不和不确定性的未来联系在一起。极端不确定的事物会产生不能忍受的焦虑和紧张。不确定性的感受不仅是个人的事情,而且是与一个社会中的其他成员共同体验到的。对不确定性的感受和处置方式是一种社会的文化遗产,这种文化遗产是通过社会中的基本机构不断加以强化的。在企业中,它们反映了企业成员集体持有的共同价值观。

规章制度在工作场所中的作用是非常显著的,这些规章制度有些是成文的,有些是不成文的,但都是为了规范工作场所中人们的行为,让他们明确自己的责任、义务和权力。为了保证正常开展工作,各个组织中还有许多内部的规则和制度,这些都与权力差距有关系。如果一种文化的权力差距很大的话,那么组织内部的规则和制度就起到保障各级领导层行使权力的作用,对法律和规章制度的需要并不是基于纯粹逻辑上的考虑,而是一种基于心理逻辑的考虑。

根据程度的不同,回避不确定性可以分为强回避不确定性和弱回避不确定性两种情况。在强回避不确定性文化中,对规章制度的需要更多的是情感方面的考虑,他们觉得在结构化了的环境中工作更舒适、更顺畅,任何事情都要加以有组织地系统化,尽可能少出意外。强回避不确定性文化对法律、规章的需要是以情感为基础的,这将导致一些规章或由规章约束的行为发生变异。在弱回避不确定性文化中,人们对于成文法规在感情上是接受不了的,但在实践中却得到普遍的尊重。在强回避不确定性工作环境中,人们工作很努力,起码是一天到晚忙个不停,生活节奏非常快;在弱回避不确定性工作环境中,如果工作需要的话,他们工作起来也很努力,但他们并不是由内在的力量驱动终日忙忙碌碌,他们希望能有充裕的时间放松放松,时间只不过是个参照标准,没有必要总是看表,和时间赛跑。

欧洲企业管理学院通过问卷调查,发现下列问题都与回避不确定性指标有很强相关关系:若能永远消除冲突,则大多数单位会变得更好。领导应该能够准确回答下级提出的问题,这样,下级才能提高他们的绩效。如果想让一个有能力的人去做适当的工作的话,应该给他非常详尽的工作指示。当一个部门中的工作人员职责不清时,最好给每个人都下达一份详细的职位说明书。无论在何种情况下,一个人只能有一位上级。

所有这些问题都反映了人们处身于模糊不清的情境时会表现出一种忐忑不安的心情,反映了强回避不确定性文化对精细规划与组织管理正规化的迫切要求。弱回避不确定性文化的人尽管努力解决战略计划的问题,但不一定必然保证他的公司能获成功。

弱回避不确定性文化能容忍各种各样的思想、形形色色的主意,这种文化有利于产生一些根本性的革新想法,但又不善于把这些革新想法付诸实践,使之在现实生活中生效。因为把一种革新想法转变为现实,需要精巧的技艺、精确的工艺,而弱回避不确定性文化在这方面恰恰不如强回避不确定性文化。

4. 价值观的男性度与女性度

男子气概:社会中两性的社会性别角色差别清楚,男人应表现得自信、恃强,注重物质成就;女人应表现得谦逊、温柔、关注生活质量。

女性气质:社会中两性的社会性别角色互相重叠,男人与女人都表现得谦逊、恭顺、关注生活质量。

在一个企业里,不同年龄、不同学历、不同背景的人可能会有的偏于男子气概,有的偏于女性气质,因此,在管理、沟通、合作乃至激励时都应该具体情况具体分析。

5. 短期目标与长期目标

尽管霍夫斯塔德在跨文化管理研究领域做出了开创性的工作,对后来学者从事跨文化管理的研究方法产生了非常深远的影响,但他的研究仍然是不全面的。后来他接受了有的学者用中国人的价值观(儒家文化的价值观)进行跨文化研究后对其理论提出的质疑,从中归纳出他的文化价值观的第五个维度:短期目标与长期目标。

长远观念表现为一种积极的创业精神。创业精神中最主要的特征是坚韧、不屈不挠地追求目标,而不管这些目标是什么,实现目标会有多大困难;同时,讲究层级观念,角色间鲜明的等级观念有助于维系社会的稳定与和谐,在这种环境中,创业者易于发挥他的作用,此外,强调每一个人在社会活动中能有一种献身精神。

短期观念中,人们的行为要守常,不能太变幻莫测。但在市场环境瞬息万变的情况下,这种价值观不能过分强调,否则企业家就很难提出新的想法、实现新的策略、敢冒更大的风险。

二、文化冲突的内涵和特点

文化冲突是指不同形态的文化或者文化要素之间相互对立、相互排斥的现象和过程。

对于企业而言,文化冲突既是指企业在跨国经营中与东道国的文化观念不同而产生的冲突,又是指在一个企业内部由于员工分属不同文化背景而产生的冲突。例如,1997年沃尔玛公司进军德国这个欧洲最大的零售市场以后,一直试图推广它在美国的成功经验,然而由于美国的适度开放文化与德国保守文化的冲突,导致沃尔玛在德国市场连年亏损,遭遇了失败。

文化冲突对组织绩效的影响,是企业管理关注的重点。其实,并非所有的冲突都是好的或者都是坏的,有些冲突支持组织的目标,属于建设性类型,称为功能正常的冲突;有些冲突则阻碍了组织实现目标,是功能失调的冲突,属于破坏性类型。没有一种冲突水平对所有条件都合适或都不合适。某种冲突的类型与水平可能会促进某一部门为达到目标而健康、积极地工作;但对于另外的部门或同一部门的不同时期,则可能是功能失调的冲突。冲突太多或太少都是不恰当的。管理者应激发功能正常的冲突以获得最大收益,但当其成为破坏力量时又要降低冲突水平。

在跨文化企业(组织)中,文化冲突主要表现在以下几方面:

(1)显性文化的冲突。跨文化企业中最常见和公开化的文化冲突,是显性文化的冲突。显性文化的冲突即来自行为者双方的象征符号系统之间的冲突,也就是通常所说的表达方式所含的意义不同而引起的冲突。显性文化的冲突即文化差异在语言行为上的表现。文化差异反映到语言上,就成为语言上的差异。

(2)价值观的冲突。这是文化冲突的主要表现。不同文化背景下的人对工作目标、人际关系、财富、时间、风险等的观念会不尽相同。例如,企业的中方员工重视特定价值、集体导向价值、中立价值、扩散价值和因袭价值等价值观;而外方员工则表现为通用主义、个人主义、情感价值、具体价值和成就取向等价值观。

(3)制度文化的冲突。制度文化体现于企业经营的外部宏观制度环境与内部组织制度之中。来自西方发达国家的管理人员,一般是在法律环境比较完善的环境中开展经营与管理,通常用法律条文作为行动依据;而我国等东方国家的管理者,则往往习惯于按上级的指令、文件等决策和行事,而不是法律法规。

(4)经营思想与经营方式的冲突。在经营思想方面,西方多数企业注重互利、效率、市场应变的思想;而中方企业缺乏这种思想,往往较少考虑对方的获利性。

(5)人力资源方面的冲突。中、日等国企业偏重资历主义,而美国等国企业则奉行能力主义,把员工的能力放在首要地位。

严格地说,文化冲突属于文化差异的一种极端情况,即当文化差异的程度达到对立的程度时的情形。文化差异会影响管理,但不一定是负面影响;但是文化冲突对组织管理往往具有很大的破坏性。因此,如何利用和控制文化差异,防止差异演化为冲突,消除已有的文化冲突,就成为企业对不同文化背景员工进行管理的关键。

研究表明,跨国公司面临的文化冲突具有下述特征。

(1)非线性。不同质的文化像不同水域的冲突与交融,常常表现出错综复杂的状态,因而具有非线性特征。

(2)间接性。文化冲突一般都在心理、情感、思想观念等精神领域进行,其结果是人们在不知不觉中发生变化,但是这种变化需要通过较长时间才表现出来。

(3)内在性。文化是以思想观念为核心的,因此,文化的冲突往往表现在思想观念的冲突上。例如,美国由于缺乏像欧洲那样悠远的文明史,对于历史文物的看法就有着冲突。麦当劳曾经打算在巴黎一家有 180 年历史而且毕加索和其他一些著名艺术家曾经驻足过的建筑物中设立一个餐馆,但巴黎市民宣称城市的历史纪念地不容侵犯而予以抵制,麦当劳最后只好屈服而放弃。

(4)交融性。文化冲突与文化交融始终相伴而行,组织管理的任务在于从不同的文化中寻求共同的能体现各种文化精髓的东西,这样才能在各种文化环境中生存。

三、跨文化企业文化差异与冲突表现形式

无论是正在跨区域并购中的企业还是成熟的跨文化企业,都有可能存

在文化冲突。比如,我国企业在多起并购事件中,由于中西方文化本身就属于截然不同的文化体系而造成很大的障碍,使我国企业在并购西方企业时遇到了强大的文化阻力。中西方企业在并购后遇到的冲突大多是由于文化差异引起的,这种冲突具体表现在以下几个方面。

(一)企业物质文化差异与冲突

企业物质文化也叫企业文化的物质层,是指由员工创造的产品和各种物质设施等构成的器物文化,它是一种以物质为形态的表层企业文化,是企业行为文化和企业精神文化的显现和外化结晶。

企业物质文化是组织文化的表层部分,是形成组织文化精神层和制度层的条件。优秀的组织文化是通过重视产品的开发、服务的质量、产品的信誉和组织生产环境、生活环境、文化设施等物质现象来体现的。企业物质文化主要包括两个方面的内容:①企业生产的产品和提供的服务。企业生产的产品和提供的服务是企业生产经营的成果,它是企业物质文化的首要内容。②企业的工作环境和生活环境。企业创造的生产环境、企业建筑、企业广告、产品包装与产品设计等,它们都是企业物质文化的主要内容。

(二)企业行为文化差异与冲突

企业和企业人在生产经营、教育宣传、人际关系、文娱体育等各种活动中,受到企业显性的或潜在的价值观念的影响,从而表现出种种不同的行为,它是企业精神文化的动态体现,我们称之为企业行为文化。

以下都是企业文化行为层的表现,诸如:向客户提交产品是否按时和保证质量,对客户服务是否周到热情,上下级之间以及员工之间的关系是否融洽,各个部门能否精诚合作,在工作时间、工作场所人们的脸上洋溢着热情、愉悦、舒畅还是正好相反⋯⋯这一层实则是距离企业文化的核心和本质最近的一层,它紧紧围绕企业文化的核心,通过企业和企业人的行为动态地表现出来。

企业行为文化冲突是普遍存在的,这与影响企业行为的因素不无关系。仁达方略根据长期的企业文化实证研究和咨询实践认为,影响企业这些行为的因素主要取决于企业的治理结构、企业外部环境和企业家等,具体包括:市场环境的变化、政府的政策导向、科学技术发展水平、投资环境和资金使用状况、企业内部的利益分配、企业领导的素质水平等。

首先,企业治理结构对企业行为的影响。企业是不同利益主体的组合:所有者、经营者、生产者。不同的利益和权力主体,都要求企业目标和本身利益一致。不同的利益主体可能产生不同的企业目标,不同的企业追求产生不同的企业行为。在社会主义市场经济条件下,企业要想兼顾多方利益实现企业目标,最好的途径是建立现代企业制度,明晰产权关系,并建立与之相应的组织结构。合理的治理结构,可以使所有者、经营者、生产者三者之间权责分明、互相制衡,可以充分调动三方积极性,促使企业行为合理化,避免短期行为和唯利是图的倾向。

其次,企业外部环境的变化对企业行为的影响。外部环境的变化往往是企业行为的直接诱因。这些外部环境包括政治、经济、社会、技术等多方面内容,会对企业的决策、企业战略的制定和执行、企业的经营活动等有直接切实的影响。如对我国奶制品行业影响深远的"三聚氰胺"事件,使得所有的食品企业把安全和责任放在了首要考虑的位置;受全球金融危机影响,我国的制造行业尤其是外贸依赖性的企业经营模式开始发生了一系列显著的变化;至于企业的裁员、降薪等行为,也是外部环境作用的直接结果。

最后,企业家对企业行为的影响。企业家作为企业的灵魂人物,他们的知识能力和个性品质等是企业文化生成的重要基因,往往主导着企业文化的特质和风格,并制约和引导着企业文化的个性和发展,尤其在企业初创和企业文化形成阶段起着决定性作用。但是,我们的很多企业家往往经常忽视个人与企业的密切关系,在不合适的时机和不合适的场合展开一些不合适的行为活动,其结果对企业的影响往往是深重甚至是毁灭性的。

(三)企业制度文化差异与冲突

制度是一种行为规范,它是任何一个社会及组织团体正常运转所必不可少的因素之一。它是为了达到某种目的,维护某种秩序而人为制定的程序化、标准化的行为模式和运行方式。企业制度的基本功能如下:

企业制度具有企业价值观导向的功能;企业制度是实现企业目标的保障;企业制度是调节企业内人际关系的基本准则;企业制度是组织企业生产经营、规范企业行为的基本程序和方法;企业制度是企业基本存在和功能发挥的实际根据。

制度是一种文化,制度文化体现于企业经营的外部宏观制度环境与内部组织制度之中。在不同的国家或民族对制度有不同的看法和做法,例如外方员工,一般是在法律环境比较完善的环境中开展经营与管理,通常用法律条文作为行动依据;而中方员工,尤其是国有企业员工,习惯于按上级行政管理机构的指令行事,一切按上级行政管理机构的条文、指令、文件办事和决策。这就导致企业制度文化冲突成为必然。刘志迎在《试论企业制度文化的国际差异》一文中曾经对跨文化的企业制度文化作过表述。

1. 决策制度文化差异

美国管理者的决策行为是在资本主义的自由、平等精神之下发展起来的,体现在其决策风格上,则是管理上注重授权。他们信奉最接近过程的人最了解这个过程和问题,对问题最有发言权。美国人注重个人决策,从不依赖他人,也不太考虑下属意见,只根据自己的意志行事,认为征求别人意见是一种软弱的表现,雇员与企业管理者之间关系较为冷淡。由于个人决策,所以决策过程快,但执行过程慢。日本企业的决策方式是一种集体决策制度。日本企业集体决策,决策过程慢,反复讨论,但是执行起来比较顺利。我国企业家协会的调查报告表明,我国企业实行“环链式决策”方式的占绝大多数。但是,在市场化程度越来越明显的情况下,现代企业制度的完善,企业决策模式逐步向美国模式发展,或者说具有国际化的特点。

2. 薪酬与晋升制度文化差异

美国公司制企业具有灵活自主的分配制度,各有各的特色,其主导性的薪酬制度是以同位工资为主,奖金、津贴为辅的模式,部分公司还实行员工持股计划。通过考评决定晋升,体现能力主义原则,把能力的高低作为职工是否晋升的依据。日本企业实行年序列工资制,职工晋升工资主要以工龄长短依据,福利待遇也相同,这种制度实质上体现了企业与员工之间的一种借贷关系,这种制度是以终身雇佣制为基础的。20 世纪 80 年代后期起,日本企业界就开始关心能力主义人事管理制度的引入。欧洲企业的模式与美国相似,薪酬分配上也信奉能力主义。德国企业在管理中坚持责、权、利相统一的原则,担任什么样的职务,从事什么样的工作,就按雇佣契约领取什么样的报酬。企业建立有效的激励制度让优秀人才的价值得到体现。

当前我国企业薪酬制度存在许多突出问题。在晋升制度方面,我国在过去计划经济条件下,国有企业、集体企业有一套比较完善的制度体系,直至现在许多国有控股企业和还没有改制的国有企业和集体企业仍然在继续使用。至于新型企业,大多数采用了美国模式,信奉能力主义。

3. 用人育人制度文化差异

美国企业在过去的很长时间里,在聘任制和合同制方面,聘用员工先由企业提供明确的用人条件,规定员工享受的权利和应负的责任,应聘人员与企业签订合同,合同之外,双方既不承担相互的责任,也没有相互干涉的权利。日本企业用人机制,强调对人尊重,终身雇佣制是其典型特点,反对跳槽是一种文化规范。近年来,终身雇佣制受到现代用工制度的强烈冲击,日本企业也不得不在一定程度上适应时代潮流,即除了保留一部分终身雇佣工外,大量雇用临时工,以弥补人才短缺。欧洲各国企业一般都很注重培养和提升员工的综合素质,强调建立员工的工作责任感和职业道德感,在实践中有将企业建立成一种"学习型组织"的愿望和倾向。

我国大多数私营企业的管理还处在企业主个人管理和以血缘为纽带的家族式管理阶段,管理缺乏系统性和稳定性。在用人体制上,从国有或集体企业转变改过来的企业,仍然沿用传统的用人模式,高层用人权仍然控制在党的组织部门,很难适应市场经济的需要,一些优秀人才从这些企业流向民营企业和外资企业。

此外,公司的规章制度差异和冲突也较为普遍,比如日本企业里面就规定得相当严格,见了上级要鞠躬,上班必须关手机,统一穿制服,上班时间不准喧哗等。而形成鲜明对比的是某些美国企业,上班时间分成几批,按照实际需要设计;可以边工作边抬杠;可以吃东西;可以接私人电话;可以穿吊带衫、迷你裙等。

(四)企业精神文化差异与冲突

企业精神文化,是企业在生产经营中形成的一种企业意识和文化观念,它是一种意识形态的深层企业文化。

(1)企业哲学。企业哲学的根本问题是企业中人与物、人与经济规律的关系问题。

(2)企业价值观。指导我们有意识、有目的地选择某种行为,去实现物质产品和精神产品的思想体系,就构成了企业的价值观。

(3)企业精神。企业精神是现代意识与企业个性结合的一种群体意识。"现代意识"是现代社会意识、市场意识、质量意识、信念意识、效益意识、文明意识、道德意识等汇集而成的一种综合意识。"企业个性",包括企业的价值观念、发展目标、服务方针和经营特色等基本性质。

(4)企业道德。企业道德是调整企业之间、员工之间关系的行为规范的总和。企业道德的一般本质是一种企业意识,而它的特殊本质则表现在它区别于其他企业意识的内在特质上。

由于世界贸易组织和地区经济一体化联盟,交通运输与信息技术的飞速发展与进步,使得国际商务交往范围更大,文化模式由一元转向多元。这就要求跨国企业在异域文化中把具有不同文化背景的各国员工用具有自己特色的企业文化、共同的价值标准、道德规范和行为模式凝聚起来,最大限度地发掘和利用企业的潜力和价值,解决好企业精神文化的差异。之所以会产生企业精神文化差异与冲突,与民族文化的影响有莫大的关系。由于各国价值观、人性观以及经营管理哲学存在差异，企业精神文化差异与冲突就在所难免。

发达国家企业在长期经营过程中，会形成一种长期的愿景和使命感，把企业的经营当成一种事业，当成对社会的一种贡献。在做企业的长期计划时，制定者会将这种愿景和使命融入计划当中，使企业的长期计划在变幻莫测的市场环境中具有一种远景目标的稳定性。在制定短期计划时，制定者习惯制定较为严格、明晰的计划体系，且将计划内每一步骤的工作都尽可能做出具体的规划。

而我国企业是在改革开放这短短的 40 年内迅速成长起来的，还没有一种长期的愿景和使命，企业的计划比较短视，处在剧烈变换的市场环境中，不能预测到市场的方向。因此，被我国企业收购的外国企业员工会无法适应我国企业计划的短期性和模糊性，他们觉得我国企业文化中灵活、易变的特征只会导致盲目的企业行为，习惯了科学、量化、标准化企业文化的西方企业员工无法理解，从而对我国企业产生抵触情绪。

四、跨文化企业中文化冲突的成因分析

在一个具体的国际企业组织中，文化冲突的产生原因主要有：种族优越感、不恰当地运用管理习惯、不同的感性认识、沟通误会、文化态度等。如果一位国际企业中的经理自认为自己的文化价值体系优越，坚持以自我为中心的管理观对待与自己不同文化价值体系的员工，必然会导致管理失败，甚至遭到抵制，这类例子在我国的外资企业中并不鲜见。不同的文化背景、语言与习俗，会形成不同的文化态度和感性认识，还会造成沟通上的误会。对于跨文化背景下的企业来说，细究起来，导致文化冲突的诱因除了霍夫斯塔德所说的几个方面以外，还包括以下几个方面。

（一）价值观不同

价值观是指人们对事物的看法、评价，是人们信仰、价值、心态系统中可以评价的方面。价值观具有相对稳定性和连续性，既不会每时每刻发生变化，也不会完全僵化和一成不变。价值观的形成深受个人所处社会的影响。跨文化企业员工一般都具有多样化的价值观念和复杂的信念结构，尤其是跨文化企业成立之初这种特点尤其明显。来自不同文化背景中的员工各自具有不同的价值观和信念，由此决定了他们具有不同的需要和期望，以及不同的行为规范和表现。这不仅增加了企业管理的难度，而且也使得统一的新的企业文化的建立困难重重。

(二)文化交融性

来自不同文化背景中的人们无论是观念还是行为方式上都存在着显著的差异,这些差异只有逐步被人们理解和认识,进而产生关心、同情和认同心理,然后才能逐渐取得共识,并建立起共同的全新的企业文化。跨文化企业内部要建立自己特有的企业文化是一个漫长、曲折的过程,一般要经历以下过程:文化接触—文化选择—文化冲突—文化沟通—文化认同—形成全新的企业文化。

(三)思维方式上的差异

由于东西方人成长中接受的文化不同,造成思维方式上存在巨大差异。不同文化价值观的人员对同一事物有着不同的认知,会采取不同的管理行为,因此也就容易产生内部冲突。

(四)定型观念

主要表现在对于来自不同国家、不同民族的员工用同一种文化先入为主的印象来看待,忽视个性差异,缺乏沟通与交流。定型观念使得员工不能客观地观察另一种文化,阻碍了不同文化背景的员工的相处,从而造成了跨文化企业的文化冲突。

(五)经营环境的复杂性

跨文化企业所面临的经营环境错综复杂,主要表现在不同社会制度、不同企业文化模式下企业员工,在管理目标的期望、经营观念、管理协调的原则、管理员工的管理风格上均存在明显的差异性,这些差异无形中就会导致企业管理的混乱和冲突,使决策活动更加困难。

(六)管理方式上的不同

在一种文化中成功运用的管理方式,在另一种文化环境中不一定适用。管理者在对跨国企业进行管理的时候,习惯将在原来市场上取得成功的方法照搬使用,忽略了由于文化环境的不同可能使这种管理方式在新的市场上无效甚至产生负效应。文化差异越大,企业使用的管理方式差别也越大。在不同文化环境中使用同样的管理方式,会使新环境中的企业员工无法理解认同,从而产生冲突。

(七)种族优越感

种族优越感指认定一种族优越于其他种族,认为自己的文化价值体系较其他优越。种族优越感、民族歧视和隔阂是跨文化管理风险存在的普遍根源。如果一位跨国公司的管理者以此种观点对待东道国的人,他的行为将可能被当地人所记恨,也可能遭到抵制,引发冲突,造成管理失败。

(八)沟通障碍

跨国经营和管理是以跨文化沟通为基础的。沟通是人际或群体之间交流和传递信息的过程,但是由于许多沟通障碍,如人们对时间、空间、事物、友谊、风俗习惯、价值观等的不同认识,造成了沟通的难度,导致沟通误会,甚至演变成文化冲突。由于外界环境的干扰以及沟通双方的主观原因,信息在沟通过程中会产生失误。即使在同一文化背景下,稍有不慎,这种情况就会发生。来自不同文化背景的企业员工,要想准确地进行沟通,难度更大。由于跨文化企业几乎都是跨国企业,组织层级数目繁多,增加了沟通的难度。企业横向沟通由于地域空间的距离加大而变得更加困难,纵向沟通也由于层级较多增加了信息在传递过程中被过滤的可能性,跨文化沟通就会遇到重重困难,从而影响管理决策的制定和执行的效果。

(九)判断效果的标准不同

西方企业往往注重结果而不注重动机和过程,功利性比较强。而我国企业则会从动机的角度用一套道德或意识形态的标准来判断效果,强调"处事有道",注重过程的得体性。

此外,宗教信仰、商务禁忌、风俗习惯等也是导致文化冲突的重要原因。跨文化管理的中心任务是解决文化冲突,并把这一点看作公司的目标之一。公司在经营管理中要使来自不同文化背景下的员工形成一个共同的行为准则和价值观,并维系它。寻找超越文化冲突的公司目标,是跨国公司从事国际化经营所必须解决的问题。

第三节 跨文化管理的模式和原则

一、跨文化管理的模式

根据加拿大管理学者埃德乐研究的观点,跨国公司的跨文化管理模式主要有三种,分别是相互依存式、灌输占领式以及融合创新式。

(1)相互依存式,即国外子公司保留母公司的企业文化和当地文化,两种文化相互依存,相互协调,相互补充。

(2)灌输占领式,即跨国公司在进行国外直接投资时,直接将母公司的企业文化强行注入国外公司,这种方式一般在强弱文化对比悬殊,并且国外子公司能对母公司的文化完全接受的情况下采用。

(3)融合创新式,即母公司的企业文化与国外子公司当地的文化进行有效整合,通过各种渠道促进不同的文化相互了解、适应和融合,从而构建一种新型的国外子公司企业文化。例如,肯德基根据我国的饮食文化将北京烤鸭引入其食谱从而开辟新的市场领域。

三种跨文化管理模式各有其适合的背景,跨国企业在进行跨文化管理时,应充分了解本企业文化和国外文化的文化特质,认真选择适合的跨文化管理模式。

文化差异和文化冲突迫切需要加强跨文化管理。跨文化管理就是在合资企业经营过程中,对来自不同文化的管理冲突与摩擦所进行的沟通、调解、包容与融合。跨文化管理的中心任务是化解文化冲突,共建共享新的企业文化。改革开放后,我国引入的外资急剧增加,中外合资企业的跨文化管理问题日益突出,这就需要不断加强理论研究和实践探索,逐步总结出适合我国特色的跨文化管理模式。

(一)外资文化主导型

这种模式充分尊重和采纳国外投资方的管理模式与经验,把外方母公司文化移植到合资公司,作为合资公司文化的主脉。这种模式以整个公司崇尚效率为最高原则,强行灌输外方文化理念。推行这种模式经常出现的问题是,由于外方管理者不大理会本土文化及其影响,尊重本地员工的行为方式和感情不够,容易遭到中方管理者和员工的排斥与抵触。

(二)中资文化主导型

这种模式以我国投资方的管理模式与经验为基础,以我国企业文化作为合资企业的主导文化。这种模式注重人际关系,关注员工的社会福利,按员工的资历决定其升迁。推行这种模式,企业文化的适应性强,但往往不能较好地学习与吸收外方的先进文化与管理经验。

(三)中外文化合作型

这种模式对文化差异较大的投资双方均给予充分的尊重,以合作为原则,通过沟通,取长补短,寻找价值共同点。由于这种模式的管理,其主要手段就是沟通,因此运行过程中有时效率不高。

(四)中外文化融合创新型

即在充分挖掘中外双方企业文化优点的基础上,以契合文化为导向,结合合资企业的发展特点,创造其独特的企业文化。西安杨森的鹰雁精神就是一个很好的范例。强调个人能力的"鹰文化"与注重团队合作的"雁文化"是美国文化和我国文化的形象写照,两者融合凝练为"鹰雁精神",既体现鹰的勇敢斗志品格,又体现雁的协力合作特性,使得西安杨森成为员工心目中神奇可爱的大家庭,凝聚了一大批优秀的人才,培养出了一支特别能吃苦、能战斗的精英团队。

二、跨文化管理的原则

(一)文化宽容原则

在文化中保持宽容精神是进行跨文化管理的前提。唯此,不同文化的员工之间才能相互尊重,才能相互理解、对话,达成共识,从而实现可能的融合。因此,要摒弃文化优越感,尊重别国的文化,尤其是那些与本国文化差异较大的异国文化。对任何文化都要持有宽容的态度,同时,又能对其他文化采取一种较为超然的态度,不应盲目地落到另一个文化俗套中。要养成尊重、宽容、平等、开放的跨文化心态和客观、无偏见的跨文化观念与世界意识,促进对文化多样性的尊重、理解。

(二)有的放矢原则

进行跨文化管理,要做到有的放矢。首先,了解自己的企业是属于何种跨国经营方式,是属于跨国并购企业,还是属于国内母公司在国外设立的子公司。其次,要明白对什么进行整合,因为文化是一个较为宽泛的概念,具体到企业文化,必然涉及企业管理的方方面面,它包括经营宗旨的整合、价值观念的整合、行为规范的整合、组织机构的整合。

(三)借鉴与创新相结合原则

企业文化不仅要体现企业自身的特色,还要吸纳世界文明,东西方企业管理文化可以相互借鉴,尤其是国内外知名企业的文化精华,甚至是竞争对手的先进的经营思想,都可以为我所用。同时,在借鉴的基础上要加以吸收创新。所谓创新就是在发扬传统文化的积极成分,剔除和摒弃那些过时的理念、内容和方法的同时,根据实际情况和形势变化,形成与时俱进的企业经营理念,整合梳理出具有本企业特色的、又与目标国文化相容的核心价值观的企业文化。

(四)全球化与本土化相结合原则

在跨文化管理中,应该本着"思维全球化和行动本地化"的原则来进行。全球化的管理人员要很敏感地以一种跨国性战略来满足人类共同的需要和全球市场,通过全球的系统决策方法把全球各地统合起来,实现资源全球共享。本土化策略主要包括人才本土化、生产本土化、营销本土化、渠道本土化和语言文字本土化。一切的管理都是由人进行的管理,因此,人才本土化是管理本土化最重要的一环,这主要因为本地人员熟悉当地的风俗习惯、市场动态以及政府方面的各项法规,而且和当地的消费者容易达成共识,使企业能在当地拓展市场,站稳脚跟。实行生产本土化,把子公司的生产体系纳入全球的体系,才能从根本上解决产品质量的高标准,才能为消费者提供更好的产品,也才能真正回归到竞争的根本。只有实行营销本土化,才能够从心理上、文化上获得消费者的接纳和认可。实行语言文字本地化,一来显示母公司对子公司员工的充分尊重;二来也有利于公司文化的真正融合。

第四节　跨文化管理的主要策略

一、跨文化管理的任务

跨文化管理的任务可以分解为下面四项工作。

(1)识别文化差异。包括区分文化差异的维度和程度,预测和评估文化差异可能产生的积极作用和消极作用,发现和预见其中的文化冲突因素。

(2)控制和利用文化差异。一方面是协调和控制文化差异,避免和减少其负面作用;另一方面则是利用适度的文化差异,使之对企业管理发挥积极的促进作用。

(3)防范和化解文化冲突。即防范和规避可能产生的文化对立,应对和消除业已存在的文化冲突因素,以防止和避免企业文化冲突导致的企业管理失控。

(4)进行文化整合,实现文化融合。以企业的核心价值观作为全体员工的共同价值观,对不同文化进行理念层、制度行为层、符号层要素的整合,形成融为一体的企业文化。

二、文化融合的前提和方式

(一)确认原则

没有大的基本原则和标准,就不能确定文化中哪些是有利因素,哪些是不利因素,哪些应该保留、坚持和弘扬,哪些需要放弃、废除和改进。从企业角度,不同文化背景下的员工在一起工作,没有判断文化因素的原则与标准,必然导致思想和行为的混乱。

(二)相互理解

在确定原则、标准以后,重要的态度和意识就是相互理解。在文化融合的过程中,很多时候并无对错、先进与落后的概念,只有符合不符合原则的问题。要认识到,任何不同的文化都有先进的因素、合理的成分,积极、开放地吸收借鉴,理性地对待他山之石。现实中,往往是强势文化影响和同化弱势文化。处于弱势文化背景的员工,往往会在情感、意志、态度、兴趣等方面产生挫败感,并由此导致一些非理性行为,事先应该对此予以充分重视。

(三)相互尊重

"入乡随俗"是文化融合中的一个重要原则。本土文化无论处于强势还是弱势,在本土地域内依然具有很强的影响力。外来文化,尽管可能是强势文化,但也不能咄咄逼人、处处以自己的原则和规范行事,把自己的意识形态当成全世界唯一的真理,逼迫别人接受。

丰田汽车公司接管通用汽车公司在加利福尼亚州的一家濒临倒闭的汽车装配厂以后,通过改变新公司的企业文化和管理模式,尊重和激励美国员工,仅仅18个月企业面貌就发生了难以想象的巨大变化,劳动生产效率大约提高了一倍。海尔集团也创造了"激活休克鱼"的奇迹,用强势文化成功地改造了弱势文化,实现了用无形资产盘活有形资产。这些例子都说明,文化融合可以产生巨大的经济效益。不论何种态势下的文化融合,只有在不同文化背景的人们相互理解、相互尊重的前提下,才能有效地实现。

影响文化整合方式的因素很多,首要的是文化特质的差别大小和文化特质所代表的管理模式是否高效。如果文化特质的差异很大,整合初期最好采取保留型的文化融合方式,当企业运作一段时间以后,再转而采用其他文化整合方式。如果文化特质差别非常小,就要先考察哪种文化特质所代表的管理模式在其文化背景中更高效,然后以代表高效的文化特质为主,采取吸收型、反吸收型或融合型的文化整合方式。值得注意的是,在跨文化整合性过程中,应该考虑到企业组织本身作为一个特定的文化团体的整体均衡性问题。

三、跨文化管理的实施对策

(一)识别文化差异

根据美国学者爱德华·赫尔的观点,文化差异可以分为基本价值观差异、生活习惯差异和技术知识差异三种,不同文化差异所造成的冲突程度和类型是不同的。因此,只有先正确识别各种文化差异,才能从中寻求共同发展的共同点,采取针对性措施予以解决。一位跨国公司的美国经理说得直截了当:"你不得不把自己的文化弃之一边,时刻准备接受你将面对的另一种观念。"

(二)强化跨文化理解

理解是培养跨文化沟通能力的前提条件。跨文化理解包括两方面的意义:要理解其他文化,首先要理解自己的文化。对自己的文化模式,包括优缺点的演变的理解,能够促使文化关联态度的形成,这种文化的自我意识,使管理者在跨文化交往中能够识别自己和有关他文化之间存在的文化上的类同和差异的参照系;善于文化移情,理解他文化。文化移情要求人们在某种程度上摆脱自身的本土文化,克服心理投射的认知类同,摆脱原来自身的文化约束,从另一个参照系反观原来的文化,同时又能够对他文化采取一种较为超然的立场,而不是盲目地落到另一种文化俗套中。

(三)锻造跨文化沟通能力

国际企业经营的经验证明,一个跨国公司的成功取决于该公司的"集体技能",即公司基于跨文化理解形成了统一的价值观体系条件下产生的"核心技能",而跨文化沟通正是促成此核心技能的中介。跨文化沟通能力,简单地讲,就是能与来自不同文化背景的人有效交往的能力。跨国公司必须有意识地建立各种正式的非正式的、有形和无形的跨文化沟通组织与渠道,着力培养有较强跨文化沟通能力的高素质国际化人才。

（四）进行跨文化培训

跨文化培训是为了加强人们对不同文化传统的反应和适应能力，促进不同文化背景的人之间的沟通和理解。培训内容主要有：对对方民族文化及原公司文化的认识和了解；文化的敏感性、适应性训练；语言培训；跨文化沟通与冲突的处理能力培训；地区环境模拟等。一项对跨文化培训的全面调查显示，培训促进了跨文化沟通技能的提高，改进了管理人员与当地员工及政府之间的关系，并且明显降低了与外国合作伙伴、客户和竞争对手进行谈判时失败的比率，使管理者更快地适应新文化、新环境。宝洁、英特尔、摩托罗拉等大型跨国公司，都建立了跨文化培训机构，将不同企业文化背景下的经营管理人员和普通员工结合在一起进行多渠道、多种形式的培训。而韩国企业则注重将经理人派到海外工作或学习，使其亲身体验不同文化的冲击，以提高处理跨文化事务的能力。

（五）借助文化差异施行多样化战略

一个真正的跨国企业能够利用并且明确估计出多样性的价值，而不仅仅是包容这种多样性。利用文化差异的战略能够产生竞争优势。企业应重视并利用员工多样化以提高他们的沟通能力、适应性和接受差异的水平，并把差异资本化，使之成为促进公司效益提高的主要手段。例如，惠普公司认为多样化是其经营战略的重要组成部分，使在大多数国家的员工队伍多样化，并通过强力的多样化政策，鼓励跨文化理解和对文化差异的积极态度。

（六）建立基于共同价值观的企业文化

经过识别文化差异和跨文化培训，企业员工提高了对不同文化的鉴别和适应能力，在对文化共性认识的基础上，应建立起与共同价值观和跨国经营战略一致的文化。这种文化把每个员工的行动和企业的经营业务和宗旨结合起来，加强国外子公司和母公司的联系，增强了企业在不同国家文化环境中的适应能力。发展文化认同，建立一致的企业文化需要一个比较长的时间，这就需要不同文化的员工的积极参与和与不同国家的消费者、供应商、分销商等外部环境保持长期的、良好的沟通关系。只有建立共同价值观，形成集体的力量，才能提高员工的凝聚力和向心力，从而使企业立于不败之地。

四、跨文化管理中的心理适应

在经济全球化背景下不同文化背景的群体连续接触、交往和文化碰撞的过程中,文化的融合与适应必然导致双方文化模式发生变化。文化的变化意味着个体行为的变化,但这些变化了的社会行为总是处于各自原先文化可以接受的限度之内。从微观角度分析,个体从一种文化移入另一种文化时,会面临很多变化和冲击,比如言语表达方式的变化、日常生活行为习惯的改变、价值观念的冲突等。在跨文化管理中,这种迅速的"文化移入"给个体带来的压力及适应困难等心理问题,会直接影响个体的身心健康及组织的活动效率。在文化冲突的情境下,个体失去了自己所熟悉的社会交往信号和符号,比如陌生的语言表达方式、非言语表达方式和符号象征性意义变化等,而对于对方的社会符号不熟悉,个体因交流障碍而在心理上产生的深度焦虑,在行为上出现消极的退缩和回避,在生理上反映为持续不断的身心的疲劳。在跨文化管理中,组织成员长期的精神压力和价值观失衡会导致个体的社会角色混乱和对自己应付环境的无能感等,需要进行心理上的跨文化调节和适应。

跨文化交流过程中的文化移入是一个长期积累的过程,表现为"压力—调整—前进"的动态化的螺旋式推进方式。在适应困难的情况下,个体会主动退缩以减轻压力,尽可能保持放松状态,以防御的方式应付旧的认知模式的失败。同时,个体调节、重组认知模式和情感模式,积聚力量向适应方向进行再尝试。如此螺旋式向前推进,不断地涵化于异文化。个体涵化的速度取决于他在异文化中人际交流的能力、交流密切程度、与本文化保持交流的程度、异文化对外来文化的容纳性以及个人涵化异文化的态度、开放性和精神恢复能力等。

从适应阶段方面看,个体在不同的心理适应过程中所需应对的压力不同。在文化接触准备阶段,心理压力水平较低,初步接触后压力逐渐增加;在文化冲突和矛盾阶段,心理压力达到最高程度,容易发生适应障碍;危机过后,压力下降,个体的心理适应期结束。个体心理适应的结果表现为态度与行为方式的变化,有时个体放弃原文化转而融入新的文化,接纳了新的价值标准,表现出新的行为方式,被新文化同化;也可能在与新文化长期接触后仍固执地坚持原文化,拒绝适应新情境,表现为与新文化群体的分离,最理想的适应性结果是个体客观地认识原文化与新文化的关系,重视与新群体的持续性交流,以开放和主动的方式接纳新文化,调节自己的心理状态,调和矛盾的价值观体系和态度,实现个体水平的文化整合。

参考文献

[1]张文举.新常态下中小企业文化建设[M].成都:西南财经大学出版社,2018.

[2]陈春花,乐国林,李洁芳,等.企业文化[M].北京:机械工业出版社,2018.

[3]丁雯.企业文化基础[M].沈阳:东北财经大学出版社,2018.

[4]王吉鹏.企业文化建设[M].北京:中国人民大学出版社,2017.

[5]王少杰,涂玉龙,尹博文.中国企业文化演化研究[M].北京:中国财政经济出版社,2017.

[6]仲杰.文化长青:企业文化持续建设四步骤[M].北京:企业管理出版社,2017.

[7]张岩松.企业文化:理论·案例·实训[M].北京:清华大学出版社,2017.

[8]谢军,马树林,马俊,等.国有企业文化建设工作[M].北京:红旗文化出版社,2016.

[9]丁孝智.企业文化的多维审视[M].北京:新华出版社,2016.

[10]陈春花,曹洲涛,刘祯,等.组织行为学:互联网时代的视角[M].北京:机械工业出版社,2016.

[11]张其仔.企业文化与企业绩效[M].北京:经济管理出版社,2016.

[12]陈春花.企业文化塑造[M].北京:机械工业出版社,2016.

[13]易晓芳,陈洪权.企业文化管理[M].武汉:华中科技大学出版社,2016.

[14]朱成全.企业文化概论[M].沈阳:东北财经大学出版社,2016.

[15]唐绍林.浅论企业文化[M].北京:中国文史出版社,2016.

[16]邵学全.赢在企业文化:企业文化建设路径方法与操作实务[M].北京:清华大学出版社,2015.

[17]马树林.国有企业文化建设工作[M].北京:红旗出版社,2015.

[18]张德.企业文化建设[M].北京:清华大学出版社,2015.

[19]聂旭东,常烨,邢颖.企业文化建设教程[M].长春:吉林人民出版

社,2015.

[20]李磊.企业文化经典著作导读[M].北京:中国工人出版社,2015.

[21]马松有.老 HRD 手把手教你做企业文化[M].北京:中国法制出版社,2015.

[22]娄萌.企业文化建设与管理[M].北京:中国财富出版社,2015.

[23]曹洋.民主管理与企业文化建设训练[M].上海:复旦大学出版社,2014.

[24]冯兵.石油企业文化建设理论与实践[M].武汉:中国地质大学出版社,2014.

[25]张振宗.企业文化管理[M].北京:中国言实出版社,2014.

[26]欧绍华.现代企业文化[M].湘潭:湘潭大学出版社,2014.

[27]裴文田.企业安全文化建设理论与实践[M].北京:红旗出版社,2014.

[28]巩汝训.企业文化[M].南京:南京大学出版社,2014.

[29]潘永志.企业文化与企业管理[M].北京:人民日报出版社,2014.

[30]叶坪鑫等.企业文化建设实务[M].北京:中国人民大学出版社,2014.

[31]陈元芳,张捷,刘大利.企业文化简明教程[M].武汉:华中科技大学出版社,2013.

[32]吴声怡,谢向英.企业文化新教程[M].上海:上海大学出版社,2012.

[33]王吉鹏,邸洁.集团文化建设与管理[M].北京:经济管理出版社,2012.

[34]王超逸,李庆善.企业文化学原理[M].北京:高等教育出版社,2009.

[35](英)马林诺夫斯基著;费孝通译.文化论[M].北京:华夏出版社,2002.

[36]吴栅妮,周钰佳."一带一路"背景下我国外贸企业的核心竞争力研究[J].特区经济,2018(3).

[37]竺菲菲.民营企业文化建设问题与对策研究[J].经济研究导刊,2018(4):16+114.

[38]任航.浅谈如何加强城市商业银行的企业文化建设[J].时代经贸,2018(9):71-72.

[39]王若军,刘欣冉.互联网时代的商业价值观与企业平台化建设[J].北京经济管理职业学院学报,2017(1):28-34.

[40 辛献芬,孟安宇.中小外贸企业竞争机制研究[J].市场研究,2017(3):43-45.

[41]王秀丽.中小企业多元精神文化建设的途径与实践[J].农家参谋,2017(23):315.

[42]陶爽.试论如何创新企业文化,应对绿色贸易壁垒[J].经贸实践,2017(11):48.

[43]张芳.加强企业文化建设的必要性分析[J].知识经济,2017(13):81-82.

[44]张继行,张茜.中国外贸企业发展的内外部经济环境及应对举措[J].中国经贸导刊,2016(35):32-35.

[45]吴晓鸥,陆莹.基于企业生命周期的企业文化建设研究[J].现代商业,2015(5):175-176.

[46]张凯.浅谈中小外贸企业如何在海外树立品牌形象[J].品牌(下半月),2015(11):37-38.

[47]何丽君.包容性领导的理念及其实现路径[J].领导科学,2014(15):40-42.

[48]华夏洞察.向生而生:文化开放是互联网时代传统企业"活下去"的关键——来自彭剑锋、陈春花、施炜的对话[J].中外企业文化,2014(12):35-39.

[49]冯秀红.论企业文化建设的原则及实践模型探讨[J].华东经济管理,2006(10):98-100.

[50]花文昌.中日企业文化比较研究[D].苏州:苏州大学,2017.

[51]张会荣.中小企业成长文化基因及其作用机理研究[D].济南:山东大学,2014.

[52]洪海玲.中国外贸民营企业文化建设策略研究[D].上海:华东师范大学,2006.